세계화시대
중국조선족의
초국적 이동과 사회변화

세계화시대

중국조선족의
초국적 이동과 사회변화

박 광 성 지음

한국학술정보㈜

▲ 조선족의 회갑잔치

▲ 미국에서 열린 조선족운동회

▲ 펜주조선족동포회 설립 기념사진

▲ 미국의 업소에서 일하고 있는 조선족여성들

▲ 전미조선족동포회 사무실

▲ 일본에서 축구경기를 하고 있는 조선족유학생들

▲ 서울 가리봉동에 형성되어 있는 조선족타운

▲ 세계조선족네트워크 문학상 수상식 기념

▲ 조선족글로벌네트워크 연구를 위한 국제학술회의

▲ 뉴욕조선족동포회 창립 기념행사

필자가 고등학교에 진학하던 1990년에만 해도 중국의 조선족농촌마을에서 누군가가 북경만 다녀와도 큰 자랑거리가 되었다. 그만큼 조선족주민에게는 대도시진출의 기회가 적었으며, 대도시는 시종 동경의 대상이었다. 그러나 몇 년 지나지 않아 많은 사람들이 한국으로 진출하기 시작하고, 학교를 졸업한 선배들이 북경이나 상하이와 같은 대도시로 연속 진출하더니, 급기야 조선족사회가 인구유출과 분산으로 해체될 수 있다는 위기설이 퍼지고 있었다.

당시 대학교를 다니고 있던 필자도 너무 급격한 변화에 혼란스러웠다. 미래를 준비해야 하는 대학생으로서 조선족사회가 어떻게 될까, 어디로 가야 하는가, 어떻게 해야 하는가 하는 문제들이 시종 머리에 맴돌고 있었다. 이러한 이유로 조선족사회에 대한 연구를 결심하게 되었고, 조선족전문연구기관인 연변대학교 민족연구소 대학원에 진학하게 되었다. 그러나 연구소가 조선족역사연구를 위주로 하는 탓에 현실사회문제에 대한 연구에 한계가 있었고, 그로 인해 지적 욕구를 만족시킬 수 없었다. 그런대로 석사학위논문을 준비하고 있던 중, 우연히 서울대학교 인류학과 한상복 교수와 권태환 교수가 집필한 『중국 연변의 조선족─사회구조와 문화』라는 책을 접하게 되었다. 그 책을 읽으면서 눈앞이 환해짐을 느낄 수 있었고, 마침내 한국으로의 유학을 결심하게 되었다.

간절히 원하면 이루어지는 법인지 서울대학교로 유학하여 권태환 교수의 제자가 될 수 있었다. 사회학 공부를 본격적으로 하면서 이론적, 방법론적 기초를 닦기 시작하였고, 현지 방문조사를 강조하는 지도교수의 요구대로 사회조사에 착수하기 시작했다. 조사를 진행하면서 조선족사회변화의 실제 상황을 파악할 수 있었고, 기존의 조선족사회에 대한 인식에 많은 한계가 있음을 느낄 수 있었다.

박사논문을 준비하게 되면서 교수님의 권유로 8개월의 시간을 들여 중국과 한국의 조선족의 삶의 현장을 샅샅이 뒤졌다. 인터뷰보다는 함께 생활하면서 그들의 희로애락과 일상생활을 체험하였다. 그 시간은 진정한 학습과 연구의 과정이었으며, 참된 사회학연구는 사회현장에 있음을 뼈저리게 느낄 수 있었다. 비록 본인의 지적 한계로 보잘것없는 글이 되었지만 이 책은 그 내용을 정리한 것이다.

보잘것없는 이 글이 빛을 보기까지는 많은 분들의 도움이 있었다. 지도교수이신 서울대학교 사회학과 권태환 교수님의 지속적인 도움과 지지가 없이는 이러한 성과가 불가능한 것이며, 같은 학과의 박명규 교수님, 장경섭 교수님, 인류학과의 김광억 교수님, 고려대학교의 윤인진 교수님도 이 글의 완성을 위하여 많은 가르침을 주셨다. 지면을 빌려 감사를 드린다. 또한 공부에 전념할 수 있도록 묵묵히 지켜준 양가부모와 남편의 학업을 위하여 온갖 생활고를 겪어야 했던 아내에게도 고맙다는 인사를 전한다. 유학 기간 내내 물심양면으로 지지를 주었던 은사, 친지, 친구들에게도 인사를 전하며, 책을 출간해 준 한국학술정보(주) 채종준 대표이사께도 고마운 마음을 전한다. 이 책이 조선족사회의 아름다운 미래를 열어가는 데 조그마한 도움이라도 되기를 바란다.

2008년 11월
박광성

목 차

표차례

제 1 장

서 론

1. 문제제기와 연구목적

연구의 배경에 대한 이해를 돕기 위하여 우선 조선족에 관한 일부 언론의 보도내용을 살펴보기로 한다. 중국의 최대 통신사인 신화통신은 2002년 9월 2일에 길림 지역 소식으로 "연변의 20만 사람들이 천하를 누빈다-'북방 온주인'[1])에 대한 이야기"란 제목으로 연변 지역조선족주민들의 대외경제활동을 보도한 바 있다.[2]) 기자들은 연변 용정시 동성용진 용산촌에 대한 취재를 통하여 이 마을주민들 중 50여 명이 국외로 진출해 있으며 그들의 발자취가 한국, 일본, 미국, 러시아 등에 퍼져 있다고 소개하면서, 대외노무활동이 이들의 생활을 윤택하게 만들고, 지역경제발전을 촉진할 뿐만 아니

---

1) '온주'(溫州)는 중국 동부 절강성 북부의 한 도시를 지칭하는 것으로 이곳 사람들은 개혁개방 초기부터 전국을 누비며 경제활동을 진행하여 중국에서 기업가적 정신과 상인기질이 뛰어나기로 소문이 나 있다. 즉 '온주인'은 중국에서 기업가적 정신과 상인정신의 대명사이다. 기자들은 조선족을 '북방의 온주인'으로 비유하고 있다.
2) 記者 李亞彪, 王景和, "延邊20万能工巧匠闖天下-'北方溫州人'的故事", 新華网 吉林頻道 2002年 9月 2日.

라, 사고방식의 변화를 가져오고 있다고 지적한다.

조선족에 관한 이러한 보도는 신화통신에 자주 나타난다. 가령, 2006년 3월 24일에는 "동녕현 삼차구조선족촌 견문"[3]이라는 기사가 보도되었는데, 기사에서는 조선족으로 구성된 삼차구촌의 전체 노동력 1,375명 중 800여 명이 국외로 진출하여 경제활동을 하고 있다고 소개한다. 그중 한국에 180여 명, 러시아에 130여 명, 인도, 말레이시아, 캐나다, 일본 등 국가에 30여 명이 진출해 있다고 밝히면서, 이러한 대외경제활동이 삼차구촌을 인근에서 알아주는 '부자촌'으로 만들었으며, 주민들도 외국의 돈을 번다는 자부심을 가지고 있다고 소개한다.

중국의 중앙TV방송국 경제채널도 2005년 7월 16일의 경제뉴스에서 연변조선족자치주는 지리적 여건 등 원인으로 지역경제발전이 제약을 받자 눈길을 해외노무시장으로 돌려 좋은 성과를 거두고 있다고 방송한다. 뉴스는 한 노무송출회사에 대한 취재를 통하여 이 회사는 매년 국외에 400여 명의 노무일군을 파견하고 있다고 소개하면서, 현재 연변에 이러한 송출회사가 20여 개 있고, 2004년 해외 노무자들의 송금액이 7억 3천만 달러에 달한다고 밝힌다.[4]

조선족의 노동력 이동에 대한 보도는 중국 국내의 주류 언론들에만 국한되어 있는 것이 아니다. 일본의 요미우리신문(読売新聞), 미국의 뉴욕타임스(NYT)와 같은 큰 국제적 영향력을 가지고 있는 언론들에도 최근에 들어서면서 조선족을 주목하기 시작했다. 가령, 2007년 12월 17일 자의 요미우리신문에는 "중한수교 15년이 중국

---

3) 新華网 黑龍江頻道, ≪東宁縣三岔口朝鮮民族村見聞≫, 2006年 3月 24日.
4) 흑룡강신문의 보도에 의하면, 지난 2000년부터 연변의 노무송출수입이 지역의 재정수입을 초과하였으며, 2003년에는 재정수입의 2.6배로 증가하였다. 1989년부터 2003년까지 해외노무송출로 들어온 돈이 40여 억 달러로 추정된다("연변 인구당 주민예금 만 원선 돌파−전국 30개 소수민족자치주 중 선두", 흑룡강신문, 2005년 1월 11일, 윤운걸 기자).

조선족의 생활을 개변시킨다"는 기사를 실었는데, 기사에서는 중한 수교가 조선족에게 농촌을 벗어날 수 있는 기회를 마련해 주어 많은 조선족이 동북 지역을 떠나 북경, 서울과 같은 번화한 대도시로 진출하였다고 소개한다. 뉴욕타임스도 2008년 1월 10일 자에 조선족의 "코리안 드림"을 소개하는 글을 실었다.

조선족은 190여 만 인구를 가지고 있는 중국의 소수민족집단으로 주변부 지역에서 주로 생활하여 왔다. 그럼에도 불구하고 최근으로 들어오면서 국내외의 영향력 있는 언론들의 주목을 받고 있으며, 여러 나라 유관 학자들의 큰 관심을 받고 있다. 조선족이 왜 새로운 관심의 대상으로 떠오르고 있을까? 그것은 조선족사회의 변화가 세계화 시대의 가장 전형적인 발전모습을 보여주고 있기 때문이다. 주변 지역에서 생활하던 사람들이 세계화의 붐을 타고 세계 각국으로 진출하고, 그 과정에서 전통적 농민이 초국적 시민으로 변신해 가는 폭넓고 역동적인 변화의 모습을 보여주고 있기 때문이다.

연변조선족자치주 공안국(경찰서)출입국관리처의 발표에 따르면, 여권을 소지한 지역주민의 출국 지역은 세계 88개 나라에 달한다. 2004년 상반기까지의 집계에 의하면, 출국자의 85%는 한국, 7%는 러시아, 4%는 일본, 1%는 북한이고 나머지는 기타 아시아, 유럽, 아프리카, 아메리카 등 국가로, 출국목적은 친척방문, 노무송출, 유학, 관광 등인 것으로 나타났다.[5] 주민들의 활발한 국외진출로 하여 연변은 중국의 내륙 지역에서 유일한 출입국 중점관리 지역에 속한다.

조선족의 노동력이동 형태는 중국국내는 물론, 기타 국가와 지역의 노동력 이동경험을 놓고 보아도 선례를 찾기 힘들 것으로 보인

---

5) "연변지역, 전국 출입국 중점관리지역에", 길림신문 2005년, 1월 8일, 김성광.

다. 가령, 국내의 상황을 놓고 볼 때, 중국은 현재 지역 간의 경제
격차와 도농 간의 소득격차로 인해 일찍이 경험한 적 없었던 대규
모의 노동력 유동을 경험하고 있다. 중국의 유동인구수는 1993년의
7천만 명으로부터 2003년 1억 4천만 명으로 증가하여 전국인구 총
수의 10%를 넘었고, 노동력의 30%가량을 차지하고 있다. 2000년
제5차 전국인구조사자료 분석결과에 따르면, 그중 성(省)[6]내 유동
이 전체 노동력 유동의 65%를 차지하고, 성외 유동이 35%를 차지
하며, 15세부터 35세 연령대가 전체 이동자의 80% 이상을 차지하
고 있다.[7]

　여기에서 중국 노동력 이동의 몇 가지 특징을 파악할 수 있다.
첫째는 절대적 수는 많지만 그 비율은 전체 인구의 10%를 약간
초과하는 것이므로 이동 강도가 너무 높다고 보기는 어렵다. 둘째
는 노동력의 움직임은 유동이지 이동이 아니다. 어휘적으로 유동
(流動)과 이동(移動)은 엄연히 다른 의미를 가진다. 중국학계에서는
거의 통일적으로 '노동력 유동'이라는 개념을 사용하고 '노동력 이
동'이라는 용어는 사용하지 않는다. 이는 중국 노동력 이동의 실제
와 연관된다. 중국에서는 일반적으로 노동력 이동을 경제적 소득을
위하여 가구원 중 일부 노동력이 외지로 진출하여 임시 노무활동
에 종사하는 것으로 보는 경향을 갖고 있다. 주따밍(周大鳴)은 이
를 '시계추식 유동'(鐘擺式流動)이라고 표현한다. '시계추식 유동'
의 특징을 그는 '이동하지만 옮기지 않는 것'(流而不遷)이라고 정
의한다(周大鳴, 2001: 310).[8] 셋째는 지역 내의 이동 비율이 지역

---

6) 성은 중국에서 중앙정부 아래의 행정구역을 지칭한다.
7) "中國流動人口超過1.4億 立法維權刻不容緩", '人民日報', 2005年 7月
　27日.
8) 주따밍은 이러한 특징은 노동력 이동을 촉진하는 힘과 저애하는 힘의
　복합적 결과라고 분석한다. 촉진하는 힘은 지역 간, 도농 간 소득격차
　와 여유노동력의 존재이며, 저애하는 힘은 현행의 호적관리와 사회관

을 뛰어넘는 이동보다 훨씬 높은 비율을 차지한다. 넷째는 특정 연령대의 젊은 노동력층에 집중되어 있다.

이것이 국내의 노동력 이동 상황이라면, 중국인의 대외진출은 어느 정도 이루어지고 있는 가? 불완전한 통계에 의하면, 1980년대부터 2000년 초반까지 중국대륙에서 외국으로 간 이민자의 수는 200여 만 명에 달할 것으로 추정하고 있는데, 그중 미국에 약 50만명, 유럽에 70만 명, 캐나다 20만 명, 호주 20만 명, 일본 17~18만명, 중남미와 아프리카 10만 명 될 것으로 보고 있다.[9] 이 밖에 1979년부터 2004년까지 중국은 누계로 319만여 차 노동력을 국외에 파견하였다.[10] 이민자와 대외파견 노무자 수를 합하면 5백여만, 중국 인구를 13억 잡아서 계산하면 그 비율은 0.0038%가량 된다. 이 외, 불법이민과 불법체류를 간과할 수 없지만, 설사 그것을 포함할지라도 비율의 큰 폭 상승은 기대하기 어렵다.

그렇다면 조선족 이동의 상황은 어떠한가?[11] 우선 조선족의 국

리하에서 존재하는 취업, 복지, 분배, 교육 등 면에서 외지인에 대한 차별정책들이다(周大鳴, 2001: 310).

9) 2002년에 중국사회과학원에 '해외화교연구센터'가 새로 세워졌다. 같은해 11월 15-16일에 연구센터의 주관하에 북경 올림픽호텔에서 화교연구에서 영향력을 가지고 있는 국내외의 전문가들이 모여 '해외화인연구국제학술토론회'를 소집하였다. 이 수치는 회의에서 발표된 것으로 "해외화인연구의 새로운 기점-해외화인연구국제학회의 總述"이라는 제목으로 된 보고서에 실려 있다. 이 보고서는 회의 당시 중국사회과학원 웹 사이트에 게재되었다.

10) "商務部長薄熙來: 中國是經濟全球化的積極參与者", '人民日報', 2005年 5月 23日.

11) 실제로 이동에 참여한 조선족의 인구수에 대한 정확한 통계는 불가능할지도 모른다. 그 이유는 이동에 참여한 인구의 비율이 워낙 높고, 진출 지역도 국내외로 광범위하며, 여러 지역을 거치면서 이동하고, 귀환과 진출을 반복하는 등 복잡한 양상을 띠고 있고, 또한 통계의 근거로 삼을 만한 수단도 없다(중국의 현행 제도상 호적에 의한 통계도 큰 의미를 갖지 못한다.). 따라서 연구를 위해서는 여러 정부기관에서 발표되는 산발적인 통계자료, 현지에서 활동하는 언론과 단체들

외이동을 살펴보면, 한국 체류 조선족 수가 약 378,300여 명,[12] 일본에 53,000여 명,[13] 미국 지역에 5만여 명,[14] 러시아에 3~5만 명[15] 체류하고 있는 것으로 여러 유형의 자료를 통하여 확인된다. 2004년 3월 1일, 연변TV방송국의 '연변의 지금'프로에서 제시한 1998년부터 2003년까지 연변 지역노무송출 인구수의 지역별 통계를 보면, 러시아 14,250명, 리비아 7,302명, 미국 사이판 22,257명, 북한 5,982명인 것으로 발표되고 있다. 연변조선족자치주 공안국 출입국 관리처에 따르면, 2004년 1월부터 11월까지만 연변 지역에서의 출입국 관련 수속이 연인원 150,119명에 달해 전 길림성에서 취급한 업무의 절반을 초과하였다.[16] 상기의 자료들은 조선족의 국외진출의 실태를 보여주는 것으로 이에 기초해 볼 때 국외진출 조선족 수가 50만 명을 넘어서는 것으로 확인할 수 있다. 이는 조선족 총 인구의 25%에 해당되는 것으로 네 명의 조선족 중 한 명이 국외로 진출하여 있는 셈이다.

국외 이동뿐만 아니라 국내 대도시 지역으로의 이동도 활발하게 이루어지고 있다. 현지에서 활동하고 있는 단체, 기자, 학자들의 의하여 추정된 수치를 이용하여 조선족의 국내 이동 상황을 살펴보면, 광동(广東) 지역에 6만여 명,[17] 상해(上海) 지역에 3만여 명,[18]

의 조사, 연구자의 현지방문 등을 통한 다각적인 접근과 자료 분석을 통하여 그 규모를 추정하고 큰 그림을 그릴 수밖에 없다.

12) "2008년 지방자치단체 외국인주민 실태조사", 한국 행정안전부 지방행정국, 2008년 7월 발표.

13) "재 일본조선족의 현 주소", 흑룡강신문 일본특별취재팀 한광천 기자, 2005년 12월 2일.

14) "급성장하는 워싱턴 조선족사회", 한국일보, 2007년 10월 23일.

15) "중국동포 모스크바 행 줄이어", 재외동포신문, 신성준 기자, 2006년 1월 23일.

16) "연변, 전국 출입국 중점관리지역에", 길림신문, 김성광, 2005년 1월 8일.

17) "광동지역 조선족업체 뿌리내린다.", 흑룡강신문, 2005년, 8월 9일, 김춘희 심천 특파원.

산동(山東)반도 지역에 20여만 명,[19] 북경 지역 5만여 명[20]으로 추정한다. 인구이동이 아직 대규모로 이루어지지 않고 있던 1990년 제4차 전국인구조사자료에 의하면 상기 지역의 조선족인구는 광동 611명, 상해 742명, 산동 3,362명, 북경 7,710명이다.[21] 상기 지역의 추정치에 국한하여 계산해도 1990년대 이후 근 35만 명이 관내 연해 지역[22]으로 진출하였다고 볼 수 있다. 이들 지역 외의 장강삼각주(長江三角洲), 천진(天津) 등 지역에 조선족의 대거진출이 이루어졌다는 현실을 감안할 때, 연해 지역으로 새로 이주한 조선족 인구가 40만 명을 넘어설 것으로 판단된다. 이는 조선족 총 인구의 20%에 해당하는 수이다.

조선족의 이동은 연해 지역과 국외 지역에 국한되는 것이 아니며, 원거주지에서 도시로의 이동도 활발하다. 원거주지에서 도시로의 이동은 동북 지역의 여러 도시에서 새롭게 형성되고 있는 조선족 커뮤니티를 통해서도 확인할 수 있다. 1990년대 후반부터 동북 지역의 많은 대중도시들에 조선족도시형커뮤니티가 새롭게 형성되는 현상이 나타났으며, 이러한 사실은 조선족언론들에 의하여 널리 보도되었다.

이로 볼 때, 최근 15년간 조선족 총 인구의 50% 정도, 노동력의 70% 정도가 이동에 참여한 것으로 확인할 수 있다. 이는 조선족 전통적 거주지에 대한 조사를 통해서는 확인된다. 가령, 흑룡강성의 314개 조선족농촌을 단위로 조사 집계한 결과 2006년 말 기

---

18) "상해조선족사회 진맥", 흑룡강신문, 2005년 7월 14일 2일, 지철호.
19) "'청도조선족'을 만들어 간다.", 흑룡강신문, 2008년 5월 24일, 산동특별취재팀.
20) 조선족 연구자들의 보편적인 추정.
21) 중국 국무원 인구조사판공실, 중국 1990년 인구보사자료, 표 3-1.
22) 관내 지역이란 중국 하북성(河北省) 산해관(山海關)시의 이남 지역을 가리킨다. 중국에서는 습관적으로 동북 지역과 내륙 지역의 경계로 산해관을 잡고 그 이남을 관내 지역이라고 부른다.

준으로 조선족 해외 노무자가 56,481명, 국내 대도시 진출자가 53,652명으로 총 인구 241,220명의 절반을 넘어서는 것으로 나타났다.[23] 이는 이동의 강도가 매우 높음을 설명한다.

진출 지역도 다양하여 국내에서는 전통적 거주지의 도시 지역은 물론 원거주지에서 수천 킬로미터 떨어진 중국 남부의 주강삼각주에 이르기까지; 국외로는 한국, 일본, 러시아, 북한 등 주변국은 물론, 미국, 리비아와 같은 아메리카, 아프리카 국가까지 수십 개국으로 퍼져 있다. 이는 이동이 민족국가범위를 넘어선 초국적 공간에서 이루어지고 있음을 보여준다. 조선족과 같이 짧은 기간 내에 국내외를 포함하여 다양한 대도시 지역으로 동시적으로 대규모 분산 이동하면서, 전통적 농민집단에서 초국적 성격을 가진 대도시 시민 집단으로 변신하는 폭넓은 사회변화를 겪는 집단은 세계사적으로 보아도 흔치 않을 것으로 보인다. 이것이 바로 본 연구가 가지는 의미이다.

그렇다면, 이러한 세계진출이 조선족사회의 구조와 성격에 어떤 변화를 가져다주고 있을까? 집거를 기초로 형성되었던 소수민족사회가 인구의 지역적 분산으로 해체되지 않을까? 그들의 생활세계에서는 어떤 변화가 일어나고 있을까? 이러한 변화의 성격과 함의는 무엇인가? 본 연구는 이러한 질문에서 출발하여 대규모 인구이동이 가져오는 조선족사회변화에 대한 총체적인 이해를 추구한다.

2. 선행 연구에 대한 검토와 본 연구의 지향

1990년 이후, 조선족사회가 대규모의 이동과 함께 폭넓은 사회적

23) "흑룡강성 조선족농민 근 절반 외지 노무", 흑룡강신문, 2007년 5월 26일.

변화를 겪게 되면서 조선족사회에 대한 연구가 주목을 받게 되었고, 따라서 많은 논의들이 진행되어 왔다. 조선족사회 변화에 영향주는 가장 중요한 요인이 인구이동이고, 다른 사회적 현상들도 이와 밀접히 연관되어 있기 때문에 대부분 논의들은 인구이동을 둘러싸고 진행되어 왔다. 이러한 논의에는 연구자들에 의한 전문적 연구도 있고, 현지에서 활동하는 지도자들과 사회 활동가들에 의한 보고서도 있으며, 기자들의 현지 취재에 의한 기사도 있고, 민족의 앞날에 대한 고민에서 출발한 문집들도 있다. 즉, 여러 부류의 사람들이 각자의 입장에 서서 성격이 다소 다른 많은 논의들을 생산해 왔다. 이러한 논의들을 유형화하면 다음과 같은 몇 가지로 분류할 수 있다.

첫째는 '총론적 연구'들이다. 총론적 연구란 조선족사회에 대한 이해를 위하여 일종의 안내서 역할을 하는 연구들을 가리킨다. 이러한 연구들은 일반적으로 조선족의 역사부터 현재 사회변화에서 이르기까지 총체적으로 기술하면서 조선족사회에 대한 다양한 정보를 제공하고 있다. 가령, 중국에서는 정신철의 연구[24]가 대표적인 것으로 된다. 그는 연구에서 조선족의 이주역사부터 중화인민공화국의 창립 이후 조선족사회가 겪은 변화, 개혁개방과 한중수교 이후에 나타나는 사회변화와 사회문제들까지 포괄적으로 기술하면서 민족사회발전을 전망하는 것으로 글을 마친다. 한국에서는 이광규의 연구[25]와 윤인진의 연구[26]를 대표적인 것으로 볼 수 있다. 이광규는 저서에서 조선족역사에 대한 기술부터 시작하여 해방 후의 사회적 변화, 특히 한중수교 이후 한국과의 관계에서 나타나는 여러 사회현상과 사건들에 대하여 다양한 정보를 제공하고 있다. 이

24) 정신철, 1999, 『중국조선족사회의 변천과 전망』, 중국 요녕민족출판사.
25) 이광규, 2002, 『격동기의 중국조선족』, 백산서당.
26) 윤인진, 2004, 『코리안 디아스포라』(제3장), 고려대학교 출판부.

와 달리 윤인진은 이주와 정착, 중국의 소수민족정책과 조선족의 대응, 인구·지리적 특성, 사회 경제적 특성, 민족정체성 등 내용을 중심으로 기존의 유관 연구 성과들을 정리·소개하면서 조선족사회에 대한 전체적인 조망을 하고 있다. 상기 연구 외에도 조선족학자들을 중심으로 총론적 성격을 가지는 많은 보고서들이 작성되어 있으며, 이러한 보고서로 구성된 논문집 형식의 연구서가 많이 발간되어 있다. 이러한 논의들은 대부분 2차 자료에 의존하여 조선족의 이동양상과 그 과정에서 나타나는 사회적 문제들을 밝히고, 그에 대한 해법을 모색하는 특징을 나타낸다.

둘째는 '사회현상과 문제에 대한 연구'들이다. 이 부류의 연구들은 이동과 사회변화과정에서 부각되는 사회현상과 쟁점들에 초점을 맞춘다. 유관연구에서는 인구, 가족, 교육, 정체성 등이 주요한 논의의 대상으로 되고 있다. 인구와 관련해서는 이동과 저출산에 의한 인구의 마이너스 증가가 논의의 초점으로 된다. 이에 대한 최근의 연구 성과는 2003년 10월 북경 중앙민족대학 민족정책연구소의 주최로 개최된 "중국조선족인구문제와 대책" 국제학술회의에서 집중적으로 발표되었다. 동북 지역에서 활동하고 있는 많은 현지 관계자들이 인구센서스자료와 현지조사 자료를 결합하여 자신이 속해 있는 지역의 조선족인구 상황을 소개하고 있는데, 공통적으로 지적하고 있는 문제가 조선족인구감소이며, 그 원인을 인구유출과 저출산에서 찾고 있다. 한국에서 진행된 연구로는 권태환의 연구를[27] 대표적인 것으로 볼 수 있다. 저자는 1982년, 1990년, 2000년의 중국 인구센서스자료와 현지조사 자료를 결부하여 조선족인구의 양적·질적 변화를 설명한다.

이 부류의 논의에서 가족에 대한 논의가 많은 비중을 차지하고

---

27) 권태환, 2005(a), 「조선족인구의 추세: 인구보사 자료의 분석」.

있음에도 불구하고 그에 대한 전문적인 연구는 아직 많이 이루어지지 못하고 있다. 대표적인 연구로는 현지조사 자료를 기초로 조선족가족생활변화에 대한 실증적 고찰을 시도한 권태환·박광성의 연구로 볼 수 있다(권태환·박광성, 2005). 연구에서 저자들은 '가족분산'이라는 개념을 제기하여 조선족가족생활의 변화특징을 설명하고 있다. 중국 국내에서 가족문제에 대한 담론은 전문적인 연구보다는 가족생활에 대한 언론보도를 통하여 많이 이루어지고 있으며, 논의의 초점은 주로 편부모가정과 자녀 교육, 부부별거와 가정파괴, 이혼증가와 같은 현상에 맞춰져 있다.

정체성에 대한 논의는 조선족사회문제에 대한 연구에서 또 하나의 중요한 주제로 되고 있다. 조선족 정체성에 대한 학계의 주목은 1990년 이후부터 시작된 것으로 파악된다. 초기의 대표적인 연구로 한상복·권태환의 연구를 들 수 있다. 저자들은 조선족이 역사적·사회적 변혁 속에서 어떻게 정체성에 대한 인식을 형성·변화해 왔는가를 주목하면서 논의를 중국, 남한, 북한 세 나라에 대한 조선족의 인식과 그것이 조선족의 정체성에 미친 영향으로 확대하고 있다(한상복·권태환, 1993). 그 후, 한국과의 교류가 점차 확대되면서 정체성에 대한 명확한 인식의 필요성을 느낀 조선족학자들도 자신의 견해를 피력하기 시작한다. 그 대표적인 논의가 정판룡의 '며느리론'이다. 정판룡은 조선족의 문화적 성격에 대한 논의에서 출발하여 조선족의 문화의 성격을 '이중성'으로 규정하고, 이에 기초하여 조선족의 지위를 '시집온 며느리'로 형상적으로 비유한다. 요지는 조선족은 한반도에서 이주해 온 사람들이기 때문에 한반도문화를 계승(본가문화)한 측면도 있고, 동시에 중국에서 장기간 생활하였기 때문에 중국문화(시집문화)의 특성도 가지고 있다는 것이다(정판룡, 1999).

정체성에 대한 이후의 연구에서도 조선족학자들과 한국 학자들

사이에서 다소 차이가 나타난다. 조선족학자들의 논의는 '문화적 성격'에 논쟁으로 이어져 문화적 성격을 조선족의 정체성을 파악하는 주요한 요인으로 인식하는 경향을 나타낸다. 가령, 김강일의 '변연문화론'[28]이나 김문학의 '박쥐형 문화'[29]에 대한 지적이 대표적인 것이다. 반면, 한국 학자들은 중국의 민족정책과 같은 제도적 요인에서 출발하여 조선족 정체성에 대한 접근을 하거나 혹은 조국과 모국이라는 두 요인을 설정하고 그에 대한 인식을 파악하는 것으로 조선족 정체성에 대한 이해를 추구하는 경향을 나타낸다. 전자에 속하는 대표적인 연구는 이진영의 연구로[30] 볼 수 있으며, 후자에 속하는 대표적인 연구는 최우길의 연구로[31] 볼 수 있다. 그러나 최근으로 들어오면서 새로운 유형의 정체성에 관한 연구들이 등장한다. 가령, 조선족의 정체성에 대한 권태환의 최근 연구에서 그는 조선족이 본격적인 이동을 거치면서 발생하는 정체성의 위기나 '교포 정체성'과 같은 새로운 정체성의 등장에 주목한다(권태환 2005). 이에 비하여 재일 조선인학자 권향숙은 국제적 이동에 나서고 있는 조선족집단에 연구의 초점을 맞추면서 한국과 일본에서는 공식적으로 조선족에 대하여 어떻게 규정하고, 이러한 국가들에 진출해 있는 조선족의 정체성에서는 어떤 변화가 나타나는가에 주목하면서 '이동과 정체화(identification)'라는 개념을 제기한다(권향숙, 2003).

셋째는 '커뮤니티에 대한 연구'들이다. 커뮤니티에 대한 연구는 몇 가지 유형으로 나눠져 있다. 하나는 "농촌해체"에 관한 것으로

---

28) 김강일, 2001, 「중국조선족사회 지위론」, 『중국조선족: 사회의 문화우세와 발전전략』, 연변인민출판사.
29) 김문학, 2002, 「조선족대개조론」, 『장백산』, 2002년 1기.
30) 이진영, 2002, 「'조선인'에서 '조선족'으로: 중국공산당의 연변지역 장악과 정체성의 변화(1945~1949)」, 한양대학교 아태지역연구센터 『중소연구』 26권 4호.
31) 최우길, 2000, 「중국조선족의 정체성 변화, 위치와 역할」, 한국정신문화연구원 한국학국제학술회의 발표 논문.

인구 유출에 의한 농촌커뮤니티의 약화를 주로 다룬다. 이에 대한 논의는 조선족사회에 관한 많은 논의들에서 거의 언급되고 있다. 다른 하나는 "집중촌"에 관한 논의이다. "집중촌"이란 동북 지역의 대·중 도시 근교에 위치에 조선족농촌 지역에서 아파트개발과 같은 개발 사업을 통하여 도시로 이주해 오는 조선족 가구들을 유치함으로써 아파트단지형 커뮤니티로 발전하고 있는 현상을 지칭한다. 2001~2002년에 이러한 "집중촌"은 조선족농촌과 공동체의 해체를 막는 하나의 대안으로 조선족학계와 언론의 주목을 받았다.

또 다른 하나는 중국 연해의 대도시 지역과 국외 지역에서 새롭게 형성되고 있는 도시형 커뮤니티에 대한 연구이다. 연해 지역에서 형성되는 도시형 커뮤니티에 대한 대표적인 연구는 북경조선족집단에 대한 박명규의 연구[32]와 청도 지역 조선족공동체에 형성에 관한 윤인진의 연구[33]로 볼 수 있다. 박명규는 현지 조사에 기초하여 인구이동을 통한 북경조선족사회의 형성, 당면한 사회문제, 공동체를 형성하기 위한 움직임들을 살펴보고 있다. 윤인진은 질문지 조사 자료를 이용하여 청도 지역 조선족의 인구학적 특성, 경제활동, 공동체 형성, 자기 인식에 대한 변화 등을 고찰한다. 국외 지역에서 형성된 커뮤니티에 대한 연구는 주로 한국의 수도권 지역에 대한 연구인데, 박광성,[34] 노고은[35]의 연구를 대표적인 것으로 볼 수 있다. 이들은 참여관찰에 의한 질적 자료로 한국에 진출해 있는 조선족집단의 적응과 정착에 대한 고찰을 하고 있다. 마지막으로

---

32) 박명규, 「북경의 조선족」(권태환 편저, 2005, 『중국조선족사회의 변화』, 서울대학교 출판부).
33) 윤인진, 2003, 「중국조선족의 도시이주, 사회적응, 도시 공동체: 청도 사례연구」(『재외한인연구』, 13권2호).
34) 박광성, 2003, 「한국의 조선족노동자집단의 유입, 정착, 적응에 관한 연구」(서울대학교 석사학위논문).
35) 노고은, 2001, 「기대와 현실사이: 한국 내 조선족노동자의 삶과 적응전략」(서울대학교 석사학위논문).

공동체 변화에 관한 연구이다. 대표적인 것이 권태환·박광성의 연구36)이다. 이 연구에서는 특정 커뮤니티에 국한되지 않고, 성격이 다른 다양한 커뮤니티에서 나타나고 있는 변화를 주목하고 있다.

이와 같은 선행연구들을 통하여 1990년 이후 조선족사회변화의 외양적인 모습과 실태, 쟁점들은 많이 들어나 있으며, 일부 영역에서는 상세한 실태파악이 이루어져 있다. 그러나 선행연구들이 갖는 한계는 뚜렷하다. 구체적으로 보면, 첫째는 조선족사회변화의 핵심적인 쟁점에 대한 심도 있는 논의가 이루어지지 못한 상황에서 연구가 세분화되기 시작했다. 조선족사회연구에서 가장 중요한 쟁점은 대규모의 인구이동이 조선족사회의 구조와 성격에 어떤 변화를 가져다주는가 하는 문제이다. 즉 이동이 민족사회의 해체를 초래할 것인가, 아니면 다른 형식의 재구축을 가져올 것인가 하는 것으로, 이는 조선족공동체의 유지와 발전과 직결되는 문제이다. 따라서 조선족학자들에 의해 작성된 총론적 성격의 연구들은 거의 이에 대한 문제의식에서 출발하고 있으며, 외부 연구자들에 의한 거시적 연구도 많은 경우 이에 대한 관심에서 출발하고 있다.

조선족학자들에 의한 중국 국내의 연구는 이에 대하여 두 가지 대표적인 관점으로 나눠져 있다. 하나는 '위기론'이다. 그 요지는 대규모의 인구이동으로 인하여 집거지가 축소되고 민족교육이 약화되는 등의 민족사회의 기반을 약화시키는 요인들이 증가하고 있어 해체의 위기에 직면하여 있다는 것이다. '위기론'은 1990년대 전반에 걸쳐 조선족사회에 대한 연구에서 주류적인 시각으로 되었으며, 최근에 들어오면서는 거시적인 담론에서 윤리도덕, 가족위기 등과 같은 미시적 담론들로 초점이 옮겨지면서 계속 영향력을 발휘하고 있다. 다른 하나는 '기회론'이다. 위기론적인 전망이 주류를 차지하

---

36) 권태환·박광성, 2004, 「중국조선족의 대이동과 공동체의 변화」(『한국인구학』, 27권 2호).

고 있는 가운데, 최근에 들어오면서 일부 학자들에 의하여, 도시화, 산업화는 사회발전의 필수적인 단계이므로, 조선족이 농촌위주의 사회에서 벗어나 대도시 지역으로 진출하는 것은 조선족사회발전에 있어 하나의 새로운 기회로 된다는 주장이 제기되고 있다.

'위기론'이 사회실제에 대한 관찰에서 출발하여 조선족사회의 해체의 위기에 대하여 지적하고 있다면, '기회론'은 사회발전에 대한 일반적인 논의에서 그 근거를 찾으면서 막연하게 '기회'를 거론하기 때문에 조선족사회가 어떻게 변화되고 있는지에 대한 적절한 설명을 제공하지 못한다. 따라서 쟁점에 대한 논의를 진전시킨 것으로 보기 어렵다. 중국국내의 학자들과 달리 외부의 연구자들은 이에 대한 명료한 설명을 추구하기보다는 조선족사회변화에서 나타나는 다양한 모습에 주목하는 경향을 보인다.

따라서 조선족사회변화의 추세나 특징, 성격이나 함의에 대한 명확한 규명이 이루어지지 못하고 있다. 과연 조선족사회가 해체의 위기에 직면하여 있는가? 아니면 새로운 기회에 직면하여 있는가? 기회에 직면하여 있다면 그것은 무엇을 통하여 표현되고 있는가? 이에 대한 보다 심도 있는 논의가 이루어지지 못한 상황에서 점점 많은 후속연구들은 구체적인 사회현상이나 사회문제, 개별적인 지역과 커뮤니티에 대한 연구로 옮겨가고 있다. 따라서 사회 전반적 변화의 내용이나 특징, 성격도 규명되지 못한 상황에서, 부분연구로 전환되는 현상이 나타나고 있다.

둘째는 이와 연관되어 있는 것으로, 이동이 조선족사회에 어떤 변화를 가져다주고 있는가 하는 질문은 결과적으로 사회구조와 그 성격이 어떻게 변화되고 있는가 하는 문제와 직결된다. 따라서 이에 대한 심도 있는 규명이 이루어지지 못하고 있다는 것은 결국 사회구조의 변화와 성격에 대한 정확한 규명이 이루어지지 못하고 있음을 의미한다. 이는 많은 연구들이 표면에 드러나 있는 사회현상들에 파악에 치중하고 있는 것과 연관된다. 이들은 사회구조의 변화를 단순히 도시화, 산업화와 연관시켜 설명하고 있다. 그러나 이러한 설명방식으로는 조선족사회변화의 중요한 현상을 적절하게 설명할 수 없다. 가령, 조선족사회변화의 강력한 동인이 되는 국제이동은 민족국가에 국한된 분석의 틀로는 적절하게 설명할 수 없다.

셋째는 사회 전반적 변화에 대한 심층적인 규명에 기초하고 있지 못하기 때문에 개별 사회현상과 사회문제, 커뮤니티에 대한 연구도 큰 한계에 직면하게 된다. 조선족사회변화에서 나타나는 사회적 문제와 쟁점들은 모두 유기적으로 연관되어 있다. 따라서 이들은 사회 전반적 변화와 유기적으로 연관시키지 않고서는 정확한 이해에 도달하기 어렵다. 가령, 특정 지역이나 개별적인 커뮤니티에 대한 연구는 그 내부의 실태파악은 어느 정도 가능하지만, 그 이상에 대해서는 기대하기 어렵다. 그것은 조선족사회변화에서 여러 지역과 커뮤니티들은 지역을 탈피하여 상호 밀접히 연관되어 있는 연결망, 즉 탈지역적인 연결망의 하나의 연결점의 성격을 가지기 때문이다. 가령, 한국 수도권에 형성되어 조선족커뮤니티와 중국 동북 지역의 조선족농촌은 밀접히 연관되어 있다. 두 커뮤니티 사이에서 돈, 상품, 정보 등의 다양한 정보가 수시로 오가고, 이러한 연결이 구성원들의 생활에 중요한 영향을 미치고 있다. 따라서 이러한 지역적 연계를 간과하고서는 개별 커뮤니티에 대한 깊은 이해에 도달하기 어렵다. 가족문제도 마찬가지다. 특정 커뮤니티에 초점을 맞추면 가족해체의 위기들이 분명히 드러난다. 그러나 지역적으로 갈라져 있는 가족성원 간에 관계가 단절된 것이 아니고 밀접히 연관되어 있으며, 여기에는 가족기능분산까지 합쳐져 있다. 이는 사회 전반적 변화와 부분의 변화가 밀접히 연관되어 있음을 보여준다.

선행연구들의 한계는 바로 사회 전반적 변화의 성격이나 특징에 대한 정확한 규명에 기초하지 않고, 그 과정에서 나타나는 여러 사회현상과 쟁점을 고립시켜 분석을 시도하고 있다는 데 있다. 이는 결과적으로 사회 전반적 변화에 대한 이해에 있어서는 물론 사회현상과 사회문제에 대한 접근에 있어서도 한계를 짓는 결과를 초래하게 된다.

따라서 조선족사회에 대한 연구의 진전을 위해서는 사회 전반적 변화의 특징과 추세, 성격과 함의에 대한 정확한 규명이 필요하다. 이를 위해선 조선족사회의 구조와 성격의 변화와 생활세계 차원의 변화를 연관시키는 총체적인 분석을 진행하여야 한다. 그것은 거시적 구조와 미시적 생활세계의 변화가 밀접히 연관되어 사회변화를 만들고 있기 때문이다. 변화에 대한 종합적인 파악은 변화의 추세와 성격, 함의를 규명함에 있어서 중요한 단서가 된다.

이를 위하여 본 연구는 커뮤니티의 변화와 새로운 형성 및 이에 의한 지역적 다양성에 주목하려 한다. 그것은 이동과 커뮤니티의 변화, 형성이 직접적으로 연관되고, 커뮤니티 구조변화와 지역 구조, 노동시장구조 변화가 긴밀히 연결되며, 이러한 구조변화와 생활 영역의 변화가 밀접한 연관관계에 놓여 있기 때문이다. 선행연구들이 가지고 있는 또 다른 한계는 바로 조선족사회 변화를 이해하기 위한 키워드로 커뮤니티와 그에 기초한 지역적 다양성 및 그것들 간에 상호 관계에 주목하지 않고, 경제, 정치, 문화, 가족 등의 부문별 분석에 초점을 주로 맞췄다는 데 있다. 따라서 이들은 혹은 총론적이어서 변화의 핵심적인 특징들이 부각되지 못하고 혹은 부분적이어서 다른 현상과의 연관이 간과되는 한계를 갖게 되었다.

본 연구는 커뮤니티와 지역적 다양성 및 그들의 상호 관계에 분석의 초점을 맞추려 한다. 이를 위하여 선행연구들에서 쟁점으로 되어 온 커뮤니티와 지역, 즉 해체되는 농촌, 집중촌, 동북 지역의 도시 커뮤니티, 연해 지역의 도시커뮤니티, 국외 지역에서 형성되는 커뮤니티에 주목하여, 사례를 선택하고, 개별 분석, 유형분석, 상호관계 분석의 결합을 시도하고 있다. 이를 통하여 특정 유형의 커뮤니티, 지역적 차원, 그것들 사이의 상호 관계 등에서 나타나는 변화를 연관시켜 분석함으로써, 조선족사회의 구조와 성격의 변화를 밝히고, 이러한 구조적 변화와 직접적인 상호 연관 속에 놓여 있는 생활세계 차원의 변화들을 고찰함으로써 조선족사회 전반적 변화의 특징과 성격을 규명하려는 시도를 하려 한다.

3. 분석의 틀과 연구내용

조선족사회의 전반적 변화 모습과 특징, 성격과 함의를 규명하기 위하여 본 연구는 아래와 같은 분석틀을 사용하고 있다.

〈분석의 틀과 연구내용〉

이동의 배경	이동	구조와 성격 변화	생활세계의 변화
전통적 배경 지역의 낙후 기회 부족 욕구 잠재 ⇒	초국적 이동 ⇒	지역적 구조 도시화 세계화 다원화	경제생활 가족생활 공동체생활 타 집단과의 상호 작용
새로운 배경 개혁개방 한중수교 세 계 화		노동 시장구조 탈농화 산업화 초국가화 ⇔	

1990년 이후의 조선족사회변화를 검토함에 있어서 노동력의 초국적 이동은 핵심적인 중요성을 갖는다. 그것은 민족국가범위를 넘어선 대규모의 노동력 이동이 조선족사회변화의 가장 강력한 동인이기 때문이다. 이 연구는 대규모 노동력이동을 사회적 배경과 연관시켜 분석한다. 이동에 영향 준 사회적 배경을 전통적 배경과 새로운 배경으로 나누어, 전통적 배경은 노동력의 배출 요인으로, 새로운 배경은 이동의 촉진요인으로 보고 있다. 구체적으로, 전통적 배경에는 원거주지의 사회경제적 낙후와 이에 의한 상승이동기회의 부족, 발전적 욕구의 잠재 등이 포함되어 있으며, 새로운 배경에는 중국의 개혁개방 확대와 한중수교 및 교류의 확대, 세계화의 급진전 등과 같은 내용들이 포함되어 있다.

이러한 전통적 배경과 새로운 배경의 복합적인 작용에 의하여 조선족사회에서 대규모의 노동력 이동이 일어난다. 대규모 노동력 이동이 가져오는 가장 가시적인 현상은 지역구조변화와 노동시장구조의 변화이다. 그것은 이동자체가 지역적인 변화를 의미하는 개념이며, 노동력 이동의 가장 직접적인 동기는 새로운 경제적 기회의 창출에 있기 때문이다. 그림에 반영되어 있듯이, 이동에 의한 지역구조변화에는 도시화, 세계화, 다원화 등의 세 차원의 내용이 포함되어 있다. 여기서 말하는 도시화는 단순하게 농촌 지역에서 생활하던 사람들이 대규모로 도시로 이주하는 현상을 지칭한다. 세계화는 도시 지역으로 이동해 가는 과정에서 국내도시에만 한정되지 않고, 국외 지역의 도시로까지 이동이 확대되는 현상을 가리킨다. 다원화는 국내외적 범위에서 도시화 과정을 겪으면서, 기존에 일정 지역에 집거하면서 동질성이 높은 지역사회를 구성하고 있던 것과 달리, 큰 지역적 범위로 분산되지만, 그 과정에서 일정 지역 내에서는 다시 집중되면서 집거지를 형성하는 현상을 가리킨다. 지역사회의 특징이 지역성과 동질성이라면, 다원화 구조의 특징은 연결망과 차별성이다.

　이러한 지역구조변화에는 노동시장구조의 변화가 동반된다. 노동시장구조의 변화도 역시 세 차원의 내용을 가지고 있다. 그것은 탈농화, 산업화, 초국가화이다. 탈농화는 농업생산에서 탈피하는 현상을 지칭한다. 산업화는 노동력이 산업부문으로 이전하는 현상을 가리킨다. 초국가화는 노동력이 국제노동력 시장에 진출하여 경제활동이 거주국의 범위를 초과하는 현상을 지칭한다. 현재 세계적인 노동시장은 형성되어 있지 않지만 노동력의 국제이동은 보편적인 현상이다.

　지역구조변화와 노동시장구조변화는 이동에 의한 조선족사회구조변화의 핵심적인 내용을 이룬다. 이러한 구조변화는 또한 생활세계의 변화와 밀접히 연관된다. 그것은 일상생활에서 중요한 위치에 있는 생활 지역과 경제활동의 성격이 변하기 때문이다. 따라서 본 연구는 생활세계에서 일어나는 변화에 대한 분석에 많은 부분을 할애한다. 그것은 생활세계에서 일어나는 변화야말로 변화를 설명할 수 있는 실질적인 내용이며, 구조변화 역시 이를 통하여 표현되기 때문이다. 여기서 말하는 생활세계는 일상생활의 필수적 영역으로, 정치, 행정, 법률, 조직 등과 같은 공적 영역과는 구분되는 개념이다. 본 연구는 경제활동, 가족생활, 공동체 생활, 타 집단과 상호 관계 등 네 가지 요인을 생활세계에 대한 분석지표로 선택한다. 여기서 공동체는 사회관계 형성과 연관되고, 타 집단과의 상호 작용은 정체성과 연관된다. 이 네 가지를 분석의 지표로 선택한 이유는 다음과 같다. 그것은 이동의 주요 목적이 경제활동에 있기 때문에 경제생활에서 변화가 불가피하며, 개인단위의 이동이 주요 이동형태이기 때문에 가족생활에서 변화도 불가피하고, 또한 이동을 통하여 인구가 유출되고 이동에 참여한 사람들은 새로운 지역에서 생활해야 하기 때문에 공동체생활의 변화도 불가피하며, 성격이 다양한 지역으로 진출해 있기 때문에 상호 작용하는 타 집단과의 관계맥락의 변화도 불가피하여 자기(Self)에 대한 인식에 영향을 주기 때문이다. 즉 조선족이 이동을 하면서 생활상에서 부딪힐 수밖에 없는 현실적인 문제를 관찰을 대상으로 삼은 것이다.

생활세계의 변화와 사회구조의 변화는 서로 밀접히 연관되어 상호 영향을 주는 관계에 놓여 있다. 구조의 변화가 생활세계에 영향 주며, 생활세계의 변화가 구조의 변화를 굳히고 있는 것이다. 이러한 분석의 틀은 본 연구에 포함되지 않은 기타 쟁점에 대한 분석에도 유효할 것으로 판단된다. 가령, 조선족사회연구에서 많이 거론되는 교육문제도 우선은 커뮤니티 차원에서 나타나는 변화와 연관되며, 다음은 가족생활에서 나타나는 변화와 연관된다. 따라서 이러한 통합된 분석의 들은 조선족사회의 총체적인 변화의 모습을 조망함에 있어서 유효할 것으로 판단된다.

4. 연구의 이론적 자원

분석의 틀에서 볼 수 있듯이, 구조적 차원에서 조선족사회 변화의 핵심적인 내용은 지역구조에서 도시화와 세계화이며, 노동시장구조에서 산업화와 초국가화이다. 이것이 서로 연관되어 사회변화는 '도시화와 산업화', '세계화와 초국가화'라는 복합적인 성격을 가진다. 이 중 '세계화와 초국가화'는 세계화 시대의 이동과 그와 연관된 사회변화에서 새롭게 주목받는 현상으로, 조선족사회변화에서도 중요한 특징이 되고 있다. '도시화와 산업화'는 발전과정에 있는 사회들이 보편적으로 거치게 되는 단계이나, 조선족의 '도시화와 산업화'는 '세계화와 초국가화' 특징의 강한 영향을 받는다. 사회학 연구에서 세계화 시대의 이동과 이민 집단연구에서 활용되고 있는 대표적인 이론적 시각은 최근의 이동연구에서 널리 이용되기 시작한 '초국가주의' 모델로 볼 수 있으며, 이동과 연관된 '도시화와 산업화'를 설명하는 대표적인 이론적 시각으로는 근대화론에 기초한 '전통-현대' 모델로 볼 수 있다. 따라서 이 두 가지 이론적 시각은 1990년 이후의 조선족사회변화를 분석함에 있어서 중요한 이론적 자원이 된다.

1) 초국가주의(transnationalism) 모델

초국가주의는 20세기 90년대부터 이민연구에 적용되기 시작한 새로운 이론적 모델이다. 기존의 이민연구는 주로 시카고학파의 전통에서 유래된 동화모델과 다원문화모델에 기초하고 있다. 비록 두 이론적 모델의 초점은 다르나 모두 이주 지역의 주류문화와 이민 집단이 가지고 있는 전통문화가 충돌된다는 이론적 가설에 기초하고 있으며, 이민 집단이 이를 어떻게 극복해 나가는가에 연구에 초점이 맞춰져 있다.

그러나 20세기 90년대에 들어서면서 새로운 이민현상이 부각되기 시작하는데, 그것이 바로 국경을 뛰어넘는 초국적 이동의 증가와 적응, 정착 방식의 변화이다. 기존의 이민 집단은 거주국에서 이주국이라는 단일 방향의 이주패턴을 보이지만, 초국적 이민 집단은 거주국과 이주국을 연결하는 초국적인 정치, 경제, 사회, 가족관계를 형성하여 적응과 정착을 꾀하고 있다. 이러한 이민현상을 분석하기 위하여 초국가주의 이론적 모델이 연구에 이용되기 시작한다.

초국가주의는 세계화와 밀접히 연관되어 있는 것으로, 세계화가 배경과 기회, 원동력을 제공한다. 초국가주의와 세계화의 개념은 연관되는 부분이 있지만 그 의미에 있어서는 차이가 존재한다. 가령, 세계화의 이론적 시각에서 초국적 이민은 그 과정의 결과지만, 초국가주의 시각에서는 능동적인 주체로서 세계화를 구성해 가고 있는 강력한 동인이다. 또한 세계화의 시각에서 다국적 교류는 제도화의 과정이지만, 초국가주의 시각에서는 개인이 초국적인 사회연결망과 자본을 구성해 나가는 과정이다. 따라서 바쉬((Basch)는 세계화는 특정국가 영토를 벗어난 전 지구적 공간에서 이루어지는 현상이라면, 초국가적 현상은 민족국가들 내에서 혹은 그것들을 초월하여 발생하는 것이라고 그 차이를 설명하며(Basch et al 1994: 5-10), 구아니조와 스미스(Guarnizo & Smith)는 '위로부터의 초국가주의'와 '아래로부터의 초국가주의'를 구분하여 그 차이를 설명하려 한다. 그들에 의하면 '위로부터의 초국가주의'는 세계화와 유사하여 세계적인 범위에서의 거시적 사회현상을 주목하지만, '밑으로부터의 초국가주의'는 두 개 또는 그 이상의 국민국가를 넘나들면서 형성하는 일상적인 삶, 활동, 사회적 관계의 초국가적 성격의 규명에 초점을 맞춘다(Guarnizo & Smith, 1998). 즉 세계화는 제도화와 연결되는 개념이라면, 초국가주의는 능동적인 집단의 초국적인 활동과 연결되는 개념으로 구조와 행위에 대응하는 관계를 이룬다.

바쉬(Basch) 등은 초국가주의란 "이주민들이 고향과 정착지사회에 모두 연결되는 다중적(Multi-stranded) 관계를 만들고 유지하는 과정"이라고 정의하며, "이러한 과정을 초국가주의라고 부르는 것은 오늘날 많은 이주민들이 지리적, 문화적, 정치적 경계를 '가로지른' 사회적 장(Social fields)을 구축하고 있다는 것을 강조하기 위해서"라고 지적한다(Basch, 1994). 베토벡(Vertovec)은 초국가주의를 민족국가의 국경을 가로질러 사람들과 기관, 제도들을 연결하는 복합적인 관계이자 상호 작용을 의미한다고 개념화한다. 그는 초국가주의를 사회의 형태, 의식의 형태, 문화재생산의 양식, 자본의 경로, 정치적 관여의 측면, 장소나 지역성의 재구축 등의 내용으로 나누어 분석한다(Vertovec, 1999). 스마트(Josephine Smart)는 초국가주의를 일련의 지역을 뛰어넘는 현상이라고 규정하면서, 이는 인구이동, 문화의 재구성, 자본과 노동의 가변적인 이동에 의하여 유래되는, 후기 자본주의사회의 핵심적인 문제라고 지적한다(Smart, 1998). 즉, 초국가주의는 국가 간 경계를 넘나들면서 진행되는 활동을 분석하는 개념이다.

인구이동에 관한 최근의 연구에서 '초국가주의' 모델은 널리 사용되고 있다. 그것은 세계화의 진전으로 초국적 성격을 가진 이동이 늘고 있는 것과 연관된다. 라우스(Rouse)는 세계화 시대의 이동 연구에 있어서 이주국과 정착국이라는 이항적 모델에서 벗어나 '초국가적인 사회 공간(social space)'의 출현과 이주자의 '다중적 장소'에 대한 귀속의식을 주목해야 한다고 주장한다(Rouse, 1995). 포르테스(Portes)는 초국가적 이주자들이 경제적 성취와 사회적, 정치적 안전을 추구하고자 국가적 경계를 넘나들면서 밀도 있는 네트워크를 형성한다고 강조한다. 이들은 이중 언어를 구사하고 다른 문화들을 어려움 없이 소화해 내며, 두 국가에 '홈'(home)을 유지하고, 경제적, 문화적, 정치적 이해를 추구한다는 것이다(Portes, 1997).

'초국가주의 모델'을 이용하는 경험적 연구들은 해외 화교(華僑)와 화인(華人)들에 대한 연구에서 많이 나타난다. 그중 최근의 대표적인 연구 성과로는 류훙(劉宏), 왕춘광(王春光), 그랜서우(Gransow), 이밍환(李明歡), 페커(Pieke)(彭軻) 등의 연구를 들 수 있다. 20세기 80년대 이후, 해외로 이주한 중국인에 대한 연구에서 류훙은 '초국가화된 화인(華人)'이라는 개념을 사용한다.[37] 그는 1980년대 이후,

---

37) "해외화인연구의 새로운 기점 – 해외화인연구국제학술회의 총술(總述)" (위에서 상세한 자료출처 밝혔음).

해외화인사회구성에서 근본적인 변화가 일어나고 있는데, 그것은 본인이 '초국가화된 화인'이라고 부르는 새로운 집단이 신속히 증가하여 해외화인사회의 중요한 구성부분으로 되고 있기 때문이라고 지적한다. 그는 '초국가화된 화인'이란 개념을 "민족국가를 뛰어넘는 활동 중에서 자기의 이주지와 연고지를 연결하여 여러 차원의 관계를 형성하고 있는 이민 집단으로, 이들은 지리적, 문화적, 정치적인 경계를 뛰어넘는 것이 특징이다. 초국가화된 이민으로서 그들은 두 가지 혹은 그 이상의 언어를 사용하며, 두 개 혹은 그 이상의 나라에 친척, 사회관계와 사업이 있으며, 지속적이고 일상적인 국가적 경계를 넘는 왕래가 그들 생활유지의 주요수단이다."고 해석한다.

류홍은 전통적인 화인이민과 달리 새로운 '초국가화된 화인'은 다음과 같은 몇 가지 특징을 나타내고 있다고 지적한다. 첫째는 '탈지역성'인데, 이들에게 있어 지역은 전통이민에게처럼 중요한 것이 아니고, 민족국가도 정치주권의 상징에 불과한 것으로, 그들은 활동 공간 구성을 경제, 사회, 문화 등 방면의 기회와 연결시키고 있다. 즉 이들은 자신의 활동을 위하여 활동공간을 구성하고 있다는 것이다. 둘째는 집단의 구성과 적응방식에서의 다양성이다. 셋째는 이동방식에 있어 전통이민은 '본국'에서 '거주국'으로의 이동이 특징이라면, 이들은 본국에서 A국으로, A국에서 B국으로와 같은 지속적인 이동양식을 보이고 있다는 것이다. 넷째는 이들은 해외에서 본국문화를 간직하고 있기도 하지만, 타 문화와의 교류를 거치면서 새로운 제3의 문화도 구성해 나간다. 류홍은 이와 같은 이민 집단의 형성원인으로 다음과 같은 몇 가지를 제시한다. 첫째, 세계화의 산물인 화인들의 초국적 이민은 세계화 시대 이민현상의 하나의 축소판이다. 둘째, 중국의 개혁개방정책이 이민을 촉진시켰다. 셋째, 이주대상국의 정치, 경제변화와 연관되어 있다. 넷째, 상업적으로 운영되는 많은 중개기구들의 출현도 중요한 작용을 일으켰다.

개혁개방 후, EU(유럽연맹)로 진출한 중국이주민들(절강성 온주인들)에 대한 연구에서 왕춘광은 이러한 사실을 발견한다. 최근 몇 년간에 EU의 경기가 침체되어 생활이 어렵게 되자 중국이주민들은 새로운 적응전략을 구사한다. 그것인즉 친척과 가족들이 EU의 각 나라로 분산되어 지역 특성에 맞게 사업을 하는 것이다. 가령, 원료수입과 생산은 관세율과 인건비가 상대적으로 싼 스페인과 포르투갈에서 진행하고, 판매는 시장 환경이 좋은 프랑스에서 하는 방식이다. 이런 가족이 각기 다른 국가로 분산되어 분업하여 사업을 진행하는 방식을 통하여 비용과 위험을 줄여 사업의 안정성과 수입보장을 추구하는 것이다. 왕춘광은 이를 통하여 '초국적사회공간'[跨國社會空間理論]이라는 개념을 제기한다. 그에 의하면, 이민이 유입국에서 주류사회에 동화되지 않고도 잘 적응할 수 있는 것은 이민이 가지고 있는 강점에서 비롯된다. 그들은 '초국적사회공간'을 구성하여 정보, 자원, 시장, 인적 관계를 이용할 수 있으며, 이를 통하여 유입국에서 발전을 추구할 수 있다. 일반적으로 이민들은 유출국과 유입국 사이에서 이러한 공간을 구성하게 되며, 지역 간의 통합 정도가 높은 지역에서는 '다국적인 사회 공간'도 형성할 수 있다(왕춘광, 2005).

류홍과 왕춘광이 해외로 진출한 화인(華人)들의 초국적 성격의 활동에 주목하고 있다면, 그랜서우는 중국 국내인구이동과 사회변화에 대한 연구에 이를 적용시키고 있다. 중국 남부 광동 지역의 산업발전, 인구이동, 사회변화에 관한 연구에서 그랜서우는 서구의 '전통-현대'라는 사회변화에 관한 이론적 모델로는 현재 중국사회의 변화를 적절하게 설명할 수 없다고 지적한다. 그는 세계화의 배경하에서 중국사회변화에 관한 연구는 '민족국가'의 틀을 넘어서야 한다고 주장한다. 그는 해외에서 온 화인기업가와 지방정부, 중국 각 지역에서 모여온 노동력에 의하여 광동남부 지역이 '세계화된 지역'으로 되고 있으며, 이는 '화인 초국가화'의 새로운 형식으로 세계화의 한 과정을 보여주고 있다고 주장한다. 그는 여기에서 사용하는 '초국가화' 개념은 '화교와 중국대륙 간에 형성되어 있는 여러 차원의 관계를 지칭하는 것으로, 이에는 인구 이동과 초국적 회사의 사회 연결망을 비롯한 가족, 친족, 언어 등의 민족국가의 틀을 넘어설 수 있는 능력과 현상'을 가리킨다고 지적한다.

이밍환(李明歡)의 연구 역시 국제이동과 지역사회변화에 초점을 맞추고 있다. 중국 남부의 복건(福建)성 화교(華僑)고향[38]에 대한 연구에서 그는 오늘날의 이민은 과거 이민과 달리 어느 지역에 집착하지 않으며, 초국적인 연결망의 구성을 통하여 양쪽에서 이익을 추구하는 특징을 가지고 있다고 지적한다. 따라서 '화교고향'은 단순히 사람들이 유출된 지역이 아닌 진출자들이 국외 지역과 국내 지역을 연결하는 사회적 장이며, 중국과 외부 세계가 교류하는 전초 기지라고 지적한다(李明歡, 2005).

유럽에서 생활하고 있는 복건성 이민에 대한 페커(Pieke, 彭軻) 등의 연구에서는 '초국적 화인'과 '중국의 세계화'를 연결시켜 분석하고 있다. 그들은 '초국적 화인'을 출발점으로 하여 중국의 세계화를 연구하는 것은 실제로 중국인, 중국사회, 중국문화가 어떻게 세계의 일부분으로 되어 가면서 그에 영향을 주고, 서로 다른 집단과 조직이 어떻게 그 진척에 영향을 끼치고 있는가를 규명하는 것이라고 지적한다. 인구이동은 세계화 시대 상품, 자본, 문화의 초국적 유동의 기본적인 조건으로, 오늘날 중국의 상품과 자본, 그리고 이민이 가져간 중국문화가 서로 엉켜 '중국식의 세계화'를 구성해 간

---

38) 화교를 많이 배출한 지역을 가리킴.

다고 밝힌다(彭軻, 2004).

'초국가주의' 모델을 이용한 사회학적 이동연구에서는 연구의 초점을 주로 초국적 공간에서 형성하고 있는 연결망과 그것을 이용한 이동집단의 삶의 전략, 그것이 생활에 미치는 영향에 맞추고 있다. 1990년 이후 조선족 이동의 주된 특징은 세계적 진출에 있으며, 국내의 인구이동과 사회변화도 그와 밀접히 연관되어 있다. 이는 '초국가주의' 이론적 모델이 조선족의 이동을 설명하는 데 적절한 이론적 자원이 될 수 있음을 시사한다.

2) '전통 – 현대' 모델

'전통–현대' 모델은 초기의 사회학적 전통과 연관된다. 서구에서 산업화와 도시화가 급진전되면서 당시 사회학자들의 관심은 전통사회와 현대사회에 대한 비교분석에 집중되었다. 가령, 퇴니스는 '공동사회'와 '이익사회'라는 분석의 틀로, 뒤르켐은 '기계적 연대'와 '유기적 연대'로, 베버는 '전통적 통치'와 '합법적 통치'로, 파슨스는 유형변수를 설정하여 설명을 시도하였다. 서구사회의 경험에 기초한 이러한 설명의 틀은 그 후 기타 사회변화연구에 큰 영향을 미쳤으며, 특히 민족국가단위에서의 도시화와 관련된 연구에서는 지배적인 위치를 차지하게 되었다.

이 모델에서 하나의 중요한 쟁점은 기존 공동체의 해체 여부이며,[39] 이 논쟁에 불을 붙인 사람은 '도시성' 이론의 창시자인 워스(Wirth)이다. 그는 산업화가 일어나는 과정에서 도시에 다양한 전통과 가치를 가진 수많은 사람들이 모여들면 인간관계는 불가피하게 순간적이고 피상적으로 이루어질 수밖에 없다고 본다. 서로 다른

---

39) 이 부분에 대한 논의는 강대기(2001)의 1장 내용을 주로 참고하였다.

행동양식은 도시에 아노미상황을 초래하여 각자 자기 방어적 태도를 취하게 되고 도시인들은 모래알처럼 분리되어 고독하게 살아가게 된다는 것이다. 워스의 해체론에 반기를 든 대표적인 사람은 갠스(Gans)이다. 그는 자신의 연구를 통하여 도시인들은 그 도시에 거주하는 모든 사람들과 접촉할 수도 필요도 없다고 주장하면서, 도시규모가 아무리 크더라도 사람들은 살아가면서 가정, 직장, 이웃 등 항상 한정된 사람들과 만나면 산다고 지적한다. 따라서 도시성은 공동체의 해체와 연관이 없고, 도시에서 사회관계는 인종이나 문화적 유사성을 가지고 있는 동류집단의 성원들과 더 큰 친화력을 가지며, 특수한 목적 달성이나 집단의 방어를 위해 특정부류사람들과 상호 작용한다고 주장한다. 그 후 미국의 한 도시에서 연구를 진행한 헌터(Hunter)는 갠스의 '도시 촌락민' 가설을 지지하는 연구결과를 발표한다(1975년). 그러나 거터만(Guterman)은 많은 학자들이 워스의 가설을 양적인 자료만으로 부인하려 하며, 농촌과 도시 또는 지역공동체의 규모 차이에 따른 비교연구를 하고 있지 않다고 비판하면서 워스의 해체론을 지지하는 입장을 보인다.

상기의 해체인가, 지속인가 하는 식의 논쟁을 떠나 이를 통합하려는 학자들의 노력도 있었다. 피셔(Fischer)는 워스와 갠스의 기본적 시각을 통합하여 '부분문화이론'을 제시한다. 그에 의하면, 거대도시는 특정 지역 사람들을 끌어들이기보다는 넓은 지역에서 다양한 문화적 배경을 가진 사람들을 유인함으로써 도시공동체를 이질적인 사회로 만든다. 이러한 인구집중은 직업의 전문화, 특색 있는 근린, 전문화된 제도, 특수 이해집단 등의 출현을 가능케 하여 도시공동체를 다양한 부분문화집단으로 만들게 된다는 것이다. 즉 그는 공동체가 워스의 가설처럼 해체되기보다는 소규모로 분열되어 간다는 입장을 취하고 있다. 이 밖에 웰만(Wellman)도 '사회망 이론'을 제시하여 대안적인 접근을 시도한다. 그는 1970년대 말 캐나다 토론토 시에 대한 연구에서 종래의 근린관계가 광역도시 전역으로 확산되고 있음을 확인하고, 값싸고 편리한 교통 및 통신 수단의 발달이 사회조직의 분화와 함께 근린관계를 넓은 지역으로 확대시킨다고 주장하면서 이를 '사회망'의 개념으로 이론화한다.

미국과 같은 이민사회에서는 해체인가, 지속인가 하는 논쟁이 진행되었다면, 중국과 같은 나라의 인구이동과 도시화에 관한 연구에서는 하나같이 혈연, 지연 등 소위 말하는 전통적인 일차적 관계가 더욱 중요한 기능을 수행한다는 결론을 내린다. 공개적이고 투명한 정보공급과 여러 부문에서 법적 제도적 정비가 잘되어 있지 못한 상황에서 위험과 비용을 감소시키기 위하여 도시진출과 도시생활은 더욱더 전통적인 사회관계에 의존하게 된다는 것이다.

이 모델에서 또 다른 쟁점은 지위상승에 관한 것이다. 계층분석의 영향을 받은 것으로 이동을 통하여 사회적 상승이동이 이루어지는가와 어떻게 이루어지는가가 중요한 관심의 대상으로 된다. 이와 연관된 연구에서는 일반적으로 직업, 소득, 교육, 주거 등을 주요 관찰 요인으로 설정하고 이에 대한 검토를 통하여 지위상승 여부에 대한 검토를 진행한다.

이와 연관되어 쟁점이 되는 것은 '사람의 현대화'와 '농촌 현대화'에 관한 것이다. '사람의 현대화'에 관한 연구는 베버전통의 영향을 받은 잉킬리스(Inkeles)와 스미스(Smith)와 같은 사회 심리학자들의 연구와 연관되어 있다. 이들은 10여 년에 걸쳐 6개의 저발전국가들에서 행해진 약 6천여 명에 대한 면접결과를 토대로 '총체적인 근대성' 징후군의 증거를 제시한다. 그들에 의하면 '현대인'은 한 개인으로써 변화를 체험했을 때 진정으로 현대적이 되며, 이는 일련의 뚜렷한 태도들에 의하여 표시된다(데이비드 해리슨, 1994: 42, 재인용). 이러한 경향의 연구들은 농민들이 도시로 진출한 후 생활방식과 가치지향에서 어떠한 변화가 일어났는가에 주목한다. 농민들의 이농과 도시진출이 농촌과 농업에 어떠한 영향을 미치는가도 일부 연구자들이 주목을 받고 있는데, 일반적인 결론은 농촌과 농업이 위축을 초래한다는 것이지만, 오히려 농촌과 농업의 발전에 도움이 된다는 주장을 하는 학자들도 적지 않다. 가령, 중국의 농민인구이동에 관한 많은 연구가 이러한 결론을 도출한다(黃平, 1998; 李實, 1999; 李强, 2001).

도시화 과정에서 가족이 겪는 변화도 이 모델을 이용하는 연구들에서 나타나는 하나의 중요한 쟁점이다. 우선 전통적 가족연구자들은 전통적 농경사회에서는 확대가족이 일반적인 가족형태였다고 보면서 산업화가 전통적인 확대가족을 해체시키고 친족유대를 약화시킨다고 본다. 그리고 도시로 일자리를 찾아 이동해야 했던 사람들은 전통적인 농촌사회의 확대가족에서 주거이동이 자유로운 부부 중심의 핵가족 단위로 분화되었으며, 이로 인해 산업사회에서 점차 핵가족이 일반화된다고 본다.

그러나 최근 연구에서는 이에 대한 반론도 제기되고 있다. 첫째는 산업화가 친족유대를 오히려 강화시켰다는 것이다. 둘째는 과거에도 핵가족이 일상적인 형태였다는 것이다. 그러나 이에 대하여 일면적인 타당성이 있지만 농경사회의 해체라는 현실에 비추어 본다면 이는 다소 과도한 주장이라는 반론도 있다. 주거이동이 활발히 일어나는 상황에서 일시적으로 친족 간의 동기나 물질적·정신적 도움을 통해 유대가 강화되었을 수는 있지만, 산업화와 더불어 개인주의화가 진행된 상황에서 이런 현상이 지속적으로 일어난다고 보기 어렵다는 것이다(한국산업사회학회, 2004, 180).

이 외 도시화 과정에서 도시로 이주한 사람들이 정체성에서 겪는 변화에 주목하는 연구들도 있다. 기존의 연구들을 보면, 이동집단 정체성에 대한 논의는 크게 다음과 같이 두 가지로 나뉘어 있다. 첫째는 횡적인 접근으로 정체성의 인식에 영향 주는 여러 관계

맥락과 요인들에 대한 분석을 통하여 이동집단이 어떻게 자신의 정체성을 형성·변화해 가는가에 주목하고 있는 연구들이다. 이러한 연구에서는 적응하기 위한 정체성 전략에 주목한다. 둘째는 종적인 접근으로 이동집단이 이주지에서 생활하면서 사회변화와 세대교체에 따라 정체성에서 어떤 변화를 가져오는가를 주목하는 연구들이다. 이러한 연구는 세대 차이에 분석의 초점을 맞춘다.

도시화 과정에서 전통적인 가치들이 어떻게 지속적으로 영향을 미치고 있는가에 주목하는 연구들도 있다. 가령, 젠더에 관한 연구들에서 이러한 경향을 많이 나타난다. 이동에 관한 중국학계의 연구에서 이러한 점이 잘 나타나고 있다. 몇 가지 대표적인 연구들을 살펴보면, 1980~1990년대 중반까지 강소성 남부 지역에 대한 진이훙(金一虹)의 연구에서는 공업화로 전환되는 과정에서 나타나는 성 차별 현상에 대하여 주목하고 있다. 그는 공업생산이 증가하면서 일부 노동력이 공업부문으로 이동해 나가는 과정에서, 많은 가정들이 '남자가 우선이고, 다음이 여성이며, 장남이 우선이고, 다음이 차남'이라는 전통적 가치에 의거하고 누가 이동할 것인가를 결정하고 있음을 발견하게 된다. 이러한 규범에 의거하여 공업부문으로 전이하기 때문에 결국 이동에서 남성들이 먼저 우세를 차지하게 되며, 이는 또 새로운 남성우위의 구조를 굳히고 있다고 진이훙은 지적한다(金一虹, 1998).

고쇼셴(高小賢)의 연구에서 농촌 노동력 유출이 늘어나면서 농업에 종사하는 노동력구성에서 여성과 노인의 비중이 높아가는 현상을 발견한다. 그는 수익이 낮은 농업생산에 여성이 주로 종사하게 되면서 가정에서의 여성의 역할이 적어지게 되고, 이로 인하여 가정에서의 남성 우위구조가 더욱 강화되며, 여성은 단순 노동력으로 남게 된다고 지적한다(高小賢, 1994). 그는 이를 이동에서 성별 차이 때문에 선택기회가 동등하게 주어지지 못하는 것과 연관시키고 있다. 이에 대하여 일부 학자들은 여성의 농업화 현상은 차별의 문제가 아니라, 더욱 큰 이익을 위한 가족 내부의 분공이라는 반론을 제기한다(杜鷹, 白南生 等, 1997: 40-56). 그러나 이에 대하여 펑스정(馮仕政)은 여성 농업화 현상은 최대 이익을 추구하는 경제학적 관념에 의한 것이라기보다는 남성 중심적 문화적 관념에 의한 것이라고 반박한다(馮仕政, 1996).

조선족의 사회변화에서 도시화와 산업화는 변화를 구성하고 있는 하나의 중요한 축이다. 따라서 전통적인 요인들이 이러한 변화 과정에서 어떻게 변화되고, 어떤 영향력을 발휘하고 있는가 하는 것은 중요한 연구내용으로 된다. '전통-현대'의 설명의 틀은 이러한 면에서 유익한 시사점을 제공해 줄 것으로 보인다.

5. 연구방법과 자료수집

연구방법이란 연구목적에 도달하기 위하여 연구자가 연구대상에 접근하는 데 사용하는 방법을 가리킨다. 사회학에서 사용되는 대표적인 연구방법에는 질적 방법과 양적 방법이 있다. 양적 방법에서는 표본 추출을 통한 표준화된 질문조사로 얻어진 수치를 자료로, 각종 통계기법을 이용하여 설정된 요인들 간에 상관관계를 밝히고, 일반화할 수 있는 결과를 내놓는 데 주력한다. 양적 방법이 일반화된 결론을 도출하는 데 장점을 가지고 있다면, 질적 방법은 엄격한 틀의 제한을 받지 않고 연구대상에 밀착하여 자세한 관찰을 할 수 있기 때문에 총체적이고 심도 있는 이해에 도달할 수 있다는 강점을 가진다.

본 연구는 대표적인 질적 방법인 현지조사를 자료수집의 주요 방법으로 선택하고 있다. 현지조사방법은 연구자가 직접 연구대상의 생활 속으로 들어가 행위자들의 행위와 의미세계를 관찰하고 체험하며, 이를 통해 얻은 사회적 사실에 대한 총체적인 이해를 이론적 해석으로 승화시키는 연구방법을 말한다(費孝通, 1998: 235). 현지조사방법은 질적 방법에서 흔히 사용하는 참여자관찰, 심층면접 등 방법들과 연관되고, 또한 실제 조사과정에서 이들을 구체적인 조사기법으로 사용하기도 하지만 현지에서의 경험에 더 큰 비중을 둔다는 특징을 가진다.

조선족사회의 전반적 변화 내용과 성격을 규명하기 위하여 커뮤니티와 지역적 다양성 및 그들 간에 상호 연관성에 주목한다는 연구지향에 따라 본 연구는 동북 지역에서 3개 커뮤니티, 국내 연해 지역에서 1개 커뮤니티, 국외 지역에서 1개 커뮤니티를 선택하여 총 다섯 개 유형의 커뮤니티를 현지 조사 지역으로 선택하였다. 구체적인 지역으로는 흑룡강성 해림시 산하 KS촌, 연길시와 같은 연변의 일부 도시 지역, 요녕성 심양시 MR촌, 산동성 청도 교남시 황토장(黃土庄), 한국의 서울시 서남부 지역에 형성되어 있는 일부 조선족타운이다.[40] 위의 지역은 지역마다 자체의 특징을 가지고 있으며, 성격이 비슷한 커뮤니티들과 지역의 상황을 반영할 수 있는 전형적인 사례이다. 가령, KS촌은 편벽한 곳에 위치하여 해체의 일로를 걷고 있는 농촌마을의 전형적인 사례이며, 연길시는 동북 지역의 전형적인 조선족도시커뮤니티 사례이다. MR촌은 지리적 위치가 좋은 대도시 근교에 위치하고 있어 '집중촌'건설을 목표로 하는 지역사례이며, 청도시 교남은 연해 지역에 새롭게 형성되고 있는 조선족도시형커뮤니티의 사례이고, 한국 서울 서남부의 일부 지역

---

40) 연구 내용에서는 서술의 편리를 위하여 길림성 연변도시 지역, 청도시 교남 지역, 한국의 수도권 지역으로 지역 명을 쓰고 있다. 구체적인 지역은 여기에서 제시된 것이다.

에 형성되어 있는 조선족타운은 국외에서 형성되는 조선족커뮤니티의 대표적인 사례로 된다.

구체적인 조사는 2005년 3월 27일부터 8월 16일까지 근 6개월간, 산동성 청도 지역, 요녕성 심양 지역, 길림성 연변도시 지역, 흑룡강성 해림 지역을 중심으로 이루어졌다. 한국에 진출한 조선족 집단에 대한 조사는 2002년 7월과~9월 사이에 있은 집중적인 조사를 기초로 2005년 1~3월 사이에 또 한 차례 현지조사를 진행하였다. 구체적인 조사시간은 3월 27일부터 5월 15일까지가 청도 지역, 5월 20일부터 6월 18일은 연변 지역, 6월 20일부터 7월 8일은 해림 지역, 7월 10일부터 8월 16일은 심양 지역이다.

청도 지역 조사는 주로 교남시에서 진행되었다. 청도시는 중국 산동반도 남부에 위치한 산하에 7개구, 5개시, 인구 710,49만 명을 둔 해변 대도시이다.[41] 2004년 한국기업의 대산동 실제투자액은 한국기업 대중국 투자액의 57.5% 차지하며, 대산동투자액의 58.5%가 청도시에 투자되었다. 2005년 현재 산동성에는 12,832개 한국투자기업이 있으며, 한국인 체류자 수가 73,200여 명(그중 청도에 49,700명)에 달하고, 조선족 수는 20만여 명(그중 청도에 97,800여 명) 달한다.[42] 청도시는 한국기업의 투자 붐으로 인하여 1990년 이후 조선족이 대거 유입된 지역이며, 중국연해 지역의 최대 조선족집거지이다. 교남시는 청도시 산하의 소도시로 청도 공항과 70km, 청도항과 20km 떨어져 있으며, 시 구역 인구가 20만여 명에 달한다.[43] 교남시는 청도 지역에서 조선족이 제일 많이 거주하고 있는 지역은 아니다. 그렇지만 교남시 체육관이 위치해 있는 황토장일대를 중심으로 조선족의 거주지가 형성되어 있다. 황토장에는 커다란 한

---

41) 청도시 정부 공식 사이트, www.qingdao.gov.cn
42) 주칭다오 한국 총영사관 사이트 '한국-산동관계'
43) 교남시 정부 공식 사이트. www.jiaonan.gov.cn

글간판을 단 업소들이 많이 모여 있으며, 조선족의 삶의 모습을 곳곳에서 확인할 수 있다.

연변은 중국에서 유일한 조선족 자치주로 조선족 연구에서 중요한 위치를 차지하고 있는 지역이다. 연변 지역에서 조사는 주로 연길과 같은 일부 도시 지역에서 진행되었다. 연길시는 국외 진출자 가족들의 이주 증가로 주변 지역의 조선족인구를 흡수하여 중심지 역할을 하는 도시이다. 흑룡강성 해림 지역은 산하에 3개의 조선족 자치향진이 있는, 조선족인구가 3만여 명에 달하는 전통적인 조선족집거지이다. 해림시 민족종교국 관계자의 소개에 의하면, 근 6천여 명의 조선족이 장기적으로 해외에서 노무활동에 종사하고 있으며, 국내 지역 진출자까지 합치면, 조선족 총 인구의 절반 정도가 외지로 진출하여 있다.

심양시는 중국 동북 지역의 최대 공업도시이자 거점도시이다. 1990년 중국 인구센서스 자료에 의하면 심양시에 근 83,300여 명의 조선족이 거주하고 있는 것으로 나타났다. 최근에는 심양 지역을 중심으로 경제개발이 가속화되면서 조선족의 이주가 빠르게 증가되고 있는 것으로 알려져 있다. 현지 조사는 심양시 동릉구 MR촌에서 주로 진행되었다. MR촌은 심양시 중심에서 8km 떨어진 곳에 위치한 조선족농촌으로 1995년부터 아파트개발과 함께 '조선족 모으기' 슬로건을 내걸고, 3천여 세대에 인구 만여 명 되는 조선족 소도시건설을 목표로 하여 꾸준히 조선족 입주가구를 유치하고 있다.

현지 조사를 통한 자료 외에 연구에 필요한 기타 자료는 문헌자료에 의존하였다. 문헌자료는 정부기관들이 공식적으로 발표하는 통계자료 외에는 가급적이면 현지 취재를 통한 언론보도, 현지 조사에 기초한 연구, 현지에서 활동하고 있는 단체들에 의하여 소개되는 자료들을 이용함으로써, 자료의 질을 높이려는 노력을 기울였다.

6. 본 연구의 구성

본 연구는 7개 장절로 구성되어 있다. 1장은 서론부분으로 문제제기와 연구목적, 선행연구검토와 분석틀 및 연구의 이론적 자원, 연구방법, 자료 수집 등의 내용으로 구성되었다. 2장은 총론부분에 해당되는 것으로 초국적 이동이 가져오는 사회 전반적 구조 변화를 다루고 있다. 3장부터는 생활세계 변화에 대한 검토로 우선은 이동이 가져오는 경제생활 변화에 대하여 분석하고 있다. 4장에서는 이동이 가져오는 가족생활의 변화에 대하여 고찰하고 있으며, 5장에서는 공동체의 변화와 형성, 재구조화에 대하여 논의하고 있다. 6장에서는 지역적 다원화로 형성되는 정체성의 다원화 추세를 분석하고 있다. 7장은 결론부분으로 조선족사회의 총체적인 변화특징과 성격, 함의에 대하여 논의하고 있다.

제 2 장

초국적 이동과 사회구조 및 성격의 변화

1. 조선족사회의 지역적 안정성과 변화

중화인민공화국의 수립 이후, 조선족사회의 기본 특징은 지역적 안정성이다. 여기서 말하는 안정성은 인구의 이동이 매우 적은 상태를 가리킨다. 이러한 지역적 안정성은 중국사회 특유의 도농이원화 구조에서 비롯된 것이다.[44) 도농이원화 구조 속에서 농민들의 도시진출기회는 극히 제한적이었으며, 도시에서도 단위(單位)체제 중심이었기 때문에 개별적인 근무지조정을 제외하고는 다른 도시로 이주할 수 있는 기회가 적었다. 따라서 대부분 사람들은 자기가 태

---

44) 중국의 도농이원화 구조는 1950년대 후반에 형성되기 시작하였다. 1949년에 중화인민공화국이 창립되면서 도시 지역에 대한 정비 사업을 위하여 정부는 많은 농촌노동력을 동원하였다. 그 후 공업화 건설을 전개하기 시작하면서 1950~1956년 사이에 4천만 명 이상이 농촌노동력이 도시 생산부문에 흘러들었고, 그 흐름이 계속 진행되어 도시부문의 부담으로 작용하자, 이것을 방지하기 위하여 호적에 기초하고, 주택, 취직, 교육, 사회복지, 식량분배 등을 연결한 강력한 '도시－농촌'분리 정책을 수립하게 되었다(黃平, 彭柯, 2003). 이로 인해 중국 특유의 '도시 호구'와 '농촌호구'가 분리되고, '도시사람'과 '농촌사람'이 하나의 사회적 신분으로 되며, 농촌사람들의 도시이주를 인위적인 정책으로 제한하는 도농 이원화 사회구조가 형성되기 시작하였다.

어난 곳에서 성장하고 교육받고 직장생활을 하면서 상대적으로 폐쇄적인 생활세계를 형성하여 왔다. 1970년대 말부터 진행된 중국의 개혁개방정책이 이러한 경직된 사회구조를 완화시키는 역할을 하였지만, 1980년대 전반에 걸쳐 조선족의 이동은 제한적이었으며, 따라서 지역적 안정성이라는 기존의 구조가 유지되고 있었다. 1990년의 중국 인구센서스자료에 의하면, 조선족의 97% 이상이 동북 지역에 거주하고 있었으며, 도시화 율은 34.6%였다.

조선족의 지역적 안정성은 집거지형성에 기초하고 있었다. 농촌지역에 거주하는 대부분 농민들은 조선족으로 구성된 마을에서 생활하고 있었으며, 도시에서 거주하는 많은 조선족들도 연변 지역의 도시와 같은 집거 지역의 도시에서 주로 생활하여 왔다. 집거지에서 벗어나 타민족 지역에서 생활하는 조선족은 비율은 그다지 높지 않았다. 이에 비추어 정판룡은 조선족이 중국에서 민족문화를 유지하고 발전시킬 수 있은 주요한 원인 중의 하나가 바로 이러한 집거하고 지적한다(정판룡, 1999). 권태환도 조선족은 타 집단과 섞이면서 생활해 오기보다는 주로 집단의 결속을 다지면서 생활해 왔다고 지적한다(권태환, 2005b: 127).

그러나 1990년대에 들어서면서 조선족사회의 지역적 안정성은 급격히 변화된다. 1988년 서울올림픽을 계기로 해동되기 시작한 중한관계가 1992년의 수교로 이어지면서, 양국의 교류가 급속히 증가되고, 이 과정에서 조선족은 자신의 언어적 우세를 이용하여 고립적인 생활세계에서 벗어날 수 있는 절호의 기회를 맞게 된다. 그 구체적인 표현이 대규모의 노동력 이동이며, 이동목적지는 한국과 한국기업의 투자가 집중된 국내 연해 지역이었다. 이동에 결국 이에 국한되지 않고, 경제적 축적을 이용한 가족들의 이동으로 이어졌는데, 그 역시 두 개 방향으로 나눠진다. 하나는 고향에 남아 있는 가족들의 지역 내 중심도시로의 이주이고, 다른 하나는 자녀와 기타 가족의 제3국으로의 진출이다. 본문은 이동과정에서 나타나는 대표적인 지역별 커뮤니티 사례들에 대한 분석을 통하여, 조선족사회의 이러한 이동양상에 대하여 구체적으로 살펴보고, 그에 기초하여 조선족사회의 구조와 성격의 변화에 대한 심층적인 논의를 해보려 한다. 이를 위하여 우선 대표적 유형의 지역별 커뮤니티에 대한 사례분석을 진행하고, 다음으로 이를 종합하여 사회구조와 성격변화의 변화에 대한 논의로 진전시키려 한다.

2. 초국적 이동과 동북 지역 조선족사회의 변화

1) 흑룡강성 해림시 KS촌

해림시는 흑룡강성 남부에 위치한 지역으로, 그곳에는 3만 2천여 명의 조선족이 거주하고 있다. KS촌은 해림시에서 30Km 정도 떨어져 있는 동북 지역에서 흔히 볼 수 있는 전형적인 조선족마을이다. 1950년대 중국에서 인민공사제도가 정착되면서 촌을 구성한 후, 마을은 주로 본촌 주민들의 생육활동을 통한 인구의 자연적 발전과정을 겪어 왔으며, 대규모 이주나 입주가 없는 비교적 폐쇄적인 생활세계를 형성하여 왔다. 그러나 1992년 한중수교 이후, 한국의 대중국투자가 시작되면서 중·고등학교를 졸업한 청년들을 중심으로 연해 지역 도시로의 진출이 시작되었고, 친척방문을 시작으로 한국으로의 진출도 시작된다. 이동의 바람은 점점 크게 번져 2003년 1월 현지조사 시 마을의 상황은 다음과 같았다.

<표 2-1> 2003년 KS촌의 호구 및 성원거주현황

	총 등록 호수	본촌 거주	중국 타지	외국 거주	전원 촌거주
거주자가 있는 호수	159	110	92	97	33
거주자가 없는 호수		49	67	62	
비 율	100	39.6	32.4	28	

　〈표 2-1〉에서 볼 수 있듯이, 호적에 등록된 159호 가구 가운데, 본촌에 거주하는 사람이 있는 가구가 110호로, 49호가 성원 모두 이주하였다. 가구원 가운데 중국 타 지역 거주자가 있는 농호와 한국거주자가 있는 농호가 각각 92호와 97호에 달하였으며, 가구원이 전부 본촌에 거주하는 가족은 33가구에 불과하였다. 조사당시, 이 마을에 호적을 가진 사람들 중, 본촌 거주자의 비율이 39.6%, 중국 타지 거주자의 비율이 32.4%, 한국거주자의 비율이 28%에 달해, 외지 거주자가 60.4%로 본촌 거주자의 2배에 가까웠다(권태환·박광성, 2005).

　2005년 6월 말 이 마을을 다시 방문하였을 때 상황은 2년 전보다도 더 악화되어 있었다. 2년 사이 마을에서는 중학교를 졸업한 지 몇 년 되지 않는 여성 3명이 한국으로 시집갔으며, 그 어머님 두 분이 초청되어 한국으로 갔고, 한 분은 현재 딸의 초청을 기다리고 있는 상황이었다. 한국에 진출하여 있던 촌민 중 3명이 불법체류자 검거에 걸려 집에 돌아왔으며, 한국 법무부의 '중국동포 등 자진귀국 프로그램'[45]실시로 재입국을 보장받고 귀국한 촌민도 몇

45) 한국 법무부에서는 불법체류를 줄이고 동포들(중국 조선족과 러시아 고려인)에 대한 배려의 일환으로 2005년 3월 21-8월 21일까지 자진출국하는 자에게 일정 기간 귀국 체류 후 재입국을 보장하는 정책조치를 취하였다. 구체적인 내용을 보면, 허가받은 체류 기간 내에 귀국할 경우 6개월 후 재입국하여 취업할 수 있도록 허락하며, 불법체류 중일 경우 귀국하면, 1년 경과 후 재입국하여 취직할 수 있도록 한다는 것

사람 되지만 본촌에서 거주하지 않고 있었다.

　이 마을은 이미 이동의 '한계상태'에 처하여 있었다. '한계상태'란 성원 구성상 더 이상 이동자를 배출할 여지가 없음을 가리킨다. 그 근거로는 첫째, 마을은 이미 60대 위주의 '노인거주형', '노년생활형' 마을로 되어 있었다. 마을에는 한낮에도 사람을 보기 어려웠으며, 노인협회 정원에서만 게이트볼을 치는 노인들의 모습을 볼 수 있었다. 둘째는 설령 일부 청장년이 마을에 있다고 하여도 그들은 거의가 이동에 실패하여 많은 빚을 지고 있거나, 기회가 없어 포기상태로 있거나 혹은 장애가 있어 이동이 어려운 사람들이다. 일부 촌민들이 마을에 돌아와 잠시 거주한다 하여도 이는 다음 이동을 위한 준비이지 결코 마을로 돌아오는 것이 아니었다. 마을에는 당지부서기가 공석으로 되어 있었으며, 촌장을 맡을 사람이 없어 55세 되는 중년 남성을 본인의 의지와 관계없이 촌장을 맡게 하였다. 중국의 농촌에서 공산당지부서기[46]는 공석이 되어서 안 되는 직책이기 때문에 촌장이 겸해야 하는데, 새로 선출된 촌장이 공산당원이 아니어서, 55세가 되는 농부가 공산당에 가입하려고 입당신청서를 써야 하는 해프닝도 벌어졌다.

　저자의 마을 방문 시, 갑자기 폭우가 내려 마을 뒤편에 있는 수로 댐이 터져 마을로 물이 들어올 위험에 처하였는데, 댐을 막을 인력을 동원할 수 없어 남녀노소를 불문하고 빨리 나와 달라는 촌장의 다급한 방송소리가 들려왔다. 젊은 세대가 고향에서 결혼하고 출산하는 현상은 1990년대 초반을 기점으로 사라졌고, 어린이들은 모두 부모들에 의하여 시내학교로 보내졌으며, 그 후 청년들은 외

이다.
46) 중국은 공산당이 집권하는 나라로 모든 조직은 당 계통의 당 간부와 정부계통의 행정 간부가 병존하는 조직체계를 갖추고 있다. 농촌마을도 마찬가지로 당 간부인 지부서기와 행정 간부인 촌장을 두고 있는데, 최근에 와서 농촌에서는 많이 겸직하고 있는 것으로 알려지고 있다.

지에서 결혼하고 아이를 낳았다. 따라서 이들의 생활은 마을과는 전혀 관계가 없었다. 해림시 민족종교국의 책임자의 증언에 따르면, 해림시 산하에 있는 38개 조선족 농촌은 거의 비슷한 상황에 처하여 있다고 한다.

2) 길림성 연변도시 지역

연변은 중국의 유일한 조선족자치주로서 조선족사회의 정치적 중심지일 뿐만 아니라, 교육, 언론, 문화 등 면에서 중추적 역할을 하는 지역이기도 하다. 그러나 최근에는 계속되는 인구의 마이너스 자연 증가와 지속적인 인구 유출로 조선족인구의 감소가 뚜렷하게 나타나고 있다. 가령, 1999년 연변 지역 조선족의 합계 출산율은 1.1로 세계에서 제일 낮은 수준이었다.[47] 그럼에도 불구하고 1990년 센서스자료와 2000년 센서스자료에 의하면, 이 기간 연변의 조선족 절대인구는 20,656명 증가하여(1990년 821,479명, 2000년 842,135명) 연평균 0.24%의 성장률을 기록하였다(권태환, 2005a).

그러나 2004년 말 연변조선족자치주 통계국의 발표에 의하면, 2004년 호적에 등록되어 있는 조선족인구가 820,481명[48]으로 나타나, 2000년 인구센서스의 842,135명에 비하여 21,654명 감소되었으며, 연변의 조선족인구비율도 2000년의 38.55%에서 단 4년 만에 37.7%로 0.85%나 떨어졌다. 연변의 조선족인구비율은 지속적으로

---

47) 가령, 미국의 비영리 통계연구소인 인구조회국(PRB)이 2005년 8월 23일에 발표한 '2005세계인구통계표'에서는 한국이 총 출산율이 1.13으로 폴란드, 우크라이나 등 나라와 함께 세계최저의 출산율을 보인 나라로 기록하고 있다(연합뉴스, 2005년 8월 24일). 그러나 조선족은 한국에 비해서도 낮은 출산율을 보이고 있다.
48) "너도나도 외국으로 뭘 찾아 떠나나", 흑룡강신문, 윤운걸, 임국현 기자, 2005년 6월 25일.

떨어지는 일로에 놓여 있는 데, 2007년의 경우 조선족인구비율이 36.75%[49] 차지하여 2004년에 비하여 근 1%로 떨어졌다. 이는 조선족의 인구비율이 3~4년을 주기로 1%씩 떨어지고 있음을 보여준다. 연변 지역의 조선족인구가 증가율의 감소에서 절대수의 감소로 전환되었으며,[50] 총 인구에서 차지하는 비율이 급속히 떨어질 상황에 놓여 있음을 설명해 준다. 그러나 문제는 여기에서 그치지 않는다. 연변에 실제 거주하는 조선족 수는 호적을 두고 이주하는 사람이 많기 때문에 호적에 등록된 수에 비해서 훨씬 적을 수 있으며, 출산율의 증가조짐이 전혀 보이지 않는 상황에서 조선족의 외지 진출의 회오리바람은 점점 크게 번져가고 있다.

2005년 6월 연길을 방문하면서 저자는 몇 년 전에 비하여 유학알선기구, 해외취업노동력 양성센터들이 눈에 띄게 많이 증가하였음을 확인할 수 있었다. 연길시 중심거리에는 도처에 유학알선기구들의 간판들이 눈에 들어오며, 유학에 관심을 가지는 부모들과 학생들이 많아 저자는 가는 곳마다 한국 유학에 대한 설명을 해야 했다. TV광고 프로그램에서는 매일 외국노무진출자를 모집한다는 광고를 볼 수 있었으며, 만나는 사람마다 현실에 만족하는 모습보다는 외지진출의 꿈을 키워가고 있는 모습을 볼 수 있었다.

연변대학교의 H 교수는 이와 같은 분위기를 다음과 같은 말로 표현한다. "사람들은 외지로 진출하여 무엇을 하고, 어떻게 해야 할지를 똑똑히 생각해 보지도 않고 무작정 떠나려고만 한다." H 교수는 이어서 재미있는 이야기를 들려준다. 연변 하면 전국적으로

---

49) "연변의 총 인구 223만 3,144명", 연변일보, 2007년 11월 7일.
50) 일반적으로 다른 요인이 특별하게 작용하지 않는 상황에서 인구 증가율감소가 절대 수의 감소로 전환되는데 50~60년 좌우의 시간이 수요된다고 인구 학자들은 보고 있다. 그러나 연변 조선족이 경우 8년 정도밖에 걸리지 않았다. 이는 인구변화에 영향 주는 다른 요인이 작용하고 있음을 의미하는데, 저자는 이를 인구유출로 본다.

조선족냉면이 소문나 있는데, 몇 년 전만 해도 소문난 냉면집의 종업원아가씨들은 모두 조선족이었으나, 최근에는 모두 한족들로 바뀌었다는 것이다. 그 원인은 조선족 여성종업원들을 구하기 어려운 데 있다고 하면서 '민족특색을 내세우는 조선족 음식점의 종업원이 모두 한족이라, 참 아이러니한 일이다.'고 하면서 고개를 흔든다.

저자도 도문시에서 재미있는 경험을 하게 된다. 친지의 생일잔치로 현지인들이 많이 찾는 조선족음식점으로 갔는데, 음식점에서는 서비스차원으로 생일을 맞는 손님을 위하여 종업원아가씨들이 간단한 이벤트를 마련해 주고 있었다. 그러나 그들이 구사하는 조선어(한국어)의 악센트가 이상했다. 옆에 앉은 친지에게 웬 영문인지 알아보니 종업원아가씨들이 모두 한족인데, 주인이 몇 마디 가르쳐 억지로 하기 때문에 어색하다는 것이었다.

현지 조사를 하고 있던 2005년 시점에도 연변에서는 국제결혼바람이 기승을 부리고 있었다. 초기에는 한국에 진출한 사람들의 소개 위주로 이루어지던 것이 그 후에는 황금 알을 낳는 사업으로 되어, 한국의 중개업자와 중국 현지의 중개업자가 손을 잡고 조직적으로 추진하고 있었다. 중국 현지의 중개업자는 대부분 인맥관계가 넓은 아줌마들로 자신에게 한국으로 시집갈 의향이 있는 여성들을 소개해 줄 수 있는 많은 소개자들을 곁에 두고, 한국 중개업자가 혼인을 희망하는 사람을 보낸다고 하면, 전화로 사람을 찾아 줄 것을 부탁한다. 그러면 소개자로 나서는 사람들이 수소문하여 여성을 물색한다. 그다음 장소를 정하여 만남이 이루어지게 되는데, 대부분 다방을 이용한다. 다방의 안쪽 칸에서는 한국남성과 만남이 이루어지고, 밖에는 선을 보려고 온 여성들이 앉아서 기다리는데, 그 장면이 마치 취직면접을 줄을 서서 기다리는 것 같다. 보통 남성 한 명에 여성 10여 명 정도 온다고 한다. 이렇게 하여 혼인이 성사되면 중개업자는 5천~1만 위안 소개비를 받으며, 소개자에게는 약 1천 위안의 사례비를 준다고 한다.

소개자들은 서로 자기가 소개한 여성이 성사되길 바라면서 적극 추천하고 혹 모여 만나는 자리에서 성사되지 못할 경우, 한국 남성을 서로 자기가 소개하는 여성을 만나게 하려고 여기저기로 데리고 다니기 때문에, 남성이 측은해 보일 때가 있다고 한 중개업자는 고백한다. 최근에는 소개자들이 연변 지역에서만 사람을 물색하는 것이 아니라 심지어 연길에서 여섯 시간 기차를 타야 도착할 수 있는 길림시에서까지 가서 여성을 소개해 오며, 그것도 부족하여 한족여성까지 소개한다고 한다.

결혼에는 주로 위장결혼과 정식결혼이 있으며, 위장결혼에 응하는 사람은 대부분이 한국남성인데, 최근에는 여성들까지 위장결혼에 응하여 오는 경우가 많다고 한다. 한국남성과 위장결혼을 하면, 여성은 6만 5천 위안 정도 지불해야 하며, 한국여성과 위장결혼을 하려면 남성은 7만 5천 위안 정도 지불하여야 한다고 한다. 위장결혼을 하려는 사람들은 대부분 외국에 갔다 온 경험이 있거나 혹은 비용을 해결할 능력이 있는 사람들이며, 이혼하였거나, 돈을 마련할 능력이 없는 사람들은 정식결혼을 선호한다고 한다. 그러나 저자가 만나본 소개자들의 말에 의하면, 한국에서 위장결혼에 응하려고 오는 사람이 많아 일이 잘되지 않는다고 푸념한다. 왜냐하면, 연변에는 그렇게 많은 돈을 마련할 수 있는 사람이 적어, 돈이 필요 없는 정식결혼을 희망하는 사람이 많기 때문이다. 국제결혼에 나서는 대부분의 조선족 여성은 35~45세 여성들로, 거의가 가정생활이 순탄치 않았던 사람들로 볼 수 있으며, 젊은 여성은 보기 드물다고 소개자들은 입을 모은다.

이와 같은 상황은 현지 유관정부부처의 통계에서도 입증된다. 연변조선족자치주 민정국의 통계를 보면, 1994년부터 2001년 2월까지 연변 지역 국제결혼가운데 미혼여성이 7,442명, 이혼여성이 5,495

명, 남편 사망자가 1,494명인 것으로 나타났다. 직업별로는 간부가 1,147명, 노동자가 10,576명, 농민이 2,738명이었다.[51] 이로 볼 수 있듯이, 결혼 경험이 있는 여성이 7,089명으로 미혼여성 국제결혼 수와 비슷하며, 도시 지역에서 국제결혼이 농촌 지역에 비해 압도적으로 많이 이루어지고 있다.

많은 주민들이 외지로 진출하여 있음에도 불구하고 연변 지역의 인구이동은 현재 진행형이다. 연변 지역 조선족사회에는 여전히 강력한 이동의 욕구가 숨 쉬고 있다. 많은 사람들은 국외진출을 꿈꾸고 있으며, 현실적으로도 이를 위한 시도들이 활발히 진행되고 있음을 도처에서 확인할 수 있다. 이러한 현상은 크게 연변 지역의 객관적인 경제적 상황, 진출자들의 시범역할, 이동을 현실화할 수 있는 연결고리의 광범한 형성과 연관되는 것으로 판단할 수 있다.

연변은 산지가 많은 지역으로 전통적으로 농업기반이 취약하다. 물론 연변의 농업기반과 관계없이 중국전반을 보아도, 현재 농업은 열세산업으로 농업·농민·농촌문제는 정부의 중요한 고민거리로 되고 있다. 중국사회과학원 경제연구소 연구팀의 보고에 의하면, 현재 중국의 도·농 간 소득격차는 세계에서 제일 높은 수준이다.[52] 중국의 경제전문가들은 하나같이 3농문제의 해결의 실마리를 농촌의 생산성 향상과 농민의 도시생산부문으로 이전에서 찾고 있으며, 현재 작성되고 있는 미래5년 발전구상에서도 적극적으로 도시화를 추진해야 한다고 밝히고 있다.[53] 연변 지역에서도 농민들이 이농하여 도시부문으로 흘러들 수 있어야 하는데, 이는 도시 지역

---

51) "너도나도 외국으로 뭘 찾아 떠나나", 흑룡강신문, 윤운걸, 임국현 기자, 2005년 6월 25일.
52) "貧富中國: 中國城鄉收入差距調查", 李實, 岳希明 硏究員, ≪財經≫, 2004年 2月.
53) "溫加宝: 關于制定十一五个五年規划建議的說明", 新華社, 2005年 10月 19日.

의 산업발전과 노동력 수용능력과 연관된다.

그러나 연변의 도시 지역은 농촌의 잉여 노동력을 흡수할 수 있는 능력을 가지고 있지 못할 뿐만 아니라, 오히려 기업들의 경영난으로 노동자들이 대량 실직하는 상황에 처하여 있다. 연길을 제외한 기타 도시에는 지금도 가동을 멈춘 공장건물들이 흉하게 눈에 안겨온다. 1990년대에 들어서면서 동북 지역의 기업들은 외국자본과 손잡은 연해 지역 기업들에서 생산한 상품들이 대거 지역시장으로 흘러 들어오면서 경쟁력에서 밀려 심각한 경영난에 봉착하고 많은 기업들이 문을 닫게 되었다.[54] 연변 지역에서도 많은 기업들이 문을 닫게 되었으며, 공장에서 나온 노동자들은 새로운 진로를 찾아야 했다.

연변경제의 기둥이라고 볼 수 있는 일부 대형 국유기업들의 사례를 살펴보면 그 심각성을 잘 알 수 있다. 연변개산툰팔프공장은 1990년대 초기만 해도 직원 수가 7천여 명이나 되는 대기업이었다. 1990년대 중반에 들어서면서 기업이 경영난에 직면하여 많은 설비는 가동을 멈추고 일부만 간신히 가동되었다. 정부와 기업차원의 재생노력으로 여러 차례 외지기업과 합작 등의 구조조정과정을 겪었다. 3년 전에 이 공장은 결국 산동성의 어느 한 사영기업에 매각되었다. 기업을 접수한 기업주는 2천여 명 직원만 재임용시키고 나

---

54) 2003년 길림성 사회과학원의 연구보고에 의하면, 당시, 동북 지역 도시의 빈민수가 560만 명에 달하여 전국도시 빈민수의 1/4가량 차지하였다("東北老工業基地城市貧民人口占全國的1/4", ‘南方都市報’, 2004年 11月 24日). 문제의 심각성은 다른 자료에서도 나타나는데, 개혁개방 이후, 전국공업총생산액에서 동북 지역이 점하는 비율이 줄곧 떨어져 초기의 16%에서 2000년 초기의 9.3%로 떨어졌으며, 요녕성의 경우 개혁 초기에는 GDP가 중국 남부 광동성의 2배에 달했지만, 2000년 초기에 와서는 이와 반대로 광동성의 GDP가 요녕성의 2배로 되었다("振興東北老工業基地", ‘國務院發展研究中心信息网’). 이는 개혁개방 이후 20여 년간 동북 지역 기업들이 처한 경영난을 절실히 보여주는 것이다.

머지 5천여 명과는 퇴직금을 한 번에 지불하는 방식으로 관계를 정리하였다. 퇴직금은 근무 연한에 따라 매년 550위안씩 지불하였다. 가령, 이 공장에서 20년 일하였으면 1만 1천 위안을 지급받을 수 있었다. 이 노동자의 여생은 이제 1만 1천 위안을 가지고 새롭게 시작해야 했다.

도문철도분국은 도문에서 가장 큰 기업으로 많은 조선족이 근무하던 곳이다. 1990년대 중반에 들어서면서 기업의 경영효율을 향상시킬 목적으로 월급의 70~80%를 보장하기로 하고 50대 이상의 많은 직원들을 퇴직시켰다. 2003년에는 심양철도국에서 조직기구를 축소하기 위하여 도문철도분국을 해체시켰으며, 2005년에는 그 밑의 기구까지 취소하고 팀 제도로 전환하였다. 이러한 기구들의 철수는 당연히 인력감축으로 이어지게 되었다. 연변에서 큰 기업으로 볼 수 있는 석현종이공장도 몇 년 동안 새로운 설비를 들여오고 잉여 인원도 감축하면서 잘 운영된다고 알려져 있었지만, 저자의 방문 시에는 가동을 멈추었다는 소식이 들려왔다. 연길에서 도문으로 향하는 철도 연선에 자리 잡은 연변석유정제공장의 가동을 알리는 높은 굴뚝에서 나는 연기도 오랫동안 제대로 피어오르지 못했다고 주민들은 전한다.[55]

지역경제의 기둥역할을 하던 기업들이 파산되거나 구조조정이 불가피하게 된 것은 기존의 경제기반이 무너지고 있음을 의미하며, 이는 또한 이 빈자리를 메워줄 새로운 경제기반 형성이 절실함을

---

55) 계획경제 시기 중국의 국유대기업들은 장기간 많은 사회적인 부담을 짊어져 왔다. 노동시장에 진출한 직원들의 자녀들을 공장으로 받아들였으며, 기업에서 학교, 탁아소, 병원, 직원활동중심 등 많은 복지시설들을 운영하여 왔다. 중국 학계에서는 이를 '기업이 사회를 운영한다.'고 한다. 시장경제에로 전환하면서 국유대기업들은 시장에서 다른 기업들과 동등하게 경쟁해야 했으며, 이를 위하여 효율향상이 필요했고, 따라서 여유노동력 감축, 복지시설 매각 등 조직적 정비가 불가피하게 되었다.

시사한다. 지역 내부의 자본축적이 제한된 상황에서 새로운 경제기반 구축은 외부의 자본유치에 의존할 수밖에 없으며, 실제로 연변의 각급 지방정부는 이를 위하여 많은 노력을 기울여왔다. 그러나 여러 여건상 외자유치사업은 큰 성과를 거두지 못한 것으로 보인다. 가령, 연변의 외자유치성과를 가늠해 볼 수 있는 연길경제기술개발구는 심양근교의 만융조선족촌의 공업단지에 비해서도 오히려 활력이 떨어져 보인다. 시내구역 인구수가 연길시의 절반가량 되는 청도 교남시의 거리에는 큰 화물차가 분주히 오가고 있지만 몇 년 전 개통된 연길부터 도문까지의 고속도로는 한가하기만 하며, 사람을 싣고 다니는 버스만 분주하다. 고속도로의 큰 가치는 물류뿐만 아니라, 그것을 중심으로 한 '도로경제' 형성에 있는데, 이 고속도로 연선에는 어떠한 생산시설도 보이지 않을뿐더러, 설사 있다고 하여도 그곳에서 고속도로로 진입할 수 있는 진입로도 갖추어져 있지 않다.

노동력의 배출 요인이 이렇게 강력한 가운데, 중국의 대외개방 확대, 한중수교 등의 조선족의 국·내외진출에 유리한 여건이 형성되면서 1990년대에 외지진출의 돌풍이 일어났다. 이것은 진출자들의 송금으로 이어졌으며, 비교적 짧은 기한에 엄청난 액수의 돈이 연변 지역으로 흘러들었다.[56] 이로 인해 외지 진출자 가족의 주택 구매 붐이 일어나게 되고, 이들이 국제공항을 포함한 각종 시설이 상대적으로 잘 갖추어진 연길을 주거지로 선호하면서 주변 지역의 인구가 연길로 집중되는 현상이 나타나게 되었다.

이는 인구센서스 자료에서도 확인되는데, 1990~2000년 사이 연

---

56) 2004년에 국외 지역에서 송금으로 연변 지역에 들어온 돈이 7억 3천만 달러에 달한다. 해외진출자들의 송금액은 2000년부터 연변 지역 재정수입을 능가하였으며, 2003년에는 재정수입의 2.6% 달한 것으로 통계되었다.

변 조선족의 연평균 인구 증가율이 0.24%인 데 반해, 연길시의 조선족인구 연평균 증가율은 2.86%에 달해, 절대 수에서 56,936명(1990년 171,465명, 2000년 228,401명) 증가하였다(같은 기간 연변 조선족 인구의 절대 수의 증가는 20,656명)(권태환, 2005a). 2004년 호적에 등록된 연길시 인구는 413,000명에 달해 2000년에 비하여 2.4만 명 증가하였고(2000년 389,000명),[57] 2007년에는 436,300명으로 증가하였다. 그중 조선족인구는 251,245명에 달해 2000년에 비하여 22,844명 증가하였고, 총 인구의 57.58% 차지하였다.[58] 연변 지역의 조선족 인구수가 감소되고, 비율이 빠르게 떨어짐에도 불구하고 연길시의 조선족인구가 증가하고 그 비율을 유지하고 있는 것은 연변 지역 조선족인구가 연길로 집중되고 있다는 것을 설명한다.

국외에 진출한 주민들의 수입과 소비 수준이 급속히 높아지는 현상은 지역 내의 경제기반에 의거하여 생활하는 사람들에게 심리적 갈등을 가져다주게 된다. 실제로 이러한 현상은 일반 노동자와 직원들뿐만 아니라, 직업적 자부심을 갖고 있는 공무원, 교사, 사무기관 종사자들에게까지 퍼지고 있다. 연변의 모 시 시정부에서 8년간 근무하고 있는 P 씨(남, 33세)의 공식적인 월급은 2005년경으로 800위안(한화 12만 원 정도)이다. 중국에서 공무원은 선호도가 높은 직업이며, 사회적인 부러움을 받고 있는 직장이기 때문에 쉽게 포기할 수는 없고, 그러나 외지로 진출한 친구들의 경제적 성공을 보면 부럽고, 이것이 현재 P 씨가 겪고 있는 심리적 갈등이다. 한 중학교 교사는 이런 이야기를 들려준다. "몇 년 전만 하여도 학교의 선생님은 월급만 동결하면, 외국으로 갈 수도 있었고, 일정 정

---

57) "對延吉市人口發展狀況的分析", '延吉市統計信息网－統計分析 八期' http://yj.ji.gov.cn.
58) 2007년 연길시공안국 호적통계자료.

도 나이가 되면 퇴직도 바로 시켜주었는데, 지금은 아무리 애를 써도 이런 일이 성사되지 않습니다. 왜냐하면, 선례가 될 경우 모두 퇴직하려 하는 걷잡을 수 없는 상황이 올 수 있어 학교지도부에서 허락할 엄두를 내지 못하기 때문이다." 안정된 직장을 포기하자 하니 용기가 나지 않고, 붙잡고 살자 하니 변화의 낙오자가 되는 것 같고, 이것이 현재 연변의 많은 직장인들이 겪는 심리적 갈등인 것으로 보인다.

지역 내 경제기반의 취약성, 이와 반대로 외부의 자금유입으로 급속히 팽창되는 소비 심리와 문화, 외지진출자들의 성공사례, 이러한 요인들이 복합적으로 작용하면서 사람들의 외지 진출의 꿈은 더욱더 커지고 이는 지속적으로 진출을 부추기는 요인으로 작용하고 있다. 이 외, 10여 년간의 이동과정을 거치면서 형성된 진출자들이 외지에서의 성공적인 정착과 경제활동, 부의 축적, 가족·친지들을 도우려는 그들의 열망 또한 지속적인 이동을 현실화시키는 또 다른 하나의 강력한 추동요인으로 되고 있다. 현재 연변 지역의 조선족은 국내외의 넓은 지역으로 퍼져 있으며, 그들 중 일부는 정착에 성공해 가고 있다. 이와 같이 이동을 지속시킬 수 있는 조건들이 점점 무르익어 감에 따라 연변 지역의 이동은 앞으로도 국제이동을 중심으로 계속 이루어질 것으로 보이며(국제이동이 본인이 원하는 것을 훨씬 빨리 이루게 할 수 있다고 믿기 때문에), 또한 이동방식도 편법과 불법을 넘어 유학, 결혼, 가족초청, 노무송출, 사업고찰 등 합법적인 방식으로 전환될 것으로 보인다(합법적인 방식의 이동과 체류를 할 수 있는 여건의 개선과 연결망의 형성). 국내 연해 지역으로의 이동은 학교를 졸업하고 진로를 개척하려는 젊은 지식층과 국외진출의 조건이나 기회를 갖추지 못한 노동력을 중심으로 꾸준히 이루어질 것으로 판단되며, 그에 따른 일부 가족이동과 새로운 삶의 터전을 잡으려는 일부 귀국자들의 이동도 그

구성부분으로 될 것으로 전망된다.

3) 요녕성 심양시 MR촌

심양시는 중국 동북3성의 최대 공업도시로 동북3성의 관문으로 볼 수 있다. 개혁개방 초기만 해도 요녕성의 공업 총 생산액은 전국 2위를 차지하였으며, 그 중심에 심양시가 있었다. 심양시에는 동북3성에서 유일하게 외국영사관 구역이 설치되어 있으며, 그중에는 한국 영사관도 있다. 또한 동북3성에서 한국과의 비행기 노선이 제일 빨리 열린 곳이기도 하다. 현재 중국에서 새로운 국가개발전략으로 추진되는 '동북노후공업기지진흥전략'에서도 심양시는 중심적인 위치에 있어 2004년 중앙정부에서 610억 위안을 투자하는 개발프로젝트에서도 요녕성이 절반 이상이 되는 52개 항목을 유치하였으며,[59] 이들 대부분이 심양과 그 주변 지역에 위치하여 있다. 따라서 심양시는 현재 동북3성의 어느 지역보다도 개발의 열기가 뜨거우며, 미래에 대한 희망에 부풀어 있다.

동북3성에서 차지하는 비중과 미래에 대한 밝은 전망이 겹쳐 심양 지역의 조선족인구는 다른 지역의 감소추세와 달리 증가일로에 놓여 있다. 심양 지역의 조선족인구는 1990년의 83,300명에서 2003년의 94,600명으로 절대 수에서 11,300명 증가하였다(박경옥, 2003). 비슷한 기간 요녕성 조선족인구의 절대 수 증가는 10,333명(1990년 230,719명, 2000년 241,052명)으로 요녕 지역 조선족인구의 심양 유입이 꾸준히 이루어졌음을 센서스자료에서 확인할 수 있다. 그러나 센서스는 호적과 임시거주증을 발급받은 사람들을 중심으로 작성되기 때문에 큰 추세를 보여줄 뿐 정확한 상황은 반영하지 못한

---

59) "國家正式啓動東北老工業基地首批項目100个", '人民網', 2004年 1月 8日.

다. 가령, 조선족의 이주지의 하나인 MR촌은 초기에 아파트를 구입하고 이주해 온 입주호들에게는 심양시 호적을 갖도록 배려하여 주었으나, 후에는 해결해 주지 못하고 있으며, 같은 성격을 가진 소가툰의 YM촌에서도 외지 입주호들에게 당지 호적을 해결해 주지 못하고 있다. 현재 조선족이동에서 호적변경을 동반한 이동은 그 비중이 낮다. 즉 조선족 이동은 센서스에 일부 반영되기도 하지만, 반영 비율이 낮아 정확한 상황을 밝혀내기는 어렵다. 이러한 자료적 한계에도 불구하고 심양시의 조선족인구 증가는 자료에서나 현지 조사에서 모두 확인할 수 있다.

MR촌은 심양시 중심에서 서남쪽으로 8Km 떨어진 근교에 위치한 조선족집중촌으로 심양시내구역의 서탑 지역, 소가툰의 YM촌, SH촌 등 지역과 더불어 개발을 통하여 조선족인구를 받아들이는 그릇역할을 하는 곳이다. 1995년 아파트 2동의 개발로 시작된 마을 개발은 2005년 7월에 와서는 아파트 27동으로 확대되었으며, 이 기간 조선족 가구 759호, 2,448명을 받아들였다. 이로써 이 마을의 규모는 배나 확대되었다.

그러나 센서스자료나 현지조사에서 확인되는 일부 현상만을 가지고 심양시의 조선족인구 실제상황을 가늠하기는 어렵다. 실제상황을 알아보기 위해서는 더욱 세밀한 검토가 필요하다. 가령, MR촌의 마을 규모의 확장에서 조선족인구가 유입되는 곳이라는 판단을 할 수 있지만, 실제는 한편으로 노동력이 유출되는 곳이기도 하다. 이 마을에 호적을 두고 있는 인구 중, 940~950명이 외국에 진출하여 있는데, 이는 호적을 가지고 있는 총 인구 2600여 명의 36%를 차지한다. 이는 노동력의 절대 다수가 외국에 가 있음을 뜻한다. 2003년 1월 방문 시, 같은 면접자(촌의 관계자)가 밝힌 수는 845명으로, 2년 사이 외국진출자가 근 100여 명 증가하여 노동력의 외국진출이 지속되고 있음을 알 수 있다. 실제로 이를 확인할 수 있는 사례는 여러 곳에서 발견된다.

마을에서 주민안전관리를 책임지는 관계자는 자신이 촌 지도부에서 가장 바쁜 사람이라고 말한다. 각종 증명서류를 발급하는 일을 맡고 있는데, 외국진출을 위하여 서류를 준비하는 사람이 많아 자신을 찾는 사람이 제일 많다고 한다. 마을 초등학교의 관계자는 며칠 전까지 마을에서 보았던 가장을 일이 있어 찾으면 외국으로 나갔다고 하고, 어떤 가장은 집에 없는 것으로 아는데, 마을에 나타나기도 하여, 지금은 가장들을 만나면 '언제 또 나가요?' 하는 것이 인사라고 말한다. 마을로 드나드는 한족택시기사는 저자가 한국에서 왔다고 말하니 바로 '한국출국 수속을 해요?' 하고 물어본다. '한국에서 왔다 하는데, 왜 그런 것부터 물어봐요?' 하고 물으니, '출국 수속해 준다고 다니는 한국 사람이 많아, 그런 일을 하는 사람인지 궁금해서요.'라고 대답한다. 마을 주민들을 만나서 외국에 나간 사람이 대략 얼마나 되느냐고 반복적인 질문을 해 보면 입을 맞춘 듯 한 집에 한 명 이상이라고 대답한다. 민박집 주인장은 마을 원주민들 가운데서 외국에 한 번도 갔다 오지 않고 윤택하게 사는 사람은 마을에서 장기간 음식점을 경영한 촌 관계자 한 사람뿐이라고 말한다.

마을의 가구 수와 인구수는 배나 늘었지만, 실제로 원주민들 중 노동력은 대부분이 외국에 진출하여 마을에 거주하지 않고 있으며, 2,400여 명의 인구를 새로 받아들였지만, 이 마을에서는 마을 공단에 입주한 기업에서 일하는 노동력을 충족시키기 위하여 각지에서 모여온 한족노동력 1천여 명을 마을로 받아들여야 했다.[60] 마을을

---

60) 한족노동자들은 마을에서 집을 임대하여 거주하고 있으나, 마을인구 통계에는 포함되지 않았다. 촌 정부관계자는 이는 마을공단에 입주한 기업들의 노동력 부족을 해결하기 위한 불가피한 선택이었다고 실토한다.

떠난 노동력의 빈자리를 새로 이주해 온 사람들이 메워줄 수 있어 보이지만 실제로는 그렇지 못하다. 따라서 이 마을로 이주해 오는 가구들의 성격에 대한 검토가 필요하다. 아래에서는 촌 정부 주민 관리부처에서 마을 주민관리를 위하여 작성한 '주택구매 외지 입주호' 가구상황에 대한 조사기록을 자료로 이에 대한 검토를 진행한다. 표본은 301가구(2004년까지 실제 입주호는 759가구로 총 가구의 39.6%에 해당됨)로 현재 이미 작성되어 있는 조사기록의 95%에 해당되며, 자료는 실 거주자를 대상으로 작성된 것이다. 우선 자료에 근거하여 입주자들의 원거주 지역 분포를 살펴보기로 한다.

〈표 2-2〉 입주가구의 원거주 지역 분포

각 성	각 시(현)	세대수	각 시(현)	세대수	합 계
흑룡강성	상 지	3	북 안	1	
	오 상	20	목 란	1	
	연 수	8	철 력	1	
	수 릉	3	해 림	1	
	수 화	2	아 성	1	
	할 빈	2	경 안	1	
	림 구	1	녕 안	1	
	빈 현	1	목 릉	1	18개 시(현)
	방 정	1	탕 원	1	48가구
	매하구	16	덕 혜	1	
길림성	반 석	12	정 우	1	
	영 길	9	사 평	1	
	유 하	5	동 평	1	
	장 춘	5	동 료	1	
	통 화	5	공주령	2	
	구 태	4	동 풍	1	
	집 안	3	서 란	17	
	연 변	3	이 통	2	
	휘 남	4	화 전	2	22개 시(현)
	길 림	3	기 타	2	100가구

각 성	각 시(현)	세대수	각 시(현)	세대수	합 계
	심 양	60	철 령	9	
	요 중	4	등 탑	2	
	요 양	6	신 민	5	
	청 원	1	반 금	2	
요	신 빈	18	봉 성	1	
	창 도	6	개 현	2	
녕	개 원	7	안 산	2	
	영 구	1	강 평	3	
성	무 순	8	반 산	1	
	대 와	3	관 전	1	24개 시(현)
	환 인	6	대 련	1	153가구
	개 주	1	내몽골61)	1	
합 계	32개 시(현)		32개 시(현)		총 301가구

〈표 2-2〉에서 우선 확인할 수 있는 것은 주택을 구매하고 MR촌으로 이주해 온 주민들의 원거주 지역이 매우 넓게 분포되어 있다는 점이다. 301호 가구가 3개성 64개 시(현)에서 모여왔다. 이는 많은 지역의 조선족이 이동에 나서고 있음을 단편적으로 보여준다. 그럼에도 불구하고 높은 지역집중 현상을 나타낸다. 가령, 흑룡강성의 경우 오상시에, 길림성은 서란, 반석, 매하구에, 요녕성은 심양시와 그 주변 지역에 집중되어 있다. 이는 정보획득의 용이성과 연관되어 있는 것으로 보인다.

심양시와 그 주변 지역의 경우는 다른 지역에 비하여 아파트개발과 분양에 대한 정보를 상대적으로 쉽게 얻을 수 있어 유리한 점이 있다. 실제로 이 지역 주민들이 많이 입주하여 있는데, 촌의 관계자는 그 원인을 다음과 같이 분석한다. 첫째는 조선족마을로 문화적

---

61) 내몽골은 행정적으로 성급에 해당되는 자치구이지만 1가구 차지하기에 따로 분류하지 않고 편의상 요녕성에 넣었음.

친화력이 있으며, 둘째, 도시에 비하여 환경도 좋고, 차별정책도 없으며, 셋째는 심양시와 가까우면서도 아파트 가격이 시구역의 절반 정도밖에 되지 않다는 것이다. 심양 지역 외에 흑룡강성과 길림성의 일부 지역에 이주호가 집중된 것은 마을과 그 지역주민들 간에 연고의 유무와 직접적으로 연관되어 있는 것으로 판단된다.

만융촌은 행정구역에서 하나의 농촌마을로 이 마을의 아파트개발과 분양은 실제로 많이 홍보되기 어려운 측면이 있다. 따라서 마을에 있는 주민이 자기 친지들에게 정보를 제공해 주어 이주가 이루어지면, 이를 기초로 그 지역주민들에게 계속 홍보되면서 이주가 확산되는 현상이 있다. 실제로 외지 주민들의 MR촌으로 이주는 아파트개발 전인 1980년대 말까지 거슬러 올라간다. 1980년대 중반에 들어서면서 MR촌에서는 이미 탈농이 시작되어 많은 마을주민들이 제조업과 서비스업으로 전환하였다. 따라서 농사를 지을 사람이 없어 마을에서는 농사를 지을 외지 조선족을 받아들이기 시작하였는데, 이때 이주해 온 사람들은 대부분이 마을에 연고가 있는 사람들이었다고 한다. 이러한 관계로 이 마을과 그들 지역 간의 소통구조가 형성되어 있는 것이 이들 지역의 이주호가 집중된 원인이다.

입주가구의 원거주 지역 분포를 가지고는 이동집단의 특성을 알아내기 어렵다. 따라서 이주 집단의 연령별 구성, 연령별 직업상황, 세대주와 집 소유주의 분리 상황 등으로 계속하여 살펴보기로 한다. 이동집단의 특성을 이해하기 위해서는 가족구조와 구성을 살펴보는 것이 중요하다. 그러나 가족에 대한 검토는 다음의 가정에 관한 장절에서 자세히 살펴보려 한다.

표본 수가 제한되어 〈표 2-3〉를 가지고는 많은 인구문제를 논하기는 어렵다. 그러나 확실히 나타나 있는 것은 장년과 노년인구 위주의 인구구조를 가지고 있다는 점이다. 가령, 60세 이상 연령대의 비율은 29%로 각 연령대에서 제일 높은 비중을 차지하고 있으며, 50세 이상까지 합치면 그 비율은 45%나 된다.

〈표 2-3〉 이주 집단의 연령대별 인구구성

연령대[62]	성 별	인구수	비 율	연령대	성 별	인구수	비 율
60세 이상	남	88	29.17	20~29세	남	33	9.3
	여	106			여	29	
50~59세	남	49	16.09	10~19세	남	29	10.22
	여	58			여	39	
40~49세	남	33	11.27	10세 이하	남	23	7.5
	여	42			여	27	
30~39세	남	60	16.39				
	여	49					
총 인구							665명

〈표 2-4〉 이주 집단 연령대별 직업상황

연령대별	성 별	실제 인구수	직업 보유자	비 율
50세 이상	남	137	5	3.6
	여	164	2	1.2
40~49세	남	33	8	24
	여	42	1	2.3
30~39세	남	60	11	18.3
	여	49	8	16.3
20~29세	남	33	12	36.3
	여	29	4	13.7
합 계		547	51	9.3

---

62) 2005년 기준의 연령이다. 60대 이상은 1946년(포함) 이전 출생자들이
며, 50대는 1947~1956년, 40대는 1957~1966년, 30대는 1967~1976
년, 20대는 1977~1986년, 10대는 1987~1996년, 그 이하는 1997년부
터 현재이다.

〈표 2-4〉에서 통계에 포함된 전체 인구 중 직업을 가지고 있는 이주민의 비율은 9.3%밖에 되지 않음을 확인할 수 있다. 이주 집단의 연령구성에서 장년·노년이 다수를 차지하고 있다는 점, 직업 보유자의 비율이 매우 낮다는 점은 주택을 구매하고 MR촌으로 이주해 온 집단의 주요 이주 목적이 현지에서의 경제활동에 있지 않다는 것을 보여준다. MR촌에서 개발되는 아파트는 평수가 커서 비록 심양시내구역에 비하여 가격이 싸다고 할지라도 중국 현지의 소득에 비해 보면 만만한 가격이 아니다. 가령, 아파트의 경우는 인테리어 비용까지 포함하여 20만 위안 정도를 지불하여야 입주가 가능하며, 단독주택도 10만 위안가량 소요하다. 입주호들의 대부분이 농민가구임을 감안할 때, 주택구매 비용은 원거주지에서의 생산활동을 통해서라기보다는 가족들이 국외진출을 통하여 마련한 것임을 알 수 있다. 또한 생산을 떠난 농민들이 대도시 근교에서 일을 하지 않고 생활하고 있다는 것은 다른 경제 내원이 있다는 것을 뜻한다. MR촌에 많은 입주호들이 국외진출자가족이라는 점은 실제 거주자와 주택 소유자가 다른 비중이 높다는 데에서도 확인할 수 있다.

〈표 2-5〉 거주자와 주택소유자가 다른 가구상황

소유자	가구 수	소유자	가구 수	소유자	가구 수	합 계
부 친	6	모 친	6	친 척	3	
아 들	15	딸	4	형	1	
형	4	남 편	13	장 인	1	
사 위	7	자 형	1	시어머니	1	
외삼촌	1	처 남	1	타 인	1	
합 계	33		25		7	65

〈표 2-5〉에서 소유자는 본인의 명의로 주택등기가 되어 있지만 현재 그곳에 거주하지 않고 있는 사람들을 가리킨다. 주택소유자의 명의와 거주자의 명의가 일치하는 경우가 다수를 차지하고 있지만, 실 소유자를 별도로 밝힌 가구도 적지 않으며, 그 수가 65가구에 이르고, 이는 총 표본가구의 21.5%에 해당하는 수치이다. 그중 소유자가 부모로 되어 있는 가구가 14호, 자식으로 되어 있는 가구가 26호, 남편 13호, 형제 7호, 친척 4호, 타인 1호이다. 이 소유자들은 현재 국외에 진출하여 있는 사람들로 보면 되고, 이들이 돈을 벌어 가족들을 이주시켰다고 볼 수 있다. 소유자가 친척이나 타인, 형제로 되어 있는 경우는 거주자가 임시 거주하고 있다고 볼 수 있으며, 기타는 부모가 돈을 벌어 자식에게 집을 사주거나, 자식이 집을 사서 부모들을 모시거나, 노인들이 손자·손녀를 데리고 생활하는 경우로 볼 수 있다.

MR촌의 인구상황은 마을초등학교의 학생구성을 통해서 알아볼 수 있다. 현재 MR촌 조선족중심소학교에는 유치원생까지 포함하여 학생 320여 명이 있다.63) 그중 MR촌과 주변 지역에 호적이 있는 학생은 80여 명밖에 되지 않으며, 외지에서 이주해 온 학생이 240여 명에 달한다. 2004년 말까지 MR촌으로 이주해 온 가구와 인구의 수는 MR촌의 원주민가구와 인구수와 거의 비슷한 수준이다(원주민 760가구에 2,600여 명, 이주호 759가구에 2,448명). 그렇지만 외지학생 수는 본촌 학생 수의 3배나 달한다. 표본에 의한 이주 집단의 연령대별 인구구성에서 50세 이상이 높은 인구비율을 차지하고 있음을 확인할 수 있었다. 이로부터 추론할 수 있는 것은 MR촌

---

63) 불과 4~5년 전만 하여도 600여 명에 달했다고 한다. 촌 정부의 관계자들과 학교의 관계자들은 하나같이 이 학교가 현재 이 수준으로 유지되는 것에 대하여 자랑스럽게 생각한다. 왜냐하면, 농촌학교 치고 이렇게 유지되는 경우가 매우 드물기 때문이다.

으로 이주해 오는 가구들 가운데 자녀들의 교육을 염두에 두는 가정이 많으며, 노인들이 손자·손녀를 보살피면서 공부시키고 있는 가구들이 비중이 높다는 점이다. 학교 주요 관계자는 저자와의 면담에서 "이곳은 노인들이 손자·손녀들을 공부시키고 있는 곳입니다."라는 말을 한다.

그는 계속해서 이런 이야기를 한다. "MR촌은 노인들이 노년을 보내기 좋은 곳이지 젊은 사람들에게는 결코 매력적인 곳이 못 됩니다. 그것은 좋은 일자리가 없기 때문입니다. 큰 비전이 없으니 젊은 사람들은 떠나기 마련이고 젊은 교사들의 유동성도 높습니다. 근무하다가 사정이 여의치 않으면 외국이나 연해 지역으로 떠나갑니다.", "우리 학교는 학생들이 거쳐 지나가는 한 개 역인 것 같습니다. 학생들이 부모를 따라 이동하는데, 그 비율이 점차 높아지고 있는 추세입니다. 올해에만 2명이 원적지로 돌아가고 한 명은 부모들을 따라 상하이로 갔습니다. 그 원인은 아무래도 조선족이 모여 사는 곳이어서 언어 등 교육에서 부모들이 한계를 느끼는 것 같습니다. 부모들이 자식이 중국어를 잘 못 하는 것이 우려되어 한족학교를 선호하며 조건이 되면 전학시키려 합니다."

MR촌에서는 도처에서 집을 임대하거나 집을 판다는 광고를 볼 수 있다. 집을 임대주려는 사람이 많다는 것은 자기가 살고 있는 주택 외에 또 다른 주택을 가지고 있는 사람들이 많다는 것으로 해석할 수도 있고, 집을 비우게 되는 사람이 많다는 것으로도 해석할 수도 있다. 그러나 현지의 주민들은 집을 두 채 이상 보유하고 있는 가구는 드물다고 입을 모은다. 집을 팔려는 것은 더 좋은 곳으로 이주하려거나 혹은 차액을 노려 처분하려는 것으로 볼 수 있다. 그러나 MR촌의 경우 단지 거주조건으로 볼 때는 현지 주민들이 만족할 수 있는 수준이며, 한국의 서울 강남 지역처럼 아파트투기가 성행할 만한 곳도 아니다. 이는 이 마을을 떠나는 사람이 많다는 것을 간접적으로 보여준다.

MR촌은 2006년부터 아파트개발을 재개할 예정이다. 매년 개발 규모는 5만 평방에 아파트 8동 수준이다. MR촌에서는 아파트를 조선족에게만 판매하는데, 판매에 대해서는 전혀 걱정을 하지 않는다. 이는 촌의 관계자들이 조선족의 아파트구입과 이주에 대하여 낙관적으로 전망하고 있음을 보여준다. 실제로 MR촌에서 20Km 정도 떨어져 있는 소가툰 SH촌[64]에서 2005년 6월 25일에 조선족집중촌 건설을 목표로 하는 'SH녹색정원' 아파트단지 개발을 시작하였는데, 11월 중순에 와서 1200가구 중 이미 절반이 판매되어 대도시 근교 지역에서 조선족의 아파트 구매열기가 매우 뜨거움을 증명해 주고 있다. 소가툰의 YM촌에서도 아파트 개발을 계속 해야 하는데 개발 용지를 확보할 수 없어 관계자들이 머리를 앓고 있다. 이러한 상황은 심양 지역으로의 조선족의 이주가 계속 이루어지고 있음을 뜻한다.

MR촌의 사례에서 볼 수 있듯이, 심양 지역은 조선족노동력이 외지(주로 국외)로 빠져나가는 지역인 동시에, 다른 지역의 외국진출자 가족들이 교육, 주거, 미래의 전망 등을 고려하여 이주해 오는 곳이기도 하다. 박경옥은 이를 '양은 증가하지만, 세는 약해진다.'고 형상적으로 비유한다(박경옥, 2003). 심양시의 경제발전 속도가 빨라지면서 인구흡입 작용은 더욱 커질 전망이며, 따라서 조선족의 이주도 한동안 계속 이루어질 것으로 보인다. 그러나 심양 지역이 조선족 경제활동의 중심지로 될 것인가는 아직은 분명해 보이지 않으며, 현재 분명한 것은 교육·거주형 이주가 늘고 있다는 점이다.

---

64) 2003년 1월, SH촌을 현지 방문하였는데, 그 당시에 이 마을은 본촌 노동력은 외지로 떠나고, 외지에서는 주민들이 이주해 오는 상황에 있었다. 마을에서도 MR이나 YM촌과 같이 아파트 개발을 통하여 집중촌을 건설해 보자는 논의가 있었지만 내부적 합의나 자금조달의 문제로 엄두를 못 내고 있는 상태였다(권태환 편저, 2005: 50, SH툰). 그러나 2005년에 와서는 부동산회사와 손잡고 아파트개발을 시작하였다.

4) 동북 지역 조선족인구와 이동의 총체적 상황

조선족이 극심한 저출산에 직면해 있는 가운데, 동북 지역의 조선족인구는 노동력을 중심으로 계속 유출되고 있다. 이는 사례를 통하여 확인할 수 있을 뿐만 아니라, 현지 정부의 공식적인 인구센서스자료를 통해서도 확인할 수 있다. 가령, 1990~2000년 사이 흑룡강성 조선족인구의 연평균 증가율은 −1.51%이며, 길림성 조선족인구 연평균 증가율은 −0.31%이다. 같은 기간 연변 조선족인구의 연평균 증가율이 0.24%이며, 요녕성 조선족인구의 연평균 증가율은 0.42%이다(권태환, 2005a: 25). 연변 지역과 요녕 지역은 미약한 증가율은 연길과 심양과 같은 중심도시로의 외부인구유입과 연관된다. 이는 동북 지역 조선족인구의 외부 유출과 지역중심도시로의 집중현상을 보여주는 것이다.

3. 노동력 진출과 연해 지역 조선족사회의 형성

1) 조선족의 연해 지역 진출

중국의 연해 지역은 조선족에게는 낯선 고장이다. 조선족의 연해 지역 진출은 1980년대부터 시작되었다. 그러나 그 시기 진출은 1970년대 말 문화대혁명 이후 대학입시의 회복과 함께 대학으로 진학한 학생들과 그 지역에 남게 된 직장인 중심으로 이루어졌다고 볼 수 있다. 가령, 북경시의 경우 조선족인구가 1982년의 3,905명에서 1990년의 7,710명으로 증가한다. 일반 인구 유입에 대한 북경시의 통제가 어느 지역보다 엄격하다는 점을 감안할 때, 이러한 인구증가는 조선족 대학생 증가와 이에 의한 직장인 증가에서 기인되었다고 판단할 수 있다.

따라서 연해 지역으로 조선족의 본격적인 진출은 1980년대 말부터 시작되었다고 볼 수 있다. 조선족 노동력의 초기 연해 지역 진출은 일본기업의 중국진출에서 시작된 것으로 보인다. 가령, 광동 지역의 경우 1980년대 후반부터 조선족이 일본어공부를 한 점을 이용하여 심천, 광주, 동관, 혜주 등지의 일본투자기업에 취직하면서 조선족사회의 모태가 형성되기 시작한다.65) 그러나 본격적인 진출을 가져온 것은 한국기업의 대중국투자이다. 한국기업의 본격적으로 투자가 시작된 지 10여 년 되는 기간에 연해 지역에서 조선족사회가 새롭게 형성되고 있다.

2) 청도 교남시 사례

(1) 가족 이동의 사례

산동성 청도시는 한국의 인천항과 바다를 사이 두고 마주하고 있는 항구도시로, 한국 기업 대중국투자의 교두이며, 전초기지이다. 2005년 상반기까지 청도시대외무역경제합작국에 의하여 심사 비준된 한국 기업은 7,673개소에 달한다.66) 청도시가 중국에서 한국 기업이 가장 많은 도시로 되면서, 이곳은 연해 지역에서 조선족의 최대 집거지로 되어 가고 있다. 흑룡강신문사가 산동지사를 통하여 조사 집계한 결과 청도시를 중심으로 하는 산동반도 지역에 근 20만의 조선족이 생활하고 있는 것으로 나타났다.67)

---

65) "민족의 내일을 보여주는 광동 한겨레사회", 흑룡강신문, 특별취재팀, 2005년 9월 25일.
66) "청도진출 한국 업체 인력난으로 몸살", 흑룡강신문, 조광명, 2005년 8월 16일.

교남시는 청도시 산하의 위성도시로 청도항과 20Km 정도 떨어져 있다. 교남시에는 1993년부터 조선족이 진출하기 시작한 것으로 알려져 있는데, 현재는 교남시 체육관 주위의 황토장(黃土庄) 지역을 중심으로 조선족 집거지가 형성되어 있다. 초기 진출자들의 기억에 따르면, 본인들이 처음 교남으로 진출했을 때에는 이곳이 도시 주변의 농촌 지역으로 한산하기 그지없었다고 한다. 현재는 그 밑으로 도시가 크게 확장되어 교남시 개발구와 붙으면서 기존의 시 구역을 훨씬 능가하는 신도시로 되어 있다. 교남시로 이주해 온 조선족의 이동과정을 살펴보기 위하여 몇 가구를 이동과정을 살펴보기로 한다.

사례 1: C 씨(남, 35세, 연변 도문시 사람, 모 한국 식품회사 직원, 1998년 교남 진출).

C 씨는 중학교를 졸업한 후, 자형과 함께 택시를 운영하였다. 그러던 중 누나가 생활고로 돈을 벌겠다면서 청도로 진출하였다. 누나가 한국 회사의 한국인 직원식당에 취직하여 자리를 잡은 후, 반년이 지나 자형과 조카가 따라 나왔다. 당시 조카는 초등학교 1학년이었는데, 현재 중학교 1학년을 다니고 있다. 그 후 1년이 지나 본인과 모친이 따라 나서게 되었는데, 본인은 회사에서 취직하고 모친은 떡 장사를 하고 있다. 2년 전에는 외삼촌이 아이들이 학교를 졸업함에 따라 가족 전체를 데리고 교남으로 왔다. 숙모는 회사 식당에서 일하고, 두 동생은 회사에 다니고 있다. 삼촌은 일자리가 없어 집에서 놀고 있다. 교남으로 오기 전에 외삼촌은 직장에서 한 달에 월급 300위안 정도밖에 받지 못하여 생활이 어려웠다. 애들이 학교를 마쳐 별다른 걱정이 없을 것 같아 외삼촌을 나오라고 권유한 것이다. 현재 고향에는 형수가 조카를 데리고 생활하고 있으며,

---

67) "'청도 조선족'을 만들어 간다", 흑룡강신문, 2008년 5월 24일, 산동특별취재팀.

형님은 2년 전에 한국으로 진출했다. C 씨 가족의 청도 교남으로 이동과정:

→ 외삼촌 가족 → 본인·모친 → 매형·조카 → 누나 →

사례 2: L 씨(남, 33세, 흑룡강성 목단강시 사람, 모 식품회사 사무직, 1996년 교남 진출)

L 씨는 식품회사의 관리직 직원으로, 1999년 교남에 와서 부인과 만나 결혼하였으며, 5살 나는 딸을 두고 있다. 부인은 한국봉제회사에 근무하고 있으며, 딸은 유치원에 다닌다. 전문학교를 졸업하고 형님이 진출하여 있는 교남으로 온 것이다. 취직기회가 많으니 와도 좋다는 형님의 권유로 진출하게 된 것이다. 두 형제가 모두 진출하여 있고 형님이 애를 가지면서 1998년 부모들도 이곳으로 오게 되었고, 얼마 후에는 사촌동생이 취직하겠다고 찾아왔다. 그 후 이모의 딸, 외삼촌의 두 아들, 나중에는 외삼촌과 이모부까지 자식들을 따라 나왔다. 이들 중 L 씨의 아버지, 외삼촌, 이모부는 경비 일을 하고, 동생들은 모두 회사에 근무하고 있다. L 씨의 가족은 부친 쪽 형제 세 가구, 모친 쪽 형제 4가구를 포함하여 7가구 25명이 한 마을에서 살아왔다. 그러나 현재 고향마을에는 큰 외삼촌 내외만 살고 있을 뿐, 다른 가족성원들은 모두 외지로 진출하여 있다. 그중 한국에 7명, 연해 지역에 8명, 성내 기타 지역에 5명, 고향에 2명, 3명이 사망하였다. L 씨 가족 교남 진출과정:

→ 외삼촌·두 아들 → 이모부와 딸 → 이모 아들 → 양부모 → 본인 → 형님 →

사례 3: N 씨(남 56세, 연변 개산툰 사람, 음식점 경영, 2001년 진출)

현재 교남에서 음식점을 경영하고 있는 N 씨 부부는 원래 연변 개산툰의 종이공장에서 근무하였다. 공장경영이 어려워지면서 앞당겨 퇴직하고 2001년에 교남으로 오게 되었다. 이들 부부가 교남에 오기 전에 이미 아들·딸과 두 여동생 가족, 남동생이 교남으로 진출하여 있었다. 제일 먼저 교남으로 진출한 사람은 직장이 마땅치 않아 생활고를 겪던 둘째 여동생으로 1997년에 교남으로 왔다. 둘째 여동생이 진출한 후 N 씨의 딸과 아들이 뒤를 이었으며, 둘째 여동생 남편과 딸, 시동생, 큰 여동생의 딸, 큰 여동생부부, N 씨 부부가 계속하여 진출하였다. 이렇게 연속적으로 이동하게 된 데에는 일자리가 많아 취직걱정이 없었기 때문이다. N 씨 부부가 교남으로 오게 된 직접적인 계기는 딸이 결혼하여 아이가 생기면서 손녀를 봐주기 위한 것이다. N 씨 딸은 교남에서 좀 떨어진 성양이라는 곳에서 취직하고 있었다. 그런데 딸과 같은 곳에서 근무하던 딸의 동서가 일본으로 출국하게 되어 시형이 혼자 생활하게 되면서 시어머니가 성양으로 오게 되었다. 이리하여 딸은 같은 곳에서 사는 시어머니에게 애를 맡기게 되었고 N 씨 부부는 할 일이 없게 되었다. 고향으로 다시 돌아가려 해도 할 일도 마땅치 않고, 친척과 자식들을 떠나기도 싫어 고민하고 있었는데, 아들이 고향으로 돌아가지 말고 소규모의 음식점이라도 꾸려 보라고 권유하여 음식점을 경영하고 있다. 현재 고향에는 남동생의 가족만이 남아 있다. N 씨 가족 이동과정:

→N 씨 부부→큰 여동생 부부→큰 여동생 딸→남동생→둘째 여동생 남편과 딸→N 씨의 아들·딸→둘째 여동생→

사례 4: K 씨(여, 54세, 연길시 사람, 옷가게 경영, 1999년 진출)
K 씨는 연길시 사람이다. 현재 옷가게를 경영하고 있으며, 남편

은 이를 돕고 있다. '연길사람들이 연길을 잘 뜨려 하지 않는데, 어떻게 여기까지 왔어요?' 하는 질문에 '연길이 좋기는 좋은데, 일할 곳이 없죠?' 하고 대답한다. K 씨 가족에서 제일 먼저 교남으로 진출한 사람은 큰딸이다. 큰딸이 진출한 후 둘째 딸이 진출하였으며, 부부는 나중에 왔다. 큰딸은 현재 회사에 근무하고 있고, 둘째 딸은 이곳에서 조선족 남성과 만나 결혼하였다. K 씨와 가까운 지인의 말에 의하면, K 씨의 큰딸이 원래 한국남성과 동거하였다고 한다. 그 한국 남성이 밑천을 대주겠으니 옷가게나 해 보라고 하여 K 씨 부부가 오게 된 것이다. K 씨 가족 이동과정:

→K 씨 부부→둘째 딸→큰딸→

사례 5: P 씨(남, 27세, 흑룡강성 탕원현 사람, 식품점 경영, 1997년 진출)

P 씨의 교남 진출은 누나의 직장동료와 관계된다. 1994년 중학교 교사로 근무하던 누나의 직장동료가 먼저 청도로 진출하였다. 경영수완이 좋아 한국과의 무역거래를 터서 한국식품상점을 운영하였다. 당시 한국인 직원들이 교남에 적지 않게 거주하고 있었는데, 그들은 자연히 라면, 고추장, 김치와 같은 한국식품을 찾게 되었고, 그 시장수요를 보고 한국식품상점을 경영하였던 것이다. 그분이 다른 사업을 시작하게 되면서 누나에게 이쪽으로 와서 상점을 계속 경영해 볼 의향이 없는가 하는 제의를 해와 누나가족이 진출하게 된 것이다. 고등학교를 마친 P 씨는 고향에서 할 일이 없어 취직하려고 여자 친구와 함께 교남으로 오게 되었다. 누나가 다른 일을 시작하면서 상점을 친척에게 넘겼으나, 이 친척도 한동안 경영한 후 다른 사업을 시작하게 되면서 P 씨와 여자 친구가 이상점을 맡게 되었다. 누나와 본인이 교남에서 자리를 잡아가면서 고향에 계

시는 부모들도 모시고 나왔다. P 씨 가족이동과정:

→ 부모 → P 씨와 여자친구 → 누나가정 → 누나직장동료 →

사례 6: Z 씨(남, 46세, 흑룡강성, 동녕현 사람, 무직, 2000년 진출)

Z 씨는 고향에서 한국으로 진출하려다 사기를 당하여 많은 빚을 지게 되었다. 생활고에 시달려 1999년 부인이 먼저 교남으로 와서 취직하게 되었다. 얼마 후에 Z 씨도 따라 진출하였는데, 4차례나 경비 일을 찾았지만 모두 여의치 않아 그만두고 현재는 집에서 놀고 있다. 아들과 딸도 중학교를 졸업하고 따라 나왔다. 딸은 회사에 취직했지만 중국어도 딸리고 적응도 잘하지 못하여 현재 집에서 놀며 새로운 일자리를 찾고 있다. 아들도 한 회사에서 오래 일하지 못하고 일터는 자주 옮겨 부모들을 답답하게 한다. Z 씨 가족이동과정:

→ 딸 → 아들 → Z 씨 → 부인 →

사례 7: K 씨(남, 21세, 연변사람, 회사 생산직, 2004년 진출)

K 씨는 고등학교를 졸업하고 교남으로 진출한 지 1년이 채 안되는 새내기이다. K 씨는 가족에서 교남으로 제일 먼저 진출한 사람은 삼촌으로 1995년에 교남으로 왔다. 삼촌은 현재 한국회사에서 과장직을 맡고 있으며, 교남에서 결혼하여 1남1녀를 두고 있다. 숙모는 한국회사 사무실에서 근무하고 있으며, 두 동생은 유치원에 다니고 있다. K 씨의 어머니는 한국으로 진출한 지 5년이 되었다. 아버지는 원래 다니던 공장이 문을 닫아 집에서 놀고 있었는데, 삼촌이 회사 기사 직을 물색해 주어 교남으로 오게 되었다. K 씨는 친척집에서 고등학교를 다니다가 졸업하게 되어 아버지가 있는 곳

으로 따라오게 되었다. K 씨 가족이동과정:

→K 씨 → 아버지 → 삼촌 →

사례 8: H 씨(남, 53세, 흑룡강성 상지시 사람, 회사 경비, 1999년 진출)

H 씨의 큰 아들은 대학을 졸업하고 현재 광주에서 회사생활을 하며, 둘째 아들은 고향에서 고등학교를 다니고 있다. H 씨는 원래 고향에서 농사를 지었는데, 농사를 지어서 두 자식의 뒷바라지를 할 수 없었다. 이를 보고 먼저 이곳에 진출한 친지가 농사를 그만두고 나오라고 권유하여 부부가 함께 나오게 되었다. 부인은 회사 식당에서 밥을 짓고, 본인은 회사에서 경비를 보고 있다.

사례 9: S 씨(남, 52세, 흑룡강성 계서시 사람, 회사 경비, 1999년 진출)

S 씨는 1990년대 중반에 원양어선에 승선하여 돈을 벌었으며, 그때 번 돈으로 차를 사서 고향에서 택시를 운영하였다. 그러던 중, 중학교를 졸업한 아들이 교남으로 진출하여 회사의 차기사로 취직하였다. 아들이 이곳은 수입도 괜찮고, 일자리도 많으며, 살기도 좋으니 나와서 같이 생활하자고 권고하여 이곳으로 오게 되었다. 딸이 북경에서 대학에 다니고 있어 다른 걱정도 없기 때문에 진출하게 되었다.

사례 10: A 씨(여, 58세, 흑룡강성 계동현 사람, 육아, 2000년 진출)

A 씨는 전형적인 농촌주부이다. 본인 스스로도 산동까지 와서 살게 될 줄 꿈에도 생각하지 못했다고 한다. A 씨가 교남으로 오게 된 것은 아들과 연관이 있었다. 아들은 고등학교를 졸업한 후,

일본어학원에서 일본어공부를 하다가 1995년(당시 22세)에 회사에 취직하겠다면서 청도로 왔다. 아들은 일본어를 배웠기 때문에 일본 식품회사에 취직하게 되었으며, 한 회사에 다니던 현지 한족 여성과 결혼하게 되었다. 아들부부에게 아이가 생기면서 A 씨 부부는 손자를 키워주러 교남으로 오게 되었다. 이들 부부의 수입이 괜찮기 때문에 아들은 부담을 느끼지 말고 와서 같이 있자고 부모들에게 권유하였다고 한다. 부부가 함께 떠나온 후 고향에서 결혼하여 생활하던 딸에게도 아기가 생겨 돌봐줄 사람이 필요하게 되었다. 이에 하는 수 없이 A 씨의 남편이 고향으로 돌아가 딸을 도와주기로 하고 A 씨는 교남에 남아 손자를 계속 키우기로 하였다. "부부가 갈라져서 어떻게 살아요?" 하는 질문에 A 씨는 "자식들을 위해서는 방법이 없어요."라고 대답한다. "혹 다시 고향으로 돌아가 살 생각이 없어요?" 하는 질문에 "하나밖에 없는 아들 곁에서 살고 싶습니다."고 하면서 거부의사를 밝힌다. A 씨는 가까운 곳에 친지들도 와서 살고 있기 때문에 고독감은 느끼지 않는다고 말한다.

이와 같은 조선족가족의 사례는 수없이 소개할 수 있다. 위 사례는 조사과정에서 접하게 된 일반적인 사례들이다. 조선족을 만나서 이동상황을 확인해 보면 거의가 이와 비슷한 이동 과정을 말해 준다. 즉 자식이나 친척, 친구, 동료관계에 의하여 '사슬식 이동' 혹은 '꼬리 물기'식 이동이 이루어지고 있는 것이다. 이는 조선족의 인구이동 전반을 전망함에 있어서 중요한 단서가 된다. 현지에서 적응·정착하여 가는 진출자들에 의하여 원거주지에서 경제활동이 여의치 않는 사람들이 계속 진출할 수 있음을 보여주기 때문이다. 이뿐만 아니라 국외진출자들도 이미 진출하여 있는 사람들의 권유와 소개에 의하여 이곳을 새로운 거주지로 선택할 가능성이 높다. 먼저 진출한 사람들의 현지 적응력이 높아짐에 따라 이동비용과 위험도 갈수록 적어지기 때문에 이동이 더욱 활발해질 전망이다. 그 근저에는 연해 지역과 동북 지역의 발전격차, 생활환경 차이, 경제활동의 용이성 등 요인이 깔려 있다.

(2) 진출과정의 특징

교남시에 조선족 집거지가 형성되기까지는 몇 단계의 이동과정을 거친 것으로 파악되며, 매 단계마다 나름대로의 특징을 가지고 있는 것으로 분석된다. 이동단계로 볼 때, 1992년부터 1997년 사이는 청년노동력 중심단계, 1997년부터 2000년 사이는 기혼여성노동력 중심단계, 2002년부터 2005년은 새로 노동시장에 진출하는 청년들과 진출자 가족의 진출단계로 나누어 볼 수 있다. 이러한 단계를 나누는 기준은 어느 집단이 새로운 이동의 붐을 일으키면서 이동을 지속시켰는가 하는 데 있다.

A: 청년 노동력 중심의 진출단계: 1992~1997년

청도 지역을 포함하여 연해 지역 진출에 앞장을 선 집단은 고등학교를 졸업한 미혼 청년층이다. 1990년대 초반만 하여도 중국의 고등학교 입학률은 25% 정도로[68] 고등학교만 졸업해도 교육을 받

---

68) 중국의 교육에 관한 통계에서 몇 년 전까지만 해도 고등학교 합계 입학률(연령대에 기초한 비율)을 명백히 밝히지 않고 작년에 비하여 얼마 증가했다는 식으로 발표하였다. 고등학교 합계입학률이 주요 언론기관에 의하여 발표된 것은 중국의 신화통신에 실린 중국교육발전에 관한 당시 교육부장 陳至立의 인터뷰기사에서이다. 이 인터뷰에서 교육부장은 2002년 중국의 고등학교 합계 입학률이 42%에 달한다고 밝힌다("陳至立部長解讀中國敎育發展目標", '新華社', 2002年 12月 18日). 이후 2004년부터의 '全國敎育事業發展統計公報'에서 고등학교 합계 입학률을 밝히기 시작한다. 가령, 2004년의 고등학교 합계 입학률은 48.1%에 달했다. 근 10여 년간 중국교육의 발전 속도를 감안할 때, 1990년대 초의 고등학교 입학률은 20% 좌우로 추정하는 데에는 별 무리가 없다.

았다는 사회적인 평가를 받았다. 그러나 중국사회의 특유의 도시-농촌정책에 의하여 대학진학에 성공하지 못한 고등학교 졸업생들은 도시에서 취직 못 하고 농촌으로 돌아가야만 했다. 상대적으로 높은 교육을 받은 만큼 상승욕구도 컸지만 제도적 장벽으로 그 길이 막혀 있었다. 조선족 청년들에게 그 길을 터 준 것이 바로 외국계 기업의 중국투자였다. 초기에는 일본기업이, 그 후는 한국기업의 대중국투자가 조선족 청년들에게 도시 진출의 기회를 마련해 주었다. 조선족청년들의 연해 지역 진출에서 언어적 요인이 주요 비교 우위로 작용하였으며, 이들은 상대적으로 높은 교육수준과 언어적 강점에 힘입어 회사에서 중견 역할을 하면서 정착의 발판을 마련하였다. 현재 연해 지역 도시에서 정착에 성공한 가장 안정된 집단은 바로 초기에 진출한 고등학교 졸업생들과 그 후 대학을 졸업하면서 연해 지역에 진출한 집단, 이에 자극받아 직장을 그만두고 연해 지역으로 진출한 전문직 종사자집단이다. 이들은 연해 지역 조선족사회의 중심축의 역할을 하고 있으며, 연해 지역에서 조선족의 성공은 이들의 노력에 달려 있다고 볼 수 있다.

고등학교를 졸업한 미혼 청년층의 뒤를 이은 것은 고등학교 중퇴자들과 중학교를 졸업하고 농촌에서 생활하던 청년들이다. 가구별로 토지를 할당받아 자체로 농사짓는 생산책임제를 실시한 후 조선족 농촌은 장기적으로 노동력이 남아도는 상황에 처하여 있었다. 1년 365일에 실제 생산에 종사하는 일수는 100일 정도도 되지 못하였으며, 젊은 청년들은 할 일이 없었다. 이들이 진출 초기에 앞장을 설 수 없었던 것은 자신감을 가지고 있지 못했기 때문이다. 당시 일부 기업들은 직접 고등학교를 돌면서 직원을 모집하기도

가령, 중국의 대학 합계 입학률은 1995년의 6.5%("全國敎育事業'九五' 規劃和2010年發展規划"－敎育部)에서 2004년의 19%로 증가하였다 ('2004年全國敎育事業發展統計公報').

하고, 신문에 채용광고를 싣기도 하였다. 이들은 이에 응할 용기가 없었으며, 따라서 형제나, 친척들이 진출에 성공한 후, 그들에 의존하여 진출을 시작하였다. 이렇게 진출한 사람들이 자기 친구들을 불러들이면서 눈 덩이 커지듯 이동자의 수도 늘어가기 시작하였다.

1990년대 초·중반에 많은 조선족농촌에서 이러한 연해 지역 도시 진출의 붐이 있었음은 현지조사를 통해서 확인할 수 있다. 그러나 이들이 정착에 성공했다고 보기는 어렵다. 이는 두 가지 방면에서 확인된다. 첫째는 청도 지역 현지조사에 비추어 볼 때, 회사에 취직할 경우 조선족은 관리직과 경비, 한국인 직원식당에 주로 근무하고 있다. 관리직은 대부분이 고졸 이상 졸업자들이며, 경비는 50~60대 남성이고, 직원 식당에는 아줌마들이 주로 근무하고 있다. 따라서 30대 전후의 중졸 정도 노동력집단의 설 자리가 없다. 그렇다고 이들이 높은 유동성을 보이고 있는 집단에는 속하지 않는다. 회사가 아니면 자영업 쪽에 근무 여부를 검토해 보아야 하는데, 자영업은 일정한 자본이 수요되며, 미혼 청년의 능력으로 외지에서 쉽게 시작할 수 있는 일이 아니다. 또한 30대 전후 연령층이 자영 업소에서 직원으로 일하는 것도 현지에서는 보기 드문 일이다. 둘째는 한국에 진출한 조선족 노동자들에 대한 조사에서 30대 전후의 많은 사람들이 국내에서 여러 차례 이동과정을 거쳤음을 확인할 수 있었다(박광성, 2003). 이는 1990년대 초·중반에 연해도시로 진출한 중졸 정도 교육수준의 노동력이 현지 정착에 실패하고 국외로 많이 진출하였음을 설명해 준다. 한국에 진출한 노동자들에 대한 면접조사에 의하면, 국내의 이동과정을 거쳐 한국으로 진출한 사람들은 하나같이 기대와 현실의 차이, 저임금에 의한 생활의 어려움과 전망의 불투명을 적응 실패의 원인으로 꼽는다.

현재에도 중졸 혹은 중졸 이하 학력을 가진 20대 전후 청년들이 여러 연결망을 이용하여 탈출과 희망을 꿈꾸며 연해 지역으로 진출하고 있다. 이들은 연해 지역도시에서 높은 유동성을 보이는 소위 '문제 집단'으로 되고 있다. 이들의 자신이 앞날에 대하여 어떠한 선택을 하는가는 조선족사회의 앞으로 변화에 영향 주는 하나의 변수로 될 것으로 보인다.

B: 기혼여성들이 중요한 이동집단으로 떠오르는 단계: 1997~2000년

청년노동력 중심의 진출에 이어 연해 지역 진출의 붐을 일으킨 집단은 아줌마집단이다. 여기서 말하는 아줌마집단은 연해 지역 진출 초기 이미 가정을 이루었던 사람들로 볼 수 있다. 초기 연해 지역진출은 가정적 부담이 없는 미혼청년중심으로 이루어졌다. 아줌마집단이 본격적으로 진출에 합류하게 된 데에는 여러 가지 요인이 복합적으로 작용한 것으로 보인다. 첫째는 1990년대 중·후반에 접어들면서 연해 지역의 한국 기업 수가 양적으로 증가하여 현지에 체류하는 한국인 직원 수가 늘게 된 것과 연관된다. 가족과 동행하지 않은 한국인 직원들은 대개 집을 잡고 회사식당에서 식사를 해결하면서 체류하거나 혹은 직원들이 합숙하면서 가정부를 고용하는 방식으로 체류하였다. 교남 IH직업소개소 소장은 '한국 사람들 치고 가정부를 두지 않는 사람이 없습니다.'며 당지 상황을 소개한다. 한국인들은 당연히 문화적으로 가까운 조선족을 선호하게 되며, 따라서 인력시장이 형성되고, 이로 인해 조선족 아줌마들의 진출이 시작된 것이다. 실제로 기혼여성들의 수입은 생산직에서 일하는 근로자에 비해 높으며 취직도 잘되고 있다.

둘째는 1990년대 중반에 들어서면서 동북 지역 기업들의 경영난이 갈수록 심해지면서 생산을 정지하거나 문을 닫는 기업들이 늘게 된 것과 연관된다. 정부에서 직장을 잃은 근로자들의 생활난을 고려하여 일정 부분의 월급을 지급하기도 했으나 그 돈으로 생활유지가 어려웠다. 농촌 지역에서도 수입의 증가가 소비수준의 상승

에 못 미쳐 생활이 어렵기는 마찬가지였다. 생활이 어려움에 직면한 가정들은 당연히 새로운 경제 기회를 찾을 수밖에 없었고, 그들은 인력수요가 많은 연해 지역으로 눈길을 돌리게 된 것이다. 셋째는 정보망과 연결망이 형성된 것과 연관된다. 많은 사람들의 진출이 이미 이루어졌고, 정착에 성공하지 못한 사람들이 반복적으로 오가면서 정보가 전달되었고, 이는 이동을 부추기는 요인으로 작용하였다.

현재 기혼여성 집단은 연해 지역 조선족사회의 하나의 중요한 구성부분이며, 사회적 역량이다. 그들은 자신의 진출을 통하여 남편과 아이들을 데리고 갈 뿐만 아니라, 가정의 경제생활을 책임지기도 하며, 수소문하여 자식들을 취직시키기도 한다. 또한 일부 능력 있는 여성들은 자영업을 벌여 나가면서 꿈을 키워가기도 한다. 연해 지역에서 조선족 기혼여성 집단의 건재는 이곳에서 조선족사회가 뿌리내릴 수 있음을 시사하는 중요한 증거로 된다. 그것은 자식에게 새로운 삶의 터전을 마련해 주려는 모성의 힘은 누구도 막을 수 없기 때문이다.

C: 가족과 노동시장에 새로 진출하는 새내기들의 진출단계: 2000년~현재

1990년대 초기에 진출한 미혼 청년들 중, 현지에서 정착에 성공하여 결혼하고 가정을 꾸린 사람들이 많다. 이들이 가정을 꾸리고 아이를 갖게 되면서, 손자·손녀를 키워주려고 진출하는 부모들의 증가하기 시작한다. 부모세대의 진출은 자식들의 경제능력과 연관된다. 부모들이 집에서 아이를 보면, 부모들의 생활비까지 감당해야 하기 때문에 안정된 직장이나 상대적으로 높은 수입을 갖고 있지 못하는 사람은 부모들을 불러들이기 어렵다. 이는 일부 정착에 성공한 초기 진출자들과 부모들의 이동이 연관되어 있음을 설명한

다. 부모들의 이동은 크게 두 가지 경로를 나뉜다. 하나는 고향에서 생활하던 부모들이 자식들이 생활하는 곳으로 이동하여 오는 것이고, 다른 하나는 국외에 진출하여 있던 부모들이 귀국하면서 직접 자식들과 합치는 경우이다. 아이를 키워주려고 온 부모들 중, 일부 남성들은 회사에서 경비 일을 찾아 하는 등의 경제활동에도 나서고 있다. 현재 노인들은 연해 지역 조선족사회의 하나의 구성부분으로 되고 있으며, 각 지역의 노인협회는 조직이 가장 잘되어 있고 활동도 가장 활발하게 진행하는 단체로 되고 있다.

2000년에 들어서면서 일부 부모세대의 이동 이외, 학교를 졸업하고 사회로 발을 들여놓기 시작하는 새내기들의 진출이 중심을 이루고 있다. 이는 기존 노동력집단의 이동자의 공급이 어느 정도 한계상태에 도달하여 있음을 의미한다. 1990년대 초기부터의 근 10년의 시간을 거치면서 많은 사람들이 이동에 참여하였기 때문에 기존 노동력층에서 이동자를 지속적으로 양산하기 어려운 상황에 직면하여 있다고 볼 수 있다. 따라서 새로 노동력 시장에 진출하는 새내기들이 그 중심을 차지하게 된 것이다. 새내기들도 두 부류로 나누어진다. 한 부류는 중학교를 졸업하고 사회에 진출하는 집단이고, 다른 한 부류는 대학을 졸업하고 취직시장에 나온 청년들이다. 고등학교 졸업생들이 적은 이유는 1999년 이후 중국 대학교육의 양적 팽창으로 대학진학률이 급속하게 높아진 것과, 대학에 진학하지 못하더라도 다른 교육기회를 찾고 있는 것과 연관된다.

조선족대학졸업생들의 본격적인 연해 지역 진출은 1990년대 중반부터 이미 시작되었다. 계획경제 시기에 형성되었던 중국의 취업정책에 의하면 대학졸업생은 본인의 신원증명을 가지고, 자신의 원거주지로 돌아가 당지 지방정부 인사부처의 발령을 받아야 했다. 그러나 시장경제가 정착하면서 이러한 정책이 의미를 잃어가고 있었으며, 대학졸업생들은 전망이 좋은 연해 지역 도시로 진출하기 시작하였다. 그러나 1990년대의 대부분 기간에는 대학 졸업생 수도 제한되어 있고, 일부 조선족대학졸업생들이 여전히 정부의 발령에 따랐기 때문에 그 폭은 제한되어 있었다.

그러나 1999년부터 중국에서 대학교육의 규모를 확대하는 정책을 취하게 되면서 대학졸업생 수가 급격히 늘어나게 된다. 가령, 1995년 중국의 대학 입학률은 6.5%밖에 되지 않았지만,[69] 2004년에는 19%로 급속히 증가한다.[70] 조선족은 교육을 각별히 중시하는 전통을 갖고 있기 때문에 조선족고등학교들의 대학진학률은 60~70%로 상승하게 된다.[71] 대학교육의 규모가 확대되면서 졸업생의 취직을 정부가 책임진다는 정책은 무효화되었으며 졸업생들은 노동시장에 진출하여 직장을 구해야 했다. 따라서 조선족졸업생들은 여러 모로 낙후되어 있는 자신들의 원거주지보다 삶의 환경이 좋고 경제적 기회가 많은 연해 지역으로의 진출을 선호하게 되었다. 여기에 한국 대기업들의 진출증가도 대학졸업생들에게 연해 지역 진출의 의욕을 북돋아 주는 요인으로 작용하고 있다. 가령, 청도 지역의 경우 그동안 중소기업 중심으로 섬유, 봉제, 피혁, 기계, 전자, 목재가공, 공예품 등의 노동집약적 제조업에 한국 회사들이 주로 투자하여 왔지만, 최근에는 LG, 고려 제강, CJ 등 대기업들이 진출하기 시작하여 현재 4천만 달러 이상 투자한 한국 기업이 20여 개 된다. 이에 대하여 주청도한국영사관 측은 향후 투자가 점차 자본·기술 집약형 산업투자로 전환되고 있을 것으로 전망하고 있다.[72] 이는

---

69) "全國敎育事業'九五'規划和2010年發展規划", 敎育部.
70) "2004年全國敎育事業發展統計公報", 敎育部 2005年 4月. 여기서 말하는 대학입학률은 고등학교의 대학진학 비율이 아니고, 해당 연령대의 대학 진학 비율이다.
71) 일부 조선족고등학교 방문을 통하여 확인한 수치. 여기서 말하는 입학률은 고등학교의 대학 진학률이다.
72) 주칭다오 한국총영사관 웹 사이트, "한국－산동관계"

향후에도 조선족대학졸업생들의 진출이 지속적으로 일어날 수 있음을 시사한다.

(3) 청도 교남 지역 조선족의 현 상황

교남 지역에 진출한 조선족의 전반적인 상황을 볼 때, 아직까지는 정착의 힘든 과정에 놓여 있다. 많은 사람들은 아직 안정된 직장과 수입을 갖고 있지 못하며, 마음을 잡지 못하고 유동하는 사람들도 많다. 또한 자식을 따라 이동한 부모세대도 현지 적응에 갖가지 어려움을 겪고 있으며, 희망을 안고 시작한 자영업도 생각대로 되고 있지 않다. 따라서 이곳에서도 정착이 어려운 사람들을 중심으로 외국진출에 대한 열망이 잠재되어 있다. 실제로 1990년대 초·중반에 진출하여 정착에 실패한 젊은 노동력집단은 한국으로 많이 진출하여 있으며, 현재에도 회사 파견, 혼인, 비즈니스 등 방법을 통하여 한국진출이 꾸준히 이루어지고 있다.

그럼에도 불구하고 조선족 집단은 서서히 자리를 잡아가고 있는 것으로 관찰된다. 우선은 초기에 진출한 사람들의 직장과 경제생활이 안정되어 가정을 꾸리고, 자녀를 갖고, 현지에서 교육시키고 있으며, 자손 양육을 위하여 부모들이 이동함으로써 현지에서 안정적으로 생활할 수 있는 가족생활의 기반을 갖추어 가고 있다. 둘째로 기혼여성들의 진출로 가족단위의 이동이 많아지고 있다. 셋째는 대학졸업생들의 진출이 늘면서 조선족사회의 기반이 점점 튼튼해지고 있다. 교육수준이 높은 젊은이들의 진출이 늘면서 조선족사회의 역량이 커지고 있는 것이다. 마지막으로 중요한 것은 이동자들이 현지의 생활환경과 경제적 기회에 대하여 대체로 긍정적으로 평가를 하고 있다는 점이다. 이는 이동자들이 귀환을 고려하고 있기보다는 현지에서 정착의 의지를 키워가고 있음을 보여준다.

3) 조선족의 연해 지역진출과 앞날에 대한 전망

1990년대 초기부터 시작된 조선족의 연해 지역 진출은 어느덧 15년에 가까워온다. 그 기간에 북경－천진권, 청도－연대－위해권, 상해－남경－항주권, 광주－심천－주해권을 중심으로 연해 지역 조선족사회가 서서히 자리를 잡아가고 있다. 상기 지역에는 적게는 4~5만 명, 많게는 10만여 명 이상의 조선족들이 거주하면서, 일부 지역에서 집거지를 형성해 가고 있다.

조선족의 연해 지역진출은 경제활동종사와 발전욕구를 충족하기 위한 것으로 '취직·진로개척형'의 이동으로 볼 수 있다. 연해 지역의 경제·사회발전이 날로 빨라지면서 조선족의 진출은 한동안 계속될 것으로 전망된다. 그 중심에는 새로 사회에 진출하는 젊은 노동력층, 일부 진출자 가족, 외국에서 귀국하여 새로운 삶의 터전을 마련하려는 귀국자들이 서게 될 것으로 분석된다.

이에 대한 근거를 두 가지 면에서 찾을 수 있다. 하나는 연해 지역의 경제발전이 점점 빨라지는 동시에 한중 간의 경제·인적 교류의 폭이 점점 넓어지고 있다는 것이다. 중국의 연해 지역은 그간의 발전과정을 거치면서 엄청난 경제성장 잠재력을 확보해 왔다. 현재 중국이 '세계 공장'으로 불리는 것은 연해 지역에 확보된 엄청난 생산능력에 기초하고 있다. 2005년 10월 18일, 중공중앙 16기 5차 전체회의에서 채택된 앞으로 5년간의 경제발전구상은 상해 푸둥신구(浦東新區)와 비슷한 의미의 천진 빈해신구(濱海新區)를 개발한다는 전략을 담고 있다. 이는 연해 지역에 대한 개발이 계속 강력하게 추진될 것임을 시사하는 것이다. 이와 동시에 중국과 한국 간의 경제·인적 교류도 점점 더 확대되고 있다. 양국의 교역량은 2005년에 이미 1천억 달러를 넘어섰으며, 2005년 11월 부산

APEC회의를 앞두고 이루어진 양국 정상회담에서 2012년까지 양국 교역규모를 2천억 달러까지 끌어올리기로 합의하였다. 한국의 중국과의 교류가 연해 지역 중심으로 이루어지고 있다는 점을 감안할 때, 이러한 교류확대는 연해 지역에서 조선족에게 점점 더 많은 기회가 주어질 것임을 시사한다.

다른 하나는 그간의 이동과정을 거치면서 많은 사람들이 외지진출에 대한 막연함과 두려움을 떨쳐버리게 되었으며, 외부에 더욱 많은 기회와 좋은 생활환경이 주어져 있음을 인식하게 되었다는 점이다. 사람들은 일반적으로 자신이 익숙해 있는 환경을 떠나기 싫어하며, 새로운 환경에 직면하게 될 때에는 불안감을 느끼게 된다. 이동도 마찬가지다. 자기가 오랫동안 생활하던 지역을 떠나 낯선 고장으로 가는 것은 사람들에게 불안감을 심어주게 된다. 그러나 일단 새로운 환경에 적응하고 그것이 원래 환경보다 낫다고 판단되면 되돌아가기 싫어하며, 더욱 좋은 환경을 추구하게 된다. 교남의 현지조사에서도 현지의 생활조건과 동북의 생활조건을 비교하는 말을 많이 들을 수 있었다. 이러한 태도는 어느 특정한 연령대나 계층에 국한된 것이 아니라 보편적으로 확산되어 있다. 객관적 조건과 주관적 체험의 결합, 이것이 연해 지역으로의 조선족진출이 한동안 계속될 것이라는 전망의 근거로 된다.

4. 국외 진출과 국외 거주 조선족집단의 형성

1) 조선족의 국외진출

국외진출은 1990년대 이후의 조선족의 인구이동의 가장 특징적인 내용으로, 조선족사회 변화를 이해하는 데 있어 핵심적인 내용으로 된다. 중국의 전반 상황을 놓고 볼 때, 아직까지 대다수 서민에게 있어 출국은 꿈같은 이야기이다. 물론 중국의 대외개방 확대와 국제교류 증가로 출국하는 사람들이 점차 많아지고 있지만, 대다수 일반인에게 있어 아직은 어려운 일로 된다. 그러나 조선족은 남녀노소를 불문하고 외국행을 해 본 경험이 있는 사람의 비율이 높으며, 50만 명 정도의 노동력이 장기적으로 외국에 거주하면서 경제, 교육 등의 활동에 종사하고 있다. 따라서 중국에서는 물론 세계적 범위에서 보아도 조선족과 같이 국외에서 활동하는 인구의 비율이 높은 집단은 드물 것으로 보인다.

조선족에 관한 많은 자료에서 밝혀져 있듯이, 조선족의 국외진출은 주로 모국인 한국에 집중되어 있다. 그러나 조선족의 국외진출을 한국에 국한시켜 보는 것은 객관적이지 못하다. 실제로 한국에 비하여 진출한 사람들의 수가 적을 뿐이지 조선족이 진출하여 있는 지역은 훨씬 넓으며, 희망 진출 지역도 다양하다. 언론 보도에 기초하여 몇 사례를 살펴보기로 한다.

한국의 스포츠 전문 일간지인 스포츠동아의 2008년 6월 12일자에 실린, 여행칼럼니스트 서영진의 "스위스, 이탈리아, 그리스, 프랑스 4개국 여행 탐방기"에는 이탈리아에서 민방영업을 하고 있는 조선족의 모습을 담고 있다. 그 내용을 요약하면 다음과 같다. "최근 유럽 여행숙소의 대세는 한인 민박집이다. 이 지역은 조선족 아저씨, 아줌마들이 민박집 상권을 장악했다. 로마, 밀라노, 베네치아 등 주요 관광지의 70% 이상이 조선족민박집이라고 생각하면 된다. 이들은 한국 포털 사이트에 키워드광고를 하기까지 하는데, 언뜻 민박집의 홈페이지만 봐서는 한인민박과 구분이 잘 안 된다. 이들 조선족민박집은 점심 도시락을 싸주는 등의 서비스로 배낭족의 마음을 사로잡았다. 조선족민박집끼리는 객실 안에 타 도시 조선족민박집의 명함과 지도를 비치해 놓고 서로 알선해 주는 등 서로 공생을 도모한다."

2008년 1월 22일자의 연변일보는 "아르헨티나에서 조선족이민 15돌(연) 경축"이라는 기사를 실었다. 그 내용을 요약하면 다음과 같다. "아르헨티나에 있는 중국조선족동포회는 2007년 12월 30일에 부에노스아이레스에서 기념행사를 갖고 이민 15돌을 경축하였다. 그들은 조선족이민이 처음으로 입국한 9월 13일을 이민의 날로 정하고, 5년마다 한 번씩 큰 잔치를 하기로 하였다. 중국조선족으로서 처음으로 아르헨티나에 이주한 한태룡 씨는 이 행사를 협조해준 중국대사관과 한인단체들에 감사를 표하고 조선족이 단합해 나갈 것을 호소하였다. 이날 행사는 육상, 축구 등으로 친목을 다진 후 오후에는 노래자랑과 흥겨운 춤으로 즐거운 시간을 보냈다."

2006년 3월 2일자의 길림신문은 "조선족 모스크바행 줄 이어"라는 기사를 실었다. 그 내용을 요약하면 다음과 같다. "러시아 여러 지역에 널려 있던 중국조선족이 일자리를 찾기 위해 모스크바로 몰려들고 있다. 그들은 지방에서 보따리장사나 농사, 건축 일을 하다가 단속이 심해지자 무작정 모스크바로 상경하고 있는 것이다. 이에 모스크바 조선족사회는 조선족이 갈수록 늘어나는 추세라며 혹시나 러시아당국에서 특별한 제재로 조선족사회에 불상사가 생기지 않을까 우려하는 분위기다. 모스크바 조선족인구는 약 5,000여 명, 전 러시아에는 35,000여 명의 조선족이 있는 것으로 추정된다. 한편, 모스크바 조선족동포회는 지난 1월 1일 가향각조선족식당에서 첫 번째 신년모임을 가졌다."

한국의 '주간조선' 1771호(2003년 9월 25일)에는 아일랜드의 한국 유학생이 쓴 현지 르포 "아일랜드, 한국인보다 조선족이 더 많아"라는 기사가 실려 있다. 그 내용을 요약하면 다음과 같다. "아일랜드라는 이름은 한국인들에게는 생소하였다. 그런 아일랜드가 한국에 조금씩 알려지기 시작한 것은 아일랜드 경제부흥이 최고조에 달했던 1990년대 중반 무렵부터였다. 아일랜드는 4~5년 전부터 어학연수지로 부상하고 있는 편이긴 하나 아직도 한국인 수는 미미한 편이다. 한국인보다는 중국 국적의 조선족 수가 훨씬 많은 편이다. 이들 역시 대부분 어학연수생으로 와 있는 경우이고, 유일한 한국 슈퍼마켓과 한국식당도 조선족이 운영한다."

흑룡강신문 2003년 1월 8일자에는 안광환 기자의 "파리에서 중국조선족송년회"라는 기사가 실렸다. 그 내용을 요약하면 다음과 같다. "지난해 12월 29일에 프랑스 파리에 있는 조선족이 한자리에 모여 송년의 밤을 보냈다. 프랑스 파리에는 200~300명의 조선족이 살고 있는데, 약 70%가 연변에서 왔고, 기타는 심양, 무순, 철령, 통화, 가목사, 할빈, 목단강 등의 지역에서 왔다. 이번 송년회를 주최한 '재불조선족협회'는 2000년 6월 18일에 성립되었고, 해마다 봄철 야유회, 가을철 야유회, 연말 송년회를 조직하여 이국에서 어렵게 살아가는 조선족의 만남의 장소를 마련해 주기도 하고, 현지 한인신문에 조선족협회의 이름으로 광고를 내어 한인과 조선족 사이에서 무료로 일자리와 일꾼을 소개해 주는 공익활동을 벌여 왔다. 이번 송년회는 가족성원 소개, 조선족협회 결산보고, 회장 총화, 새 회장선거, 연회, 노래자랑 등으로 이어졌다."

이는 조선족이 훨씬 다양한 국가와 지역에서 활동하고 있음을 보여준다. 그럼에도 불구하고 다수의 조선족은 한국, 미국, 일본 세 나라에 주로 진출해 있다. 국외에 진출해 있는 조선족집단에 대한 이해를 돕기 위하여 이들 세 나라에 진출해 있는 조선족집단의 상황을 살펴보기로 한다.

2) 일본에 진출한 조선족집단

조선족의 일본 진출은 1980년대 말 연변 지역을 중심으로 일본 유학 붐이 일면서 서막을 열게 되며, 1990년대 말부터는 일본기업이나 재일 조선족운영기업의 IT기술자 모집에 의하여 대거 진출이 이루어진다. 일본 아시아경제문화연구소 류경재의 조사에 의하면, 도쿄 지역에 22,000여 명, 요코하마 / 시즈오카에 9,000여 명, 찌바 / 사이다마에 9,000여 명, 오사카 / 고베에 8,000여 명, 나고야 / 아이찌 / 미애 / 기후에 3,000여 명, 도오후쿠 / 호꾸리꾸 / 홋카이도에 1,000여 명, 규슈 / 시고쿠에 1,000여 명으로 총 53,000여 명의 조선족이 일본에 체류하고 있다.[73]

일본에 체류하고 있는 조선족 121명에 대하여 실시한 질문조사에 의하면, 33%가 유학, 16.7%가 취학, 26.7%가 취업, 8.3%가 가족 체재, 영주권자 3.3%, 일본국적 취득 2.5%로 입국방식과 체류자격에 대한 응답결과가 나왔다(타니가와 유이치로, 2003). 일본에 체류하고 있는 조선족의 집단적 활동은 상당히 활발하게 진행되고 있는 것으로 보인다. 유학생 중심의 "천지협회"와 같은 여러 단체들이 조직되어 있으며, 이들은 공식 사이트를 운영하여 자신들의 활동을 외부에 홍보한다. 또한 유학생들을 주축으로 '중국조선족연구회'가 결성되어 조선족에 관한 국제학술대회도 소집하며, 도쿄 지역을 중심으로 조선족기업에 대한 조사와 연구를 진행하는 것으로 알려져 있다.

개별진출자들의 사례를 살펴보기로 한다. P 씨(남, 35세, 일본에 6년 체류 후 귀국, 현재 중국 천진에 소재한 일본 기업에 근무)는

---

73) "재 일본조선족의 현 주소", 흑룡강신문 일본특별취재팀 한광천 기자, 2005년 12월 2일.

대학을 졸업한 후 일본유학을 선택하였다. 고등학교 동기생들 중에 일본어학과를 나온 친구들의 여러 명 되었는데, 그들이 일본유학에 대한 정보가 밝았고, 여러 모로 전망이 좋다고 소개해 주었다. 당시 연길시에는 일본으로 유학했던 사람들이 귀국하여 일본의 어학원들과 손을 잡고 유학업무를 중개하는 일들을 많이 하고 있었다. P 씨는 중개업체에 위탁하여 유학수속을 하였는데, 비용은 12만 위안이었다. 1997년경에 12만 위안이면 큰 액수였지만 부모님들이 그전에 이미 한국으로 진출하여 몇 년 일하였기 때문에 그 비용을 해결받을 수 있었다.

P 씨는 일본으로 간 후 어학원에서 일 년 공부를 한 후 대학원으로 진학하였다. 일본어학원과 대학들에는 학생들에게 알바를 주선해 주는 기구가 있었기 때문에 알바를 통하여 생활비용을 해결할 수 있었다. 그 후 P 씨는 취직 못하고 집에서 놀고 있는 동생을 일본으로 데리고 갔으며, 7명의 친구의 일본유학수속을 도왔다. P 씨는 주위에 같이 유학한 친구들이 많이 있었기 때문에 고독한 감을 느끼지 않았다고 유학생활을 회고한다. 대학원을 졸업한 후 P 씨는 일본기업에 취직하여 중국진출을 돕는 역할을 하였으며, 회사가 중국에 진출함에 따라 귀국하여 중견역할을 하고 있다. 동생도 현재 귀국하여 심천에 있는 일본 업체에 근무하고 있으며, 같이 유학했던 친구들도 본인과 비슷한 상황에 있다고 P 씨는 말한다.

H 씨(58세, 여성, 일본에 8년 체류, 현재 북경에서 식당운영)는 흑룡강성의 한 조선족마을에서 생활해 왔다. 1992년에 한중수교가 되면서 친지의 초청으로 한국으로 가게 되었으며, 5년 간 체류하였다. 음식솜씨가 좋은 H 씨는 한식 조리법을 터득하여 손님들의 절찬을 받았으며, 일부 손님들로부터 솜씨가 좋아 일본으로 가도 취직에 문제없고, 돈도 더 벌 수 있다는 이야기를 들을 수 있었다. 그 후 우연한 기회에 일본 진출을 돕겠다는 사람을 만났으며 H 씨

는 그 비용으로 한화 1,000만 원을 지불하였다. P 씨는 일본으로 진출하게 되어 한인식당에서 8년간 근무하면서 일식 조리법도 익히게 되었다. 자신의 기술에 신심을 가지게 된 H 씨는 귀국하여 음식점을 경영하기로 마음먹었으며, 2005년에 귀국하여 북경에 한식과 일식을 겸한 음식점을 오픈하였다. 한식과 일식의 결합은 담백한 음식을 찾는 중국인들의 구미를 당겼으며, 식당은 매일 손님들도 넘쳐나고 있다.

3) 미국에 진출한 조선족집단

조선족의 미국 진출은 1990년대 초에 이미 시작된다. 가령, 1990년대 초부터 연변민족복장회사에서는 미국 사이판에 있는 복장회사들에 훈련을 거친 인력을 파견하기 시작하였다. 그러나 현재 미국 다른 지역에 진출해 있는 조선족에 관한 소식은 잘 알려져 있지 않고 뉴욕 지역에 진출한 조선족의 소식이 비교적 많이 알려져 있다. 이는 2004년 9월부터 재미 한인 언론인 미주 세계일보에서 매주 토요일 판에 '조선족 커뮤니티' 면을 신설하면서부터이다. 그 후 조선족이민 1세대이며, 뉴욕조선족동포협회 조직자인 최동춘이 '조선투데이'라는 사이트를 운영하면서 재미 조선족에 관한 소식들이 더 많이 알려지기 시작한다. 이들이 전한 소식에 의하면 현재 뉴욕 지역에 2만여 명 조선족이 거주하고 있으며, 그 수가 계속 늘어나고 있다.[74] 그러나 미국에 조선족이 얼마 진출하여 있는지는 정확히 알 수 없다. 미국에 진출한 많은 조선족이 한인 커뮤니티 내에서 생활하고 있다는 소식을 감안해 보면 미국 내의 제일 큰 한인

---

74) "재미 뉴욕조선족 동포사회 대변인 언론 절실", 미주세계일보, 백은주 동포뉴스 편집위원, 2004년 9월 4일.

집거지로 불리는 LA 같은 지역에 더 많은 조선족이 체류하고 있을 수 있다. 단지 조직화되지 못하여 알려지지 않았을 가능성이 크다. 정보가 제한되어 있는 상황에서 일부 언론에 소개된 사례들을 살펴보는 것으로 그 일면을 보기로 한다.

A: "리치몬드에 디딘 이민의 첫발: 오갈 데 없는 처량함이 이들을 더욱 굳세게 만들었다."
－미주세계일보, 2004년 10월 23일, '조선족 커뮤니티', 이성열 특별기고.

2000년 4월, 28명의 조선족들이 단기 취업비자(H－2B)를 받아 리치몬드에 있는 타이슨사 닭 공장에서 일을 하기 위해 미국에 입국하였다. 그들은 그때 오자마자 일할 수 있다는 것만으로도 얼마나 좋았는지 모른다. 그들은 시간당 7달러씩 받으며 닭 공장에서 열심히 일하였다. 냉장고 속처럼 추운 공장 안은 온통 물판이었다. 여기저기 사방에서 물방울이 튕겨오고 기계 돌아가는 소음 때문에 귓구멍을 틀어막아야 일을 할 수 있었다. 그런 속에서 하루 종일 한자리에 서서 똑같은 동작만 수천 번, 수만 번씩 기계처럼 반복하는 것이 닭 공장의 일이었다.

닭 공장에서 일을 8개월 하였을 때 공장에서 이들의 비자를 연기하는 데 실패하였다. 하루아침에 불법 체류자가 된 이들은 불법 체류자라는 이유로 닭 공장에서 해고되었다. 그때 일부는 친구나 친척을 찾아 뉴욕 등 다른 대도시로 뿔뿔이 헤어지고 오갈 데 없는 14명만이 리치몬드에 남았다. 이들은 당금 먹고살 길이 막막하였다. 교회의 도움으로 이들 중 일부는 세탁소에, 또 일부는 식당에, 또 더러는 에버그린이라는 무역회사에 취직하였다.

첫 번의 시련, 오갈 데도 없던 처량함은 이들을 더욱 굳세게 만들었다. 이들은 각 분야에서 열심히 일했다. 그때 이들은 대부분 2개 이상의 직업을 가졌다. 저녁에 퇴근하여서는 빌딩청소, 식당의 일 등 한 시도 쉬지 않고 파트타임 일을 하였다. 무역회사 사장은 이렇게 억세게 일 잘하는 사람들은 처음 본다면서 조선족이라면 두말없이 채용해 주었다. 하여 다른 데로 흩어져 있던 조선족들이 무역회사로 많이 모여들었다. 그리고 마침 2001년 초에 불법 체류자 구제조항인 '2451'조항이 회복되면서 이들에게도 구제의 기회가 생겼다. 이들은 각 분야에서 모두 헌신적으로 열심히 일한 보람으로 많은 업소들이 이들의 스폰서가 되어주었다. 무역회사 사장은 돈 한 푼 받지 않고 근 열 명이 되는 이들에게 영주권을 신청해 주었다.

지금 이들은 대부분 영주권을 다 받아주었고, 5명만이 대기 중에 있다. 무역회사 경기가 좋아지면서 주급도 오르고 오버타임도 많이 한데다가 다른 파트타임 수입까지 있어서 이들은 신분만 해결한 것이 아니라 돈도 꽤나 착실히 모았다. 남경모 씨는 작년에 벌써 집을 한 채 샀다. 그리고 부부가 함께 온 양영한, 장복남 씨 내외는 패스트푸드점을 오픈하려고 자리를 찾아보고 있는 중이다. 그리고 캐나다의 아들과 미국의 딸, 두 자식의 대학공부 뒷바라지를 하고 있는 김기혁 씨는 미래에 대한 투자라며 보람 있어 한다. 또 승인호 씨도 중국에서 영주권을 받아 곧 오게 되는 와이프만 기다리면서 하다못해 김밥집이라도 차리겠다고 벼르고 있다. 또 있다! 장봉운, 하학법, 김경일 세 총각도 벌써 영주권을 손에 쥐었지만 떳떳하게 사장 한 번 된 다음에 장가가겠노라고 포부를 이야기하고 있다.

이들은 먼 훗날에도 리치몬드 조선족 이민사에 시조로 기록될 것이다. 후에 리치몬드로 이민 오는 조선족들은 이들이 개척해 놓은 생활터전으로 하여 한결 쉬운 이민생활을 하게 될 것 같다.

B: "나는 미국에서 이렇게 터 잡았다." - 길림신문, 2005년 1월 15일
단 돈 500달러 들고 미국에 왔고 사업을 시작할 때도 1,500달러 밖에 없었던 중국 조선족녀성(여성)이 이민생활 6년 만에 2개의 업체를 운영하는 사업가로 컸다.

황후 옥돌가구와 온열치료기 건강센터를 운영하는 전춘옥(49) 사장은 지난 80년대 말까지 중국에서 가무단 활동을 했다. 그 후 회계학을 공부해 환경보호국에 근무했던 전 씨가 미국에 오게 된 계기는

지난 1998년 아들이 중국 청소년축구대표로 뽑혀 브라질에서 3년간 훈련을 가게 된 것이었다. "아들이 중국 내 소수민족으로는 처음 청소년 대표팀에 뽑혀 축구류학(유학)을 가게 됐지요. 당시 남편이 미국에 와 있었기 때문에 혼자 남게 됐고 결국 미국행을 결심했지요."

1998년 상용비자로 미국에 들어온 뒤 가무단 경력을 인정받아 특기자로 영주권 신청을 한 전 씨는 처음에 식당, 중국계 여행사 등에서 일했다. 그러다 2000년 온열기건강센터에 취직을 한 것이 인생을 바꾸는 계기가 됐다.

치료를 받은 중국계 로인(노인)들과 가족처럼 지내던 그는 다니던 업소가 문을 닫게 돼 졸지에 직장을 잃을 뻔했는데, 가깝게 지내던 고객들의 적극적인 후원으로 본인이 직접 센터를 운영하게 된 것이다.

전 씨는 지난 2000년 뉴욕조선족동포협회가 설립될 때부터 부회장으로 일했고 지금은 사업 때문에 참석은 못하지만 각종 행사에 후하게 기부금을 하는 것으로 유명하다. 그에게는 또 하나의 꿈이 있기 때문이다. "뉴욕에 조선족 센터를 만들고 싶어요. 한 건물에 협회 사무실과 함께 다양한 서비스를 제공할 수 있는 기관들이 다 들어서고 조선족들이 찾으면 언제나 도움을 받을 수 있는 그런 곳이 필요해요. ……"

C: "조선족 미국 밀입국 및 재미 조선족사회 현황"(전편)
 -길림신문, 2006년 6월 10일.

서울올림픽 때부터였으니 중국조선족사회가 달러벌이로 "코리안드림"에 울고 웃은 시기가 어언간 18년이 난다. 그만큼 한국 출국, 그것은 오늘 꿈이 아닌 현실로 다가와 한국은 마음만 먹으면 갈 수 있는 '이웃집'이 되었다. 따라서 조선족사회에서 이젠 "한국에 갈 거면 미국으로 가겠다."는 말이 유행으로 떠돌고 있다. 적지 않은 중국조선족이 이미 미국으로 가 있고 현재 미국에 가려고 동분서주하는 사람도 적지 않다. 한국에 가 벌고 귀국한 후 미국으로 가는 사람도 있다. 중국조선족사회에는 한국에 이어 두 번째로 미국 출국 붐이 일고 있는 것이다.

(후편)뉴욕 소재 전미조선족동포회에 따르면, 현재 미국 뉴욕일대

에만 거주하는 중국조선족은 2~3만 명이다. 1990년대 초 산업연수로 시작됐던 중국조선족의 미국행이 2000년을 기점으로 폭발적으로 늘어나고 있다. 특히 한국인과 중국인이 많은 플러싱은 중국말과 한국말을 동시에 구사할 수 있는 조선족이 선호하는 곳. 지난해부터 생기기 시작한 조선족식당이 뉴욕에만 벌써 10여 개에 달한다. 지난해 '일복식당'을 개업한 옥영자 씨는 "한국에서 10년간 일하다가 3년 전에 미국에 왔다."며 "조선족이 많아지면서 연변음식을 찾는 사람이 많아 식당을 시작했다."고 말했다.

미국에서 불과 2~3년 전만 해도 조선족이 적어 일자리 찾기도 쉬웠는데 이젠 조선족이 많아 일자리 찾기도 힘들다고 말한다. 수년 전만 하여도 미국입국 조선족 대다수가 40~50대 중년층이었으나 최근에는 30대 초반의 청년들과 고등학교를 졸업한 지 얼마 안 되는 20대 초반도 상당수 미국에 가는 것으로 알려지고 있다. 청년들 중에서도 특히 여성이 남성보다 1.5~2배 정도 더 많다. 중국에서 직접 가는 사람이 대다수이지만 캐나다에 유학 갔던 청년들과 한국, 일본 등지에서 일찍 해외생활을 경험한 청년들의 미국입국도 증가하고 있다.

4) 한국에 진출한 조선족집단

조선족의 한국진출은 1988서울올림픽대회 이후로 거슬러 올라간다. 당시 체육교류를 통하여 한·중관계가 개선되기 시작하면서 한국에 친척이 있는 조선족은 친척초청으로 한국 정부의 여행증명서를 발급받아 한국을 방문할 수 있었다. 그 당시의 친척방문으로 시작된 한국진출은 그 후에 점점 크게 번져 현재 한국에 체류하고 있는 조선족은 38만 명을 넘어서고 있다. 중국 현지 조사 시, 35세 되는 모 중학교 여교사는 자신의 중학교 동기 여학생들 중 몇 사람을 제외하고는 모두 한국으로 시집가서 중학교 친구가 없다는 이야기를 들려준다. 현재 조선족들 사이에는 서울에 가야 친구들이 뭉칠 수 있다는 우스개가 아닌 우스개가 널리 퍼져 있다. 조선족에게 한국은 더 이상 낯설고 아득한 존재가 아니라, 일상의 한 부분에 깊이 들어와 있는 생활세계의 한 부분으로 되고 있다.

2002년 7~9월 사이 심층면접을 진행했던 9명의 면접자들을 대상으로 2005년 2월에 또 한 차례의 면접조사를 실시하였다. 아래에서는 이 9명을 사례로 한국에 진출하여 있는 조선족의 그간의 변화상황을 살펴본다. 〈표 2-6〉은 두 차례의 조사결과에 기초하여 작성한 것이다.

〈표 2-6〉 피면접자들의 인적 상황과 현재 상황

기호	나이[75]	성별	입국년도	입국 방식	체류 여부	현재 상황
A	30	남	1999	밀입국	체 류	장인 입국수속 시작
B	30	남	1996	산업연수	체 류	부인 국적 신청 준비
C	27	남	1996	부친사망, 가족	강제출국	여러 차례 재입국 시도
D	29	남	1999	산업연수	자진귀국	내년 입국 예정[76]
E	40	남	2002	사업고찰	자진귀국	내년 입국 예정
F	34	여	1994	산업연수	체 류	천진에 주택 구매
G	50	여	1997	혼인 · 부모초청	체 류	국적 취득
H	30	남	1997	친척초청[77]	자진귀국	내년 입국 예정
I	58	남	2000	혼인 · 부모초청	자진귀국	내년 입국 예정

A는 현재까지 한국에 체류하고 있다. 2002년 당시 부인이 금방 입국하였는데, 현재 부부가 함께 체류하고 있다. 그 사이 고향 근처의 도시에 아파트를 구입해 놓았으며, 딸은 할머니와 함께 거주

---

75) 2002년 기준 연령.
76) '내년입국예정'자는 2005년 3월 21~8월 21일까지 진행된 법무부 자진위국 프로그램에 의하여 재입국 보장을 받고 귀국한 사람들로 기한이 되면 입국할 수 있는 사람들임.
77) 입국방식에서 친척초청과 부모초청은 모두 편법으로 이루어진 것임.

하면서 공부를 하고 있다. A의 장인은 중국으로 이주 당시 호적이 여전히 한국에 남아 있어 한국국적을 회복할 수 있는 사람이다. 한국에 와서 3년간 있다가 3년 전에 귀국하였다. 당시는 나이가 많기 때문에 국적 회복에는 신경을 쓰지 않았지만 최근에 중국 동포들의 국적취득에 관한 법무부의 법 규정이 많이 완화되면서, 본인이 국적을 회복할 경우 자식들의 국적취득도 가능하게 되었다. 따라서 현재 그는 재입국하여 국적회복을 신청하려고 준비 중에 있다. 물론 이는 A의 부인의 요청에 의한 것이다. 한국에 온 지 만 6년이 되어 가기 때문에 생활에서 불편함도 없고, 일에도 습관이 되어 힘든 줄 모른다고 한다. 화장실도 없던 단칸방에서 생활하던 A는 그간 번 돈으로 보증금을 지불하고 화장실까지 구비된 원룸식의 방을 얻어 생활하고 있다.

B도 현재 한국에 체류하고 있다. 2002년에 부인이 관광비자로 한국으로 와서 현재 함께 체류하고 있다. 부인은 불법체류자 구제정책에 의하여 합법적인 체류로 전환되어 귀국하였다가 재입국하였는데, 현재 한국에 있는 친지에게 부탁하여 국적취득신청을 준비하고 있다. 가까운 인척들이고, 도와주려는 의지가 있어 가능할 것으로 B는 생각하고 있다. 비좁은 단칸방에서 살던 B도 아내가 외국인등록증을 갖게 되면서 시름 놓고 전세를 계약할 수 있어 널찍한 집에서 생활하고 있다.

C는 2003년에 불법체류자 검거에 걸려 강제출국 당하였다. 한국에 진출한 부친이 사고로 사망하면서 가족입국이 허락되어 한국으로 왔기 때문에 입국비용도 많이 들지 않았으며, 돈도 벌어 그 돈을 쓰면서 고향에서 생활하고 있다. 그 사이 결혼을 하였는데, 부부가 집에서 마땅한 생업을 찾을 수 없어 부인과 본인이 각각 한국입국 수속을 하려고 도처에 수소문하고 부탁하고 있으나 아직 성사되지 못하고 있다. 한국에 재진출하려는 C의 노력은 지금도 계

속되고 있다.

D는 2005년 6월에 법무부의 자진귀국프로그램에 응하여 출국확인서를 받은 후 재입국을 보장받고 귀국하였다. 1998년 부인이 먼저 한국으로 진출한 후, 이듬해에 산업연수로 한국으로 온 D는 한국에 와서 생활하면서 아내와 이혼하고 다른 여성과 만났다. 현재 귀국하여 집에서 놀고 있다. 하루빨리 재입국이 허락된 시간이 되어 한국에 오기를 기다리고 있다.

1995년에 한국에 왔다가 2000년 귀국, 2002년에 북경에서 한국수속 전문 회사에 근무하는 지인의 도움으로 다시 입국하게 된 E도 법무부의 자진귀국프로그램 실시로 재입국이 보장됨에 따라 2005년 6월에 귀국하였다. 2000년 귀국 후, E는 벌어간 돈으로 사업을 해 보려고 여러 모로 애를 쓰고 실천도 해 보았지만, 성사는 못하고 결국 돈만 날렸다. 위기감을 느껴 남은 돈으로 다시 한국수속을 시작하여 입국한 그는 그래도 한국에서의 벌이가 확실하다고 생각하고 있다. 현재 그는 집에서 보내면서 재입국을 준비하고 있다.

1994년에 입국한 F는 아직까지 한국에 체류하고 있다. 한국으로 입국할 때, 유치원에 다니던 아들이 현재 중학교 3학년을 다닌다. 그는 한국에 와서 생활하는 동안에 원남편과 이혼하게 되었으며, 한국에서 다른 조선족남성을 만나 재혼하였다. 이들 부부는 열심히 벌어 대도시인 천진에 귀국 후에 거주할 아파트를 사놓았다. F는 1~2년만 더 벌고 귀국하여 간단한 사업이라도 시작하겠다는 계획을 갖고 있다. F가 10여 년 한국에 체류하는 동안 친정아버지가 두 번이나 한국에 왔다갔으며, 산동 청도시의 한국회사에서 근무하는 남동생도 회사파견근무로 한국에 왔었다.

한국남성과 결혼한 여성이 부모들의 건강문제로 초청이 어렵게 되어 G 부부가 돈을 주기로 하고 부모신분으로 1997년 한국으로 오게 된다. 한국으로 온 후 G는 수소문하여 아버지가 한국에 남겨 놓고 간 이복오빠를 찾게 되었다. 아버지 호적이 한국에 남아 있고, 친오빠도 찾았기 때문에 G는 동포1세로 국적을 회복할 수 있었다. 같이 나온 남편도 아직 귀국하지 않고 함께 거주하고 있으며, 입국 당시 중학교를 다니던 딸들도 커서 큰딸은 한국으로 나와서 미용학원에 다니고 있고, 막내딸은 중국에서 대학에 다니고 있다. 막내딸도 한국행을 희망하는데, 학교를 졸업하면 한국으로 유학 나오게 하는 것이 G가 갖고 있는 희망 사항이다.

H는 친척초청으로 3년 먼저 한국에 입국한 아버지가 대준 돈으로 한국 수속을 시작하여 1997년 한국에 입국하였다. 그 사이 아버지는 귀국하고 어머니가 입국하여 3년간 체류하다가 귀국하였다. 한국에 와서 조선족 여성과 사귀어 가정을 꾸리게 되었는데, 그 여성은 시집을 한국으로 와 국적까지 취득한 사람이다. 한국에 온 지도 오래고, 아버지의 건강이 좋지 않아 걱정이 될 때에 법무부의 자진귀국프로그램 실시되어 2005년 4월에 귀국하였다. 그는 2006년 4월에 재입국하려고 계획하고 있다.

I는 2000년 타인의 딸이 한국에 시집오는 데 부모로 수속하여 부부가 함께 한국에 나오게 된다. 부부가 함께 나왔기 때문에 입국비용으로 15만 위안 정도 들었으며, 이에 이자부담까지 더해져 많은 고생을 했다. 그러나 두 사람이 열심히 일해 빚도 다 갚았고, 아들과 딸의 입국비용을 대주어 두 사람이 산업연수로 2002년 8월에 한국으로 나오게 되었다. 딸은 2년간 체류한 후 기한이 되자 귀국하였으며, 부부와 아들은 법무부의 자진귀국프로그램 실시로 재입국을 보장받고 2005년 7월에 함께 귀국하였다.

위의 사례들은 한국으로 진출한 조선족이 돈을 벌어 귀국하여 진로를 찾는 데 치중하기보다는 한국에서 계속 체류하거나 혹은 재입국을 할 수 있는 기회를 모색하고 있다는 것을 보여준다. 또한 체류 기간이 길수록 적응도 잘되어 거주조건 등에서 개선을 가져오고 있음을 확인할 수 있다. 귀국한 조선족의 재입국 열풍은 현지조사에 의한 언론보도의 내용에서도 확인된다. 길림신문 고설봉 기자의 확인에 의하면, 길림성 반석시 취시하진 삼흥촌에서 2005년에 117명 귀국,[78] 그중 32명은 이미 재출국, 연통산진 신발촌은 22명 귀국자 중, 2명이 재출국, 서란시 평안진 금성촌은 100명 귀국자 중 50명이 재출국, 칠리향 서광촌은 40명 귀국자 중 5명이 재출국, 이리하여 4개 촌을 통계하면 귀국자 279명 중, 89명이 재출국하여, 그 비율이 31.9% 되는 것으로 나타났다.[79]

조선족의 한국진출 열풍은 수그러들지 않고 계속되고 있다. 돈을 벌면 귀국할 것이라는 예상과 달리, 점점 더 한국행에 집착을 보이고 있다. 조선족의 욕구는 여기에 그치지 않는다. 최근에는 혼인을 통하여 국적을 취득한 일부 조선족 여성들 가운데 '2005년 한·일 우정의 해'를 맞아 일본에서 한국인에 대하여 한시적으로 무비자입국을 허락하는 기회를 이용하여 일본에 진출하고 있는 것으로 알려져 있다. 일본에 있는 한인업소에 취직하면 더욱 높은 수입을 올릴 수 있다는 기대감 때문이다.

조선족의 한국으로의 진출은 초기의 불법체류에서 점차 합법적인 진출과 체류로 성격이 바뀌고 있다. 이는 중국과 러시아 지역 동포들의 출입국에 대한 한국 법무부의 정책완화와 연관되어 있다. 법무부는 2002년부터 여러 차례 불법체류 구제조치를 취하였으며, 2004년부터는 상기 지역 동포들에 대하여 여러 가지 새로운 정책조치를 내놓고 있다. 가령, 2004년 4월 1일부터 모든 외국 국적 동

---

78) 2005년에 귀국자가 급증한 것은 2005년에 한국 법무부에서 실시한 '중국동포 등 자진귀국 프로그램'에 의한 것으로 볼 수 있다.
79) "새 세기 조선족사회 새 현상(7): 재출국만 꿈꾸고 허송세월하는 현상을 두고", 길림신문, 고설봉 기자, 2005년 7월 30일.

포에 대하여 똑같은 국적취득 절차를 적용하기 시작하였다. 이로 인해 조선족의 국적취득을 제한하려는 취지에서 만들어진 '중국동포국적업무처리 지침'이 폐지되었다. 이에 따라 본인 외에도 4촌 이내 혈족이 호적에 등재되어 있고, 해당 혈족과 족보, 공증서류, 유전자 감식 등을 통해 사실이 입증되면 국적을 회복할 수 있게 되었다. 2004년 7월 1일부터는 중국동포들의 고국방문 및 취업기회를 확대하는 내용을 골자로 하는 '취업관리제 대상 동포에 대한 방문동거(F-1)사증발급 지침 및 중국 동포 입국절차'개정안이 시행에 들어가 8촌 이내 혈족 또는 4촌 이내 인척들로부터 초청을 받은 25세 이상의 중국동포들은 주중 공관에서 F-1비자를 발급받아 한국으로 올 수 있게 되었다. 또한 이에 상응하게 취업을 허용하는 분야도 확대되었다. 법무부는 중국동포들의 친척방문 허용연령을 1992년의 60세 이상에서 단계적으로 낮추어 2004년에는 25세까지 낮아졌다. 2004년 11월 11일부터는 동포로 입증받을 수 있는 방법을 대폭 확대하여 적용하기 시작했으며, '외국국적동포들에 대한 단기 종합(C-3)사증발급 등에 관한 지침'이 제정되어 비자발급을 확대하기 시작하였다. 또한 혼인 등에 의하여 대한민국국적을 취득한 사람들이 초청할 수 있는 중국국적 친척의 수를 2인으로 제한하던 실무지침을 폐지되어 요건만 갖추면 2인 이상 친척 초청도 가능하게 되었다. 이 외 2005년에는 중국 동포와 구소련 지역 동포들에 한하여 '자진귀국프로그램'을 실시하여 많은 사람들을 불법체류자 신분에서 벗어나게 하였으며, 2007년 3월부터는 상기 지역 동포들에 대해 5년간 방문과 취업을 자유롭게 할 수 있는 '방문·취업비자(H-2)'를 신설하여 실시하고 있다.

한국으로 진출할 수 있는 많은 정책적 장애들이 해소됨에 따라 조선족의 한국진출은 더욱 늘 것으로 전망되며, 체류방식에 있어서도 불법체류에서 합법적인 체류로 점차 전환될 것으로 보인다. 특히 혼인에 의하여 국적을 취득한 사람들이 친척초청 요건이 완화됨에 따라 더욱 많은 조선족이 합법적인 방식으로 한국으로 올 것으로 보인다. 이제 조선족은 더욱 자유롭게 한국을 드나들면서 경제활동을 벌일 것으로 전망되며, 이로 인해 거주지와 경제활동지의 분리현상은 해소되지 못하고 영구적으로 고착화되어 조선족의 생활세계가 초국가적 공간으로 이루어질 가능성이 현실화되고 있다.

5) 조선족의 국외진출에 대한 전망

이동에 관한 많은 연구가 보여주듯이, 이동에서 연결고리의 형성은 더욱 많은 이동을 불러온다. 시작이 어렵지만 개척자들이 진출에 성공하면 정보제공이 이루어지고 이동방식에 대한 조언과 상응한 경비 지원도 이루어지게 되는 것이 일반적인 현상이다. 이런 맥락에서 볼 때 조선족의 국외진출은 계속 이루어질 수 있으며, 많은 사람들이 합법적인 방식을 모색하면서 '귀환과 진출'의 반복적인 이동이 이루어질 수 있다.

내외적인 여건도 조선족의 국외이동에 점점 더 유리해지고 있다. 중국의 대외개방 확대와 국제교류 증가로 국외진출의 기회도 점점 많아지고 있다. 현재 중국에서도 출국에 필요한 경비만 확보할 수 있으면 출국은 어려운 일이 되지 않는다. 조선족은 이미 많은 성원들이 국외에 진출하여 경제활동을 하고 있어 출국에 필요한 경비를 확보할 수 있는 경제능력을 갖추고 있다. 일본에 진출한 조선족에 대한 연구에서 타니가와 유이치로는 질문에 응한 피조사자의 52.5%가 빚이 없다는 응답을 보고, 그는 이에 대한 여러 가지 해석을 하면서 그중 하나가 가족들이 국외 노무활동에서 번 돈이 비용으로 이용되었음을 지적한다(타니가와 유이치로, 2003). 미국으로 밀입국하는 사례에서 볼 수 있듯이 이에 필요한 비용은 30만 위안되지만 조선족은 이 비용을 해결할 수 있어 진출을 시도하고 있다.

조선족의 국외진출과 관련하여 또 한 가지 유의해야 할 점은 바로 청년학생들의 유학증가이다. 가령, 한국을 놓고 볼 때 조선족 유학생 수는 2000년의 562명[80]에서 2008년의 5월까지 4,287명[81]으로 늘어났다. 조선족학생들의 유학증가에 영향 주는 요인은 여러 가지인 것으로 분석된다. 첫째는 중국의 경제·사회발전과 더불어 고급인재에 대한 수요가 늘어나고 그 대우도 점점 더 좋아지고 있다는 점이다. 둘째는 조선족학생들이 경쟁력에서 갖는 한계 때문이다. 현재 정원의 증가로 상황이 많이 개선되었지만, 중국에서 대학원입시의 경쟁률은 여전히 높다. 특히 많은 학생들이 선호하는 명문대일수록 경쟁이 치열할 뿐만 아니라, 본교 학생들에 대한 우대, 기타 사회관계 등 요인들은 조선족학생들에게 불리하게 작용한다. 이는 국내에서 양질의 교육을 받을 수 있는 기회가 제한되었음을 의미하는 것으로, 눈길을 국외에 돌리게 하고 있다.

이 외, 정부에서 직장을 배치하던 제도가 사실상 무의미해지면서 취업시장에서 직업을 구해야 하는데, 민족사회 울타리에서 자라온 많은 조선족학생들에게는 사회관계, 정보취득, 인맥 등 면에서 불리할 수밖에 없다. 기대와 현실 사이에 벽의 존재는 많은 학생들로 하여금 더욱 큰 경쟁력 확보를 위해 유학을 선택을 하게 하는 것으로 보인다. 셋째는 부모세대의 많은 사람들이 국외에서 경제활동에 종사함에 따라 유학에 필요한 비용을 해결할 수 있으며, 이런 시장 수요에 의하여 유학 중개기구들이 늘어나는 것도 이에 일조

---

80) 조혜영, 2001, 「남북한 사회통합과 해외동포 모국 수학생의 역할 모색을 위한 연구: 중국동포 모국 수학생을 중심으로」, 『통일정책연구』, 통일원, 150~151페이지.
81) "2008년 지방자치단체 외국인주민 실태조사", 한국 행정안전부 지방행정국 2008년 7월 발표.

하고 있다. 넷째는 유학할 수 있는 외부적 조건들이 좋아지고 있다. 조선족학생들의 주요 유학대상국인 한국과 일본을 놓고 볼 때, 모두 세계화 시대를 맞아 국제교류를 증진하기 위하여 적극적으로 유학생유치에 나서고 있고 규제들을 완화하고 있다. 가령, 한국에서는 2004년부터 유학생들이 주당 20시간 내외로 아르바이트를 할 수 있도록 허용조치하였으며, 일본에서는 1997년부터 일본인의 신원보증절차를 폐지하는 등 유학규제 완화조치 취하고 있다. 조선족학생들의 유학증가는 국외와 소통 통로가 증가하는 것을 의미하는 것으로, 결과적으로 조선족의 국제교류는 더욱 활발해질 것으로 전망된다.

경제활동 종사이든, 교육 기회 확보이든 관계없이 조선족의 국외진출은 원거주 지역의 제한된 기회에 대한 일종의 해결책이며, 상승이동을 위한 진취적인 도전의 표현이다. 이런 의미에서 국외 지역에 진출의 성격을 '도약 지향형'이라고 표현할 수 있다. 국외에 진출한 조선족은 거의가 비교적 빠른 시간 내에 획기적인 변신을 꿈꾸고 있다. 물론 그에는 경제적, 발전적 욕구가 내재되어 있다.

5. 초국적 이동과 사회구조 및 성격의 변화

이동의 기회가 주어지면서 조선족의 노동력 이동은 밀물과 같이 단시간 내에 급속히 이루어졌다. 이는 배출요인이 그만큼 강하게 잠재되어 있었으며, 촉진요인도 강하게 작용하고 있었음을 의미한다. 내용에서 확인할 수 있듯이, 배출 요인으로 작용한 것은 지역경제의 상대적인 낙후와 경제기회 제한, 발전적 욕구 잠재와 같은 조선족사회의 전통적인 배경이며, 촉진요인으로 작용한 것은 자유로운 이동을 촉진한 중국의 개혁개방정책과 이동의 직접적 계기로 된 한중수교, 제3국으로 진출을 가능하게 만든 세계화의 급진전과 같은 새로운 사회적 배경이다. 이러한 배경을 기초로 이동을 급속히 현실화시킨 요인은 조선족집단 내에서 형성된 이동의 연결망이다. 집단 내에서 형성된 연결망은 정보와 진출비용 제공, 초기 정착 도움, 상부상조 관계 형성 등에서 중요한 역할을 하면서 급속한 이동을 현실화시키는 요인으로 작용한 것으로 분석된다.

대규모의 이동은 불가피하게 사회구조의 변화를 초래하게 된다. 이동이 가져온 조선족사회의 가장 직접적인 구조변화는 지역적 구조의 변화이다. 조선족의 활동 지역은 이미 동북3성을 벗어나 연해 지역, 국외 지역으로 확대되어 있다. 따라서 조선족도 동북3성에 거주하는 집단, 연해 지역에서 거주하는 집단, 국외 지역에서 체류하는 집단으로 나누어져 있다. 이러한 지역적 다원화는 동북3성의 일부 지역에서 집거를 기초로 형성되었던 민족사회의 성격이 바뀌고 있음을 의미한다.

지역적 구조변화에는 다음과 같은 내용이 포함된 것으로 관찰된다. 첫째는 도시화이다. 외지로 진출하는 집단은 모두 경제가 발달한 도시 지역으로 향하고 있으며, 그 영향을 받는 지역 내의 이동도 주로 중심도시 지역을 중심으로 이루어지고 있다. 반면, 도시와 떨어져 있는 농촌 지역은 과도한 인구유출로 해체의 일로에 놓여 있다. 이는 조선족의 이동과정은 사실상 도시화 과정이라는 것을 보여준다. 둘째는 세계화이다. 조선족의 도시화는 국내 도시 지역에만 한정되지 않고, 국외 지역의 도시로까지 확대되어 있다. 서울의 일부 지역에 조선족타운이 형성되어 있을 뿐만 아니라, 도쿄 신주쿠, 뉴욕 플러싱 지역까지도 조선족타운이 형성되고 있는 것으로 알려지고 있다. 이는 조선족의 도시화가 세계화의 성격을 가지고 있음을 보여준다. 셋째는 다원화이다. 조선족의 이동은 진출 지역이 넓고, 성격이 다양한 특징 외에, 일부 지역에서 인구가 다시 집중되면서 새로운 집거지를 형성하고 있는 특징도 가진다. 가령, 연길시로 집중, 심양시로 유입증가, 청도시에서 새로운 집거지 형성, 서울에서 타운형성 등은 이러한 특징을 보여준다. 이는 이동과정에서 연결망의 작용과 집중을 가능하게 만드는 현실적 구조82)와 연관된다. 이러한 지역적 다원화는 조선족사회가 지역에 기초한 동질성이 높은 민족사회에서, 탈지역적인 초국적 공간에서 다원화된 민족사회로 재편되고 있음을 뜻한다.

이동이 가져온 또 다른 중요한 구조변화는 노동시장구조의 변화이다. 노동력 이동의 주요 목적은 새로운 경제적 기회의 창출에 있다. 따라서 노동시장구조의 변화가 불가피하다. 노동시장구조의 변화도 다음과 같은 내용을 포함하고 있는 것으로 관찰된다. 첫째는 탈농화이다. 도시화 과정은 사실상 탈농화의 과정이기도 하다. 그러나 유의할 점은 조선족의 탈농화는 농촌에 거주하는 사람들에게서도 일어난다는 점이다. 농촌에 거주하지만 농업생산에 종사하지 않는 현상이 많은 조선족 농촌에서 나타난다. 둘째는 산업화이다. 조선족은 원거주지에서 산업화의 과정을 겪지 못하고, 이동을 통하여 산업화를 경험하는 소외 '진출형 산업화' 과정을 겪고 있다. 외지진출은 사실상 경제발달 지역의 산업부문으로 흘러 들어가는 것을 의미한다. 이는 동북 지역의 도시로 이주한 사람들이 경제활동에 종사하지 못하고 있는 점에서도 확인된다. 셋째는 초국가화이다. 조선족의 국외진출은 경제활동에 주된 목적이 있다. 조선족에게 이젠 지역이 문제가 아니라 경제활동의 기회가 가장 중요한 요인으로 된다. 현재 조선족은 여건만 되면 어느 곳이던 진출할 수 있는

---

82) 가령, 연해 지역에서는 한국의 투자가 집중된 지역에 집중될 현실적 구조가 있고, 국외 지역이동에서도 이동연결망에 의하여 일정 지역에 집중될 수 있는 구조를 가지고 있다.

준비가 되어 있다. 이로 하여 초국적인 노동시장구조를 형성해 가고 있다.

따라서 조선족사회의 구조변화는 복합적인 성격을 가지고 있다. 가령, 지역 구조변화는 도시화, 세계화, 다원화의 내용을 가지며, 노동시장구조변화는 탈농화, 산업화, 초국가화의 내용을 가진다. 이는 조선족사회가 복잡한 변화를 겪고 있음을 뜻한다. 두 가지의 구조변화가 연관되어 사회변화는 '도시화와 산업화', '세계화와 초국가화'의 복합적인 성격을 나타내고 있다. '도시화와 산업화'는 사회발전과정에서 일반적으로 거치게 되는 단계이다. 그러나 조선족의 사회변화에는 이 과정에 '세계화와 초국가화'는 성격이 합쳐져 있다. 또한 '국제화와 초국가화'가 '도시화와 산업화'를 추동하는 주요한 요인으로 되고 있다. 그것은 노동력의 국외이동과 국제자본의 투자가 '도시화와 산업화'를 추진하고 있는 주요 동력으로 되고 있는 사실에서도 확인된다. 가령, 조선족의 지역 내 이동은 가족성원의 국외진출과 밀접히 연관되어 있으며, 연해 지역 진출은 한국자본의 투자와 연관되어 있다. 이는 조선족의 사회변화에서 '세계화와 초국가화'의 특징이 중요한 위치를 차지하고 있음을 뜻한다. 사회구조의 폭넓은 변화는 생활세계의 변화와 밀접히 연관되어 있다. 그렇다면 조선족의 생활세계에서는 어떤 변화가 일어나고 있을까?

제 3 장

경제생활의 초국적인 지역적 분화와 상호연계

1. 조선족의 전통적 경제생활

조선족의 전통적 경제생활은 거주지 성격과 밀접히 연관되어 있다. 그것은 일반적으로 거주지의 성격이 경제활동에 영향을 주기 때문이다. 1990년 인구센서스에 나타난 조선족의 거주지 성격과 분포를 보면, 도시에 거주하는 인구가 총 인구의 34.6%를 차지하고 있으며, 65.4%가 농촌 지역에 거주하고 있다. 이러한 분포는 대체적으로 조선족경제활동의 특징을 보여주고 있다. 조선족의 경제생활에 대한 이해를 위하여 일부 기존 연구의 결과들을 살펴보기로 한다.

<표 3-1> 길림성 조선족의 산업구성(1982)

산　업	비　율(%)	산　업	비　율(%)
농·림·목·어업	59.3	상업·음식업	5.6
광·목제·채벌업	3.1	위생·체육·복지	1.7
제조업	16.9	교육·문화·예술	4.4
건축업	1.9	국가기관·정당·단체	2.5
교통운수	2.4	기　타	2.2

한상복·권태환. 1993. 9장 〈표 22〉 참고 재구성.

<표 3-2> 길림성 조선족의 직업구성(1982)

산　업	비　율(%)	직　업	비　율(%)
전문 기술직	9.71	서 비 스	3.17
기관·당조직·기업간부	3.13	농·림·목·어업	57.69
사무직	2.36	생산·운수	20.93
상　업	2.87	분류불능	0.14

한상복·권태환. 1993. 9장. 〈표 23〉 참고 재구성.

〈표 3-1〉과 〈표 3-2〉에서 볼 수 있듯이, 1982년 길림성 조선족의 산업구성에서 1차 산업은(농·림·목·어업) 59.3%로 제일 큰 비중을 차지하고 있으며, 2차 산업(제조, 채굴, 건축)은 21.9%, 3차 산업은 18.8%를 차지하고 있다. 이와 같은 산업구성은 직업구성에도 영향 주고 있는데, 1차 산업 연관 종사자가 총 노동인구의 57.69%, 2차 산업 연관 종사자가 20.93%, 기타가 21.47%를 차지하고 있다. 이는 길림성 조선족의 근 60%가 농업생산에 종사하고 있고, 20% 이상이 2차 산업에 종사하며, 기타 서비스 산업과 전문직에 20% 정도가 종사하고 있음을 보여준다.

이것이 1982년 길림성 인구센서스에 나타난 조선족의 산업구성과 직업구성이라면 〈표 3-3〉은 1990년 연변 지역 40개 거촌에 2000

가정 표본조사를 통한 조선족의 직업구성 상황을 보여주고 있다.

〈표 3-3〉 연변 지역 조선족의 직업구성(1990)

직 종	도시 지역	농촌 지역	직 종	도시 지역	농촌 지역
총 수	1,017	3,999	각급학교교사	6.4	1.5
비 율	100%	100%	자영업자	6.0	2.2
국유기업직원	38.2		상점직원*	4.3	0.1
집체기업직원	10.5	4.6*	의료 · 위생	3.7	0.4
행정인원	18.2	0.6	기타업종직원	3.8	0.5
기술인원	7.6	0.4	농민	1.3	89.7

* 국유기업직원 포함. * 국유와 집체 상점 직원.
* 한상복 · 권태환. 1993. 9장. 〈표 26〉 참고 재구성.

〈표 3-3〉에서 확인할 수 있는 것은 도시 지역주민들 중 농업에 종사하는 1.3%와 6%의 자영업자를 제외하고는 모두 국가와 집체에서 운영하는 기업이나 기관에서 근무하고 있다는 점이다. 이는 1990년까지만 해도 개혁개방으로 인한 연변도시 지역의 사회변화가 제한적이었음을 설명한다. 개혁개방으로 인한 중국의 사회변화는 국유와 집체라는 기존의 틀 외에서 향진기업이나 외자 기업, 사영기업, 자영업 등의 새로운 경제주체들이 나타나고, 그것이 성장하면서 국유와 집체의 개혁을 촉진하는 방향으로 진행되어 왔다. 따라서 국유와 집체라는 제도적 틀이 상당 정도 유지되고 있었다는 것은 개혁개방으로 인한 변화가 제한적으로 이루어지고 있었음을 뜻한다. 그나마 변화는 자영업의 등장에서 나타나고 있는데, 이는 당시 기존의 틀이 계속 유지되는 가운데서 작은 변화의 물꼬가 터지고 있었음을 보여주는 것이다.

기존 연구 성과의 제한으로 일부 지역에 국한하여 1990년 이전의 노동과 경제생활의 일부 측면들을 살펴보았다. 그럼에도 불구하고 이들 자료는 비교적 높은 신뢰도를 갖고 있고, 가장 중요한 요인인 산업구성과 직업구성을 잘 보여주고 있어 조선족의 노동과 경제생활의 핵심적인 내용을 보여주고 있다. 그 핵심적인 내용을 요약해 보면, 농업종사자의 비율이 높고, 도시 지역에서 국유와 집체단위의 의존도가 높으며, 기존 사회·경제구조의 변화가 제한적으로 이루어지고 있다는 점이다. 실제로 최근까지 동북 지역의 개혁개방 속도는 연해 지역에 비하여 많이 뒤처져 있으며, 당시 조선족거주지들이 주로 동북 지방의 주변부 지역에 위치하여 있었다는 점을 감안하면 이러한 판단은 신빙성이 있다. 개혁개방이라는 사회적 변혁에서 뒤처져 있으면서 기존의 사회구조를 유지하고 있던 조선족사회는 한중 수교라는 대외관계의 전환을 맞으면서 급속한 변화의 소용돌이에 휘말려들게 된다. 사회구조가 급격히 변화되고 새롭게 재편되면서 조선족의 경제생활은 격세지감의 변화를 겪고 있다. 본문에서는 커뮤니티와 지역별 사례에 대한 분석을 통하여 변화의 다양한 모습을 살펴보고, 그 특징을 분석해 본다.

2. 동북 지역 조선족경제생활의 변화: 커뮤니티별 사례

1) 흑룡강성 해림시 KS촌

KS촌은 벼농사를 위주로 하던 조선족마을이다. 주민들은 주로 농사에 의존하여 생활하여 왔으며, 도시와 멀리 떨어져 있었기 때문에 외지로 진출하여 다른 생업에 종사하는 사람도 없었다. 촌민들은 농사 외에 다른 꿈을 가지기 어려웠고, 열심히 농사짓는 것을 미덕으로 생각하면서 살아왔다. 그러나 노동력의 유출이 급속히 일어나면서 기존의 경제생활 모습이 완전히 바뀌어 가고 있다.

2005년 6월 이 마을에 대한 현지 조사 결과 농사를 짓고 있는 농호가 20가구로 전체 가구의 13%를 차지하고 있었다. 그중 한 가구는 며느리가 한국에 진출하여 있으며, 다른 한 가구는 큰 아들이 연해 도시로 진출하여 있고, 나머지 가구는 외지로 진출한 사람이 없었다. 이 외 네 가구가 농사를 포기하고 품팔이를 하면서 생활하고 있었다. 농사를 지으려면 비용이 많이 들고, 반면 수입이 많지 않기 때문에 오히려 품팔이하는 것이 좋다는 생각 때문이다. 이런 가구들은 경제적으로 빚을 많이 지고 있어 생산비용을 마련하기 어려운 가구들이었다. 나머지의 132가구 중 49가구는 자녀교육 등의 원인으로 도시로 이주하였으며, 나머지 83가구는 농사를 짓지 않고 외지에 진출한 사람들이 보내주는 생활비에 의존하여 생활하고 있다. 그중 4가구는 연해 도시에 진출한 자녀들이 보내주는 생활비로, 10가구는 한국 진출에서 번 돈으로, 나머지 가구들은 현재 국외에서 노무활동에 종사하는 가족들이 보내주는 송금에 의존하고 있었다.

그렇다면, 마을에 거주하고 있는 대다수의 촌민은 기타 가족의 부양이 필요한 부양인구일까? 현지 조사결과는 그렇지 않았다. 2003년 현지 인구조사에 의한 결과에 따르면, 생산 활동이 가능한 40~60대가 마을에 실제 거주인구의 59%를 차지하고 있었다. 그중 50대의 비율은 23%, 40대의 비율은 18%, 60대의 비율은 16%이었다. 가족의 보살핌이 필요한 70대 이상과 10대 이하는 실제 거주인구의 22%밖에 되지 않았다(권태환·박광성, 2005). 생산 활동이 가능한 인구가 높은 비율을 차지함에도 불구하고 농사를 짓지 않는 데에는 여러 가지 요인이 작용하고 있었다. 그중 하나가 가족성원의 분산으로 생산에 필요한 분업이 어려워진 것으로 관찰되었다. 벼농사는 한 사람의 힘으로 어렵기 때문에 가족 간에 협력과 분업이 필요하다. 그러나 노동력의 외지진출로 분업이 이루어질 수 없기 때문에, 농사를 포기하는 가구가 많은 것으로 관찰되었다. 그러나 다른 견해들도 있었다.

마을의 농부들은 농사를 짓지 않는 원인을 채산성과 연관시키고 있다. 2004년부터 중국정부는 날로 커지는 도농격차를 해소하고 농민들의 생활을 개선시키기 위하여 농산물 수매가격을 인상하였다. 그 결과 2003년 벼의 킬로당 가격이 1.68위안으로부터 2004년 1.88위안으로 올랐으며, 2005년 봄에는 2.60위안까지 올랐다. 그러나 벼 판매가격이 인상되면서 생산비용은 더욱 큰 폭으로 인상되었다. 가령, 타인의 토지를 임대할 경우 10무당 임대비는 2004년의 1000~1500위안에서 2005년의 3700위안으로 올라 배나 넘게 상승하였다. 모내기 철 일꾼품삯도 전해의 한 쌍당 500위안에서 1000위안까지 올랐다.

대다수 가구의 경우 청장년층이 외지로 진출하여 있어 농사에 필요한 농기계들을 구입하지 않고 있었으며, 따라서 농사를 지으려면 일꾼을 고용하거나 농기계를 임대하여 사용할 수밖에 없었다. 그러나 그 비용이 양곡가격상승에 의한 수입상승을 상쇄하게 되었다. 비용 상승 외에 노동력이 부족하여 생산규모를 확대하기 어려운 것도 수입 상승을 제한하는 요인으로 작용하였다. 따라서 농사를 짓는다고 해도 힘만 들고 수입은 제한되어 있었다. 그러나 일부 촌민들은 이에 대하여 부정적인 견해를 가지고 있었다. 그들에 의하면, 농사를 편하게 지으려고 기계를 임대하여 쓰고, 일꾼을 고용하기 때문에 수입이 낮은 것이지, 예전처럼 생각하고 열심히 일을 하면 수입이 결코 낮지 않다는 것이었다. 결과적으로 외국진출이 시작되면서 조선족이 큰돈 벌이에만 관심을 가지는 태도에 문제가 있다는 것이었다.

농사를 짓지 않는 이유가 무엇이건 관계없이 마을의 대부분 농토는 주변 마을의 한족농민들에게 임대되어 경작되고 있었다. 마을에서 농사짓는 농호 중 제일 많이 경작하고 있는 가구의 경작면적은 50무 정도 되지만, 한족들은 적으면 50무, 많은 사람은 500무까지 경작하고 있었다. 농기계를 모두 갖추고, 일이 많으면 일꾼을 고용하기 때문에 대규모의 경작이 가능하였다. 농토와 집 사이 거리가 멀어 그들은 오토바이를 타고 와서 농작물관리를 하고 있는데, 마을 강변의 다리목은 한족농민들이 타고 온 오토바이들이 자리를 메우고 있었다. 마을사람들은 정작 돈이 되지 않는다고 농사를 기피하면서도 한족농민들이 돈을 적지 않게 벌 것이라고 부러워하였다.

마을에는 한족농민 한 사람이 거주하고 있는데, 농사를 짓지 않고 간단한 짐을 실을 수 있는 삼륜 오토바이 한 대를 가지고 제법 수입을 올리고 있었다. 마을 사람들이 기차역으로 가거나 주변 지역에서 간단한 짐을 운반할 때 모두 그 차를 사용하고 있었기 때문이다. 인근 마을의 한 한족농민은 자신이 저축한 돈을 투자하여 선진적인 정미기계를 사들여 정미업을 하고 있었는데, 쌀의 품질이 좋아 주변 지역의 조선족이 임대료로 받은 벼를 팔고 현금으로 이 가공공장에서 가공한 쌀을 사먹고 있었다. KS마을 주변에 있는 한족마을을 지나 보면 곳곳에 돈사나 우사와 같은 건물들이 눈에 띄며, 마을길을 가축과 가금들이 차지하고 있어 차를 몰고 지나다니기 어려울 정도여서 주민들이 수입의 증가를 위하여 많은 노력을 하고 있음을 확인할 수 있었다. 그러나 KS촌과 같은 조선족마을에서는 가금 하나 보기 어려워, 예전에는 귀한 손님이 오면 닭부터 잡는 것이 마을인심이었지만 요즘은 사위가 와도 닭 잡아주기 어렵다고 촌민들은 하소연하였다. 가금을 기르는 집이 없어 사기가 어렵다는 것이다.

예전에 마을에 사람이 많을 때에는 식품가게가 5~6개 정도가 있었지만, 2000년 후로 들어서서는 하나만 남았는데, 그마저 장사가 잘되지 않아 휴업 고민 중이라고 한다. 마을에 젊은이들과 어린이들이 적어 물건이 잘 팔리지도 않으며 시내로 다니는 사람도 많아 시내에서 필요한 물건을 사는 경우가 많다고 하였다. 마을 사람들은 간단한 일용품을 마을의 가게에서 구입하기보다는 매주일에 한 번씩 마을에서 열리는 유동 장에 의존하고 있었다.

예전에는 마을에서 인근 도시로 가려면 새벽기차를 타고 저녁에는 돌아오는 기차를 이용하였다고 한다. 그러나 몇 년 전에 저녁 편의 기차가 취소되면서 택시의 이용이 늘게 되었다. 시내로 다니는 버스들도 있지만 시간이 잘 맞지 않아 불편해 인근의 조선족마을 촌민들은 택시를 많이 이용한다는 것이었다. 인근 해림시 기차역에는 이 지역으로 가는 손님들을 유치하려는 택시들이 줄 지어 있으며, 손님이 오면 서로 끌고 당긴다. 보통 네 사람이 합석하여 한 사람당 15위안씩 내며, 혼자 이용할 경우는 50위안이다. 50위안이면, 현지에서 품팔이하는 농민이 2일 힘겹게 일해야 벌 수 있는 돈이며, 기차이용가격의 20배, 버스 이용가격의 7~8배 되는 수준이다. 현재 이 마을에 거주하는 대부분 주민들에게 있어 농사는 자신과 관계없는 일이 되어 가고 있으며, 마을의 각종 생산과 경제활동은 완전히 위축되어 가고 있다. 대신 포장도로건설과 각종 운수업의 발전으로 촌민들의 소비생활은 인근도시시장으로 포섭되어 가고 있어, '농촌에 거주하는 시민'으로 되어 가고 있었다.[83]

생산 활동에는 종사하지 않는 반면 일상생활이 도시 시장에 편입되면서 사람들의 생활비용은 급격히 상승하였다. 가령, 예전에는 겨울 난방을 볏짚으로 해결하였지만, 현재는 톤당 700~800위안 하는 석탄으로 해결한다. 사람들은 주요 소비품을 도시에 가서 구입

---

83) '농촌에 거주하는 시민'이란 농촌에 거주하지만 농업 생산에 종사하지 않고, 생활권이 도시 시장에 편입되어 있는 사람들을 지칭한다.

하기 때문에 교통비용도 만만치 않다. 농촌이지만 여름 한 절기를 제외하고 채소는 거의 시장구매에 의존하고 있다. 촌민들의 병원진료도 시내병원으로 가서 하기 때문에 마을에 있는 진료소에 의존할 때보다 엄청난 비용을 지불하게 된다.[84] 특히 많은 사람들이 자식들이 외지로 진출하여 있기 때문에 병이 생기는 것이 두려워 정확한 진찰 없이 좋다는 약을 다 사먹어 부담이 적지 않았다. 이러한 생활의 변화를 두고 촌민들은 "지금은 집 문 앞을 나가면서부터 돈이 들어야 합니다." 하고 푸념한다.

자녀교육을 위하여 도시로 이주한 사람들의 생활비용은 더욱 급격히 증가하는 것으로 나타났다. 집을 구매하고 이주한 사람들은 주거부담은 없지만, 그렇지 못하면 주거부터 모든 것을 돈으로 해결하여야 한다. 특히 손자·손녀의 과소비로 이들을 돌보고 있는 노인들은 안절부절못한다. 사회의 유행에 민감한 이들은 기호품을 경쟁적으로 소유하려 들며, 서로 경쟁하려 한다. 가령, 다른 친구가 1,500위안짜리 휴대폰을 가지고 다니면 자신은 더 좋은 것을 사달라고 떼를 쓴다. 이런 현상은 휴대폰에 그치지 않고 의복, MP3 등의 기타 기호품에서도 나타난다. 현지 중학교 교사들은 중학생들에게 휴대폰이 무슨 쓸모가 있는지, 많은 학생들이 휴대폰을 가지고 다닌다고 말한다.

생활비용의 증가는 자녀들의 과소비에서만이 기인되는 것이 아니며, 부모의 생활방식에 의해서도 조장된다. 도시로 이주한 젊은 부모들은 자녀들을 학교로 보낸 후 별다른 일이 없어, 함께 이주해

---

84) 현재 중국에서 서민들에게 생활상의 어려움을 가져다주는 요인으로 3난(難)을 꼽고 있다. 3난이란 병 보이기 어렵고(看病難), 학교 다니기 어렵고(上學難), 집을 사기 어렵다(買房難)는 것이다. 이 모두가 시장화 개혁과 연관되어 있다. 국가에서 어느 정도 가격을 통제하고 있던 것으로부터 시장에 맡기면서 비용이 급속히 상승하여 서민부담을 증가시키게 된 것이다.

온 동향친구들과 어울려 놀음을 하면서 시간을 보내며, 하는 놀음마다 돈내기를 하는 것이기 때문에 매일 놀다 보면 자신들도 얼마나 돈이 드는지 모른다고 고백한다.

외지에서 송금해 오는 생활비용은 남아 있는 가족의 구성과 가족성원이 진출해 있는 지역에 따라 차이가 나타난다. 우선 가족 구성의 차이에 따라 살피면 크게 젊은 부모와 자녀가 함께 있는 경우, 할머니·할아버지가 손자·손녀와 함께 있는 경우, 노인들만 남아 있는 경우 등 세 가지 부류로 나누어 볼 수 있다. 외국 진출자 가정을 중심으로 보면, 첫 번째 경우의 생활비용이 제일 높아 연간 6~8만 위안 정도로 말하는 사람들이 가장 많다. 그다음은 두 번째 경우로 3~5만 위안으로 정도의 대답이 많고, 노인들만 남아 있는 경우는 1~2만 위안 정도 되는 것으로 조사된다.

국내 연해 도시에 진출하여 정착에 성공한 젊은이들은 보통 부모들에게 한 달에 500위안 정도로 생활비용을 보내는 것으로 조사되며, 달마다 부쳐오기보다 일반적으로 몇 번으로 나누어 송금하는 것으로 확인된다. 일반적인 현상은 어디서 송금하고 얼마를 송금하는지를 막론하고 촌민들은 하나같이 돈이 어떻게 없어지는지 모르겠다고 한탄하면서 너무 많이 쓴다는 진출자들의 비난에 억울하다는 태도를 보이고 있다는 점이다.

2) 길림성 연변도시 지역

(1) 연변경제와 연변조선족경제

1990년대에 들어선 후 연변경제에 관한 논의에서 가장 많이 거론되는 것이 아마도 '소비형 경제'라는 지적일 것이다. '소비형 경제'라는 개념은 정부의 공식적인 발표에서 나온 개념도 아니며, 전문적인 경제학 연구에서 사용되는 개념도 아니다. 그러나 이 용어는 현지에 거주하는 주민들은 물론 학자들의 글에서 자주 사용되며, 외부 방문자들의 기행문에서도 이러한 표현이 많이 나타난다. 즉 '소비형 경제'라는 말은 학문적으로 세련된 개념이기보다는 사람들의 관찰과 체험에 의하여 만들어진 개념이다.[85)]

많은 사람들이 연변경제를 '소비형 경제'라고 규정하는 데에는 1990년대에 들어서면서 연변 지역의 서비스산업이 급속하게 발전한 것과 연관된다. 1990~1995년 사이 연변 지역 서비스산업의 연평균 증가율은 14.9%에 달해, 제조업의 연평균 증가율 6.0%를 훨씬 상회하였다(李鐘林, 2001: 99). 이는 중국의 도시개혁에 힘입은 1980년대 중·후반부터의 자영업의 발전과 한·중 수교 이후 한국 방문객의 증가와 연관되는 것으로 분석할 수 있다. 1995~2000년 사이 연변의 서비스산업의 연평균 증가율은 4.7%로 하락하는데, 유관 연구자들은 이를 한국의 금융위기로 인한 여행객 감소, 노무종사자들의 수입 감소와 연결시켜 분석하고 있다.

1990년대 이후 연변 지역의 서비스산업이 빠른 발전을 보임에도 불구하고 통계상으로 나타난 연변의 산업구조구성으로 보면, 서비스산업이 높은 비중을 차지한다고는 보기 어렵다. 1999년 연변의 산업구성 비율을 보면, 1차 산업이 16.4%, 2차 산업이 42.1%, 3차 산업이 41.5%를 차지한다. 2004년의 산업구성을 보면, 1차 산업이 15.4%, 2차 산업이 45.1%, 3차 산업이 39.5%를 차지하여, 2차 산

---

85) 그러나 이를 결코 경시할 수는 없다. 왜냐하면, 이미 제정되어 있는 표준과 방법, 관행에 의해 작성된 통계자료를 이용한 소위 전문적 연구들은 지식과 방법을 가지고 학문적인 기준과 규범에 맞게 사회실제를 재단할 수는 있지만, 그 범위를 벗어나는 새로운 현상에 대해서는 매우 제한적인 설명력밖에 갖지 못하기 때문이다. 반면, 사람들이 생활 과정에서 자연적인 관찰과 체험에서 얻어진 개념은 기존의 틀에 기초하지 않고 사회적 실제와 직접적인 접촉과정에서 형성되는 것으로 실제를 더 정확히 반영할 수 있다.

업의 비중이 높아지고 1차 산업과 3차 산업의 비중은 낮아졌다. 이는 2000년에 들어와서 시작된 중국의 '서부개발'전략과 2004년에 시작된 '동북노후공업기지진흥'전략에 연변 지역이 포함되어 제조업의 투자가 증가된 것과 연관된 현상으로 분석할 수 있다.

연변의 산업구성에서 서비스산업이 특별히 높은 비중을 차지하고 있지 못함에도 불구하고 많은 사람들이 연변경제를 '소비형 경제'라고 부르고 있다. 이는 연변경제와 연변조선족경제, 연변경제와 도시 지역 경제를 구분하면 이해할 수 있다. 2000년 중국의 인구센서스자료에 의하면, 연변 지역의 조선족 인구는 총 인구의 38%를 차지하며, 주로 연길(지역 인구의 58.6%), 용정(67%), 도문(58%),[86] 화룡에 집중되어 있다. 또한 2000년 연변의 도시화율은 67.2%에[87] 달한다. 조선족농촌상황에 비추어 볼 때, 조선족의 실제 도시화율은 이보다 더 높을 수 있다. 따라서 연변 지역 전체를 대상으로 말하는 연변경제는 조선족의 경제상황을 제대로 반영하지 못한다. 가령, 조선족의 인구비율이 5% 정도밖에 되지 않는 돈화시에는 오동제약과 같은 전국적으로 유명한 기업들이 있으며, 공업생산액은 2002년에 와서 연길시를 초과하였다. 또한 일부 가동되고 있는 기업에서도 조선족직원들은 기회만 있으면 직장을 그만두고 외지로 진출하고 있기 때문에 조선족직원들의 비율이 갈수록 떨어지고 있다. 조선족농촌에서 실제 농업에 종사하고 있는 사람의 비율도 낮아 농림산업에 대한 조선족의 공헌은 미미하다. 따라서 '소비형 경제'란 말은 연변 전체의 경제상황을 두고 하는 말이기보다는 조선족위주의 일부 도시 지역 경제를 일컫는 것이다. 주요 여론이 연길을 중심으로 형성되고, 외부 방문자들도 중심도시인 연길을 주로 찾는다는 점도 이를 뒷받침해 준다. 이는 조선족인구비율이 높은

---

86) 2000년 인구센서스 자료에 기초.
87) 梁學民, 盧長和, 2003, "不容忽視的延邊朝鮮族人口發展問題"

도시 지역을 중심으로 연변조선족경제를 검토하는 것이 더욱 실제에 부합됨을 뜻한다.

(2) 도시 지역중심의 조선족 '소비형 경제'

2000년 인구센스서 자료에 의하면, 연길시의 조선족인구 비율은 58.6%에 달한다. 연길시는 주변 지역의 조선족이 이주해 오면서 조선족인구가 빠른 증가를 보이고 있는 곳이며, 연변 지역의 중심 도시로 해외에서 근무하는 연변 조선족의 송금이 집중적으로 흘러 들어오는 곳이기도 하다. 지역 생산기반이 확충되는 증거가 뚜렷하게 나타나지 않는 가운데서 2000년 이후 연길시는 눈부신 발전을 이룩하였다. 가령, 4차나 "전국100강현(시)"으로 선정되었으며, 2005년 이후로 연속 3년 종합실력이 길림성에서 첫자리를 차지하였다.[88]

2000년 말 연길시의 산업구성을 보면, 1차 산업이 2.8%, 2차 산업이 48.1%, 3차 산업이 49.1%로, 3차 산업이 제일 큰 비중을 차지하였다.[89] 3차 산업의 비중이 2차 산업에 비하여 조금 높은 데 반하여 3차 산업에 종사하는 근로자 수는 2차 산업을 훨씬 초과한다. 2000년 말, 연길시의 취업인구는 189,000명에 달했는데, 그중 10.3%가 1차 산업에, 27.3%가 2차 산업에 종사하고, 3차 산업에 종사하는 근로자 수는 62.4%나 되었다. 이는 연길시의 제조업의 고용유발효과가 낮음을 의미한다.[90] 2005년에 발표된 연길시의 노동취업에 관한 통계를 보면, 2004년 말, 연길시의 취업인구는 159,300명으로 총 인구의 38.6%를 차지하였다. 그중, 1차 산업 종사자 수는 17,200명, 2차 산업 종사자 수는 29,600명, 3차 산업 종사자 수는 112,000명으로, 그 비율이 각각 10.8%, 18.5%, 70.3%를

---

88) "연길시 종합실력 전 성 1위에", '조글로미디어', 2008년 7월 25일.
89) "延吉市國民經濟和社會發展十五計划", 延吉統計信息网, 2001年 1月.
90) '2001年延吉市統計年鑒', 延吉市統計局.

점하고 있었다.91)

여기서 두 가지 점을 유의해 볼 필요가 있다. 하나는 2000년에 비하여 2004년에 3차 산업에 종사하는 인구비율이 근 8%나 높아졌다는 점이다. 다른 하나는 같은 기간 연길시 인구의 절대적 증가가 24,000명에 달한 데 반해, 취업인구수는 오히려 29,700명 줄어들었다는 점이다. 두 수치 모두 정부의 동일 통계기관에 의한 공식적인 발표란 점을 감안하면, 자료 출처의 차이로 인한 오류일 가능성도 적다.

인구가 증가하는 데 반해 취업인구가 줄어드는 것에 대해서는 세가지 설명이 가능하다. 하나는 노동에 종사하지 않고 놀고 있는 인구가 늘고 있다는 것, 다른 하나는 노동력의 증가에 비하여 노동력의 감소가 빠르다는 것, 그다음은 노동력의 유입에 비하여 유출이 많다는 것이다. 이 중 빠른 노동력의 감소는 설득력이 없고 따라서 다른 두 가지 요인에 대한 검토가 필요하다. 이 두 가지 점을 연관시켜 보면 동북 지역에서의 조선족인구의 이동패턴과 맞아떨어진다. 즉 노동력은 외지로 진출하고 가족은 도시로 이주하며 경제활동에는 종사하지 않는다는 것이다. 이는 연길시의 인구증가와 취업인구 변화가 조선족의 인구이동의 영향을 크게 받고 있다는 것을 증명해 준다.

다시 3차 산업에 종사하는 인구의 비율이 오른 원인을 검토해 보면, 2000년에 비하여 2004년 1차 산업에 종사하는 근로자 비율의 변화는 미미한 데 반하여, 2차 산업 연관 종사자의 비율은 8.8%나 떨어졌으며, 3차 산업 연관 종사자 비율은 근 8%나 증가하였다. 이는 노동인구 감소가 2차 산업에서 주로 이루어져 3차 산업 연관 종사자의 비율이 올라갔음을 의미한다. 즉 3차 산업에 종사하는 노동인구의 증가보다 2차 산업에 종사하는 노동인구 감소가 전

---

91) "延吉市勞動就業現狀問題及對策", 延吉市統計信息网, '統計分析 六期'

체 노동인구의 감소를 초래하고 있으며, 이에 의하여 3차 산업 연관 종사자 비율이 높아진 것이다. 이는 2차 산업에서 근로자들의 퇴출이 계속 늘고 있다는 것을 의미하며, 조선족인구비율과 외지진출조건을 감안해 볼 때, 조선족노동자들이 직장을 그만두고 외지로 진출하는 현상이 지속되고 있음을 뜻한다.

한 도시에 있어 노동 종사자의 70%가 제조업부문이 아닌 서비스 위주의 산업에 종사한다는 것은 그곳 주민들에게 있어 서비스업이 얼마나 중요한가와, 도시 전체에 있어 서비스업이 양적으로 얼마나 팽창되어 있는가를 알려준다. 단지 양적으로 본다면 이는 선진국 경제중심도시의 취업구조에 맞먹는 것이다. 통계수치에서는 물론 직접 방문을 해 보아도 연길시 서비스업의 놀라운 발전 상황을 실감할 수 있다. 인구 40만 명 정도의 국경 지역의 소도시라고는 믿기 어려울 정도로 각종 서비스업이 발전하여 있다. 날로 늘어가는 고급호텔들, 점점 대형화되고 있는 상가빌딩, 고급스러운 분위기를 뽐내는 술집들, 한때 곳곳에 보이던 동네 사우나들은 현재 규모를 자랑하는 찜질방으로 바뀌어 가고 있고, 주민주거구역 주위에 포진하여 있던 구멍가게들은 큼직한 슈퍼마켓으로 대체되고 있으며, 골목골목까지 손님을 싣고 다니는 택시들로 북적이고 있다. 오래전부터 연길시의 인구당 택시 보유량, 맥주소비량은 전국에서 제일 높다고 주민들에게 알려져 있다(한상복·권태환, 1993: 113).

연길시 서비스 산업의 빠른 발전은 연변 지역 3차 산업의 발전을 리드하고 있다. 2004년 말, 연변 지역의 3차 산업 연관 종사자 수는 332,400명에 달하여, 총 취업인구의 39.46%를 차지하였으며, 1999년에 비하여 7.12% 증가하였다. 이는 근년에 연변 지역 3차 산업발전이 더욱 빨라지고 있음을 의미한다. 2004년 연변의 3차 산업 중, 유통업이 26.4%를 차지하였으며, 음식과 유흥업이 25.4%로 그 뒤를 이었다. 통신, 금융, 보험, 부동산 등 고급 서비스업의 비중은 GDP의 9.65%밖에 차지하지 못하여 연변 지역의 3차 산업이 일반적인 서비스업 중심으로 발전하고 있음을 보여주고 있다.[92) 연변의 3차 산업에서 연길시가 높은 비중을 차지하고 있는 점을 감안할 때, 상기의 연변 지역 3차 산업의 상황은 연길시 3차 산업발전의 일부 특징을 반영하고 있다고 볼 수 있다.

(3) 도시 지역 서비스업의 과잉발전 원인

서비스업의 과잉발전은 연길시에 국한된 현상이 아니며, 조선족 인구의 비율이 높은 다른 도시에서도 공통적으로 나타나는 현상이다. 가령, 용정시의 경우 1990년대 중반부터 조선족민속거리를 조성하여 음식 오락 업종이 밀집된 상업거리를 만들었으며, 도문시도 몇 년 전에 도심 지역에 새로운 상업구역을 조성하였는데, 시민들은 이를 '보행거리'라고 부르면서 도문시 도시발전의 표징으로 보고 있다. 조선족인구비율이 높은 도시 지역에서 서비스산업이 왜 이와 같은 빠른 발전을 보이고 있을까?

연변 지역과 길림성 다른 지역의 경제발전수준을 비교해 보면, 2004년 연변 지역 재직직원들의 평균 연봉은 10,529위안으로 길림성 평균보다 1,423위안 낮아 전 성 5위를 차지하고 있으며, 농민들의 일인당 순수입은 2,458위안으로 길림성 평균보다 492위안 낮아 8위를 차지하고 있다. 중국의 다른 29개 소수민족자치주와 비교해 보면, 연변자치주의 생산총액은 7위, 재직직원 연평균 노임은 29위, 농민 인구당 평균 순수입은 6위에 머무른다. 그러나 2003년 말까지 연변의 인구당 주민예금액은 10,778위안으로 집계되어, 장춘시를 제외하고 길림성에서 2위를 차지하고 있으며, 전국 평균 예금액보

---

92) 延邊州統計局, 王紅宇, "如何進一步加快吉林延邊第三産業發展的思考", 中國統計信息网, 2005年 6月 23日.

다 2,746위안 많고 전국 30개 소수민족자치주 중에서 앞자리를 차지하고 있다. 지역의 생산과 수입은 낙후되어 있는데, 왜 예금액은 앞자리를 차지하고 있는가? 이는 바로 연변조선족의 대외노무활동과 연관되어 있다. 2000년부터 연변의 해외노무수입은 연변 지역의 재정수입을 초과하기 시작하였으며, 2006년에는 해외송금액이 10억 6천만 달러에 달해 연변자치주 GDP의 1/3에 해당되었다. 이로 인하여 주민 인구당 평균 수입이 4,200위안 증가되었다.[93] 1998년부터 2006년 말까지 해외노무로 벌어들인 외화가 45억에 달해 전국의 동급 지역에서 앞자리를 차지하였다.[94]

수입이 급속하게 증가하여 결핍에서 벗어나게 되면, 일반적으로 증가된 수입은 초기에 세 가지 용도로 사용한다. 첫째는 소비의 증가이다. 수입의 한계로 장기간 억제되어 왔던 소비욕구가 수입의 갑작스러운 증가로 폭발되면서 각종 생활 소비를 신속히 확대시킨다. 이는 방대한 구매자 시장을 형성하여, 공급의 확대를 촉진시킨다. 연길시를 위주로 한 연변 지역 상품시장의 급속한 발전은 이러한 지역주민들의 급속한 수입증가에 기초하고 있다.

둘째는 거주조건을 개선하기 위하여 주택구매를 늘인다. 한동안 수입의 증가가 지속될 것으로 판단할 경우 사람들은 생활환경이 더 좋은 곳으로 이주를 희망하게 되며, 이는 각종 시설이 갖추어져 있는 도시로 사람들을 몰리게 만든다. 주택구매를 희망하는 사람들이 도시로 몰려들면서 도시에는 주택공급이 늘어나게 되며, 이로 인하여 도시발전이 빨라지게 되고, 이것이 다시 사람들을 흡인하는 요인으로 작용한다. 도시규모의 확대는 시장규모가 확대되는 것을 의미하는 것으로 이는 도시의 서비스 산업의 발전을 촉진하게 된

---

93) "延邊勞務經濟造'富'百姓", ≪半月談≫, 2007年 22期.
94) "我州對外勞務合作工作成績顯著", 延邊朝鮮族自治州政務信息网, 2007年 6月 29日.

다. 연길시의 도시발전은 이러한 선 순환구조 속에서 이루어지고 있다고 볼 수 있다.

셋째는 주택과 일반소비가 어느 정도 만족되는 상황에서 수입이 지속적으로 증가되면 사람들은 투자활동을 통한 수입증가에 관심을 갖게 된다. 이때 만일 주민들의 투자를 도울 수 있는 성숙된 금융시장과 중개기구가 발전되어 있다면, 주민들의 투자와 지역의 생산을 직접 연결시켜 지역의 산업발전을 추동할 수 있지만, 그렇지 못할 경우 많은 투자자들은 높은 전문성과 특별한 기능이 필요 없고 많은 자본이 수요되지 않는 업종에 매달리게 된다. 이때 일반 서비스업은 최상의 선택이 된다. 연변도시 지역 서비스업의 급속한 발전은 이러한 배경에 기초하고 있는 것으로 분석된다.

연변도시 지역의 서비스산업은 이러한 지역주민의 수입의 급속한 증가, 소비수요의 확대, 수입을 투자로 전환시키려는 기업가 정신의 발전과 같은 요인들의 상호 작용 속에서 급속히 발전하게 된다. 그 이면에는 지역의 금융시장 낙후와 투자 중개기구 부재라는 거시적 환경적 제약요인이 자리 잡고 있다. 지역주민들은 국외노무활동을 통하여 급속한 수입증가를 이루었지만 성숙된 자산운용을 할 수 있는 기초를 마련하지는 못하고 있다. 따라서 이를 미봉해 줄 수 있는 금융시장과 중개기구들이 발달되어 있어, 주민들의 수입을 생산부문으로 인도하거나 혹은 더욱 효율적인 경제 영역으로 유도할 수 있어야 한다. 그래야만 경제발전의 선 순환구조가 형성될 수 있는데, 연변 지역의 경우 경제개혁이 뒤쳐져 있고 산업발전이 낙후되어 있어 금융시장과 중개기구 발전을 기대할 수 없다. 지역으로 흘러드는 자본의 증가, 소득의 증가에 따른 소비능력의 증대, 지역경제 환경의 한계, 이러한 요인들이 상호 작용하면서 일반 서비스업의 창업 붐이 형성되었으며, 기타 산업에 비하여 일반 서비스업이 양적으로 팽창되는 국면이 조성된 것이다. 한마디로 낙후된 지역경제발전으로

1, 2차 산업은 위축되고, 이와 별도로 외부에서의 자본유입과 교류 증가에 힘입어 서비스산업이 급격히 발전하였다. 이와 같은 엇박자에 의하여 1, 2차 산업발전과 유리된 채 3차 산업이 과잉 발전하는 기형 경제구조 형성되었으며, 사람들은 이를 두고 '소비형 경제'라고 부른다.

(4) 서비스 산업과잉발전의 사회·경제적 영향

조선족의 인구 비율이 높은 도시 지역의 경제가 서비스경제위주로 재편되고 있으며, 이는 조선족의 노동과 경제생활의 틀이 바뀌어 가고 있음을 뜻한다. 우선 경제상황을 놓고 보면, 일반 서비스산업의 과잉발전이 여러 가지 사회·경제문제를 발생시키고 있다. 일반 서비스업은 자영업 중심으로 구성되게 된다. 따라서 창업이 많이 이루어짐에 따라 자영업체가 증가하며 이는 점점 치열한 상호 경쟁체제를 만든다. 경쟁에서 이기는 방법은 차별성을 부각시키거나, 아니면 자본력을 더 동원하여 규모를 확대하고 고급화시키는 방법밖에 없다. 차별화 전략은 장기간 경영을 통해 습득된 장인정신에서 나오기 때문에 빠른 시간에 성공을 거두기 어렵다. 따라서 경쟁은 규모를 확대하고 고급화시키는 방향으로 전개되게 된다. 여기에서 우위를 차지할 수 있는 사람은 일찍 창업하고 축적을 이루어 재투자할 수 사람과 자본동원력이 강한 사람이다. 여기서 중요한 것은 이러한 경쟁을 거쳐 소수의 일반 서비스업이 대형화되고 고급화된 업체로 재편된다는 점이다. 이것은 규모가 있어 가격경쟁력을 가지게 되며, 저렴한 가격으로 최상의 서비스를 제공할 수 있기 때문에 소비자들이 많이 찾게 된다. 이 과정에서 규모가 영세한 자영업자들은 장사가 어렵게 되며, 이곳에 근무하는 종업원들의 월급도 저임금에 머물게 되면서 양극화가 발생되게 되고, 이 또한 사람들에게 외지 진출의 열망을 심어주게 된다. 연길시를 위주로 한 연변의 일부 도시 지역에서는 현재 이러한 경쟁태세가 날로 확연해지고 있다.

다음으로 지난날 지역경제의 기둥으로, 지역주민들의 주요 근무지로 되었던 국유·집체 기업들이 경영난으로 문을 닫거나 혹은 효율을 높이기 위하여 여유 노동력을 정리하고 있는 것도 서비스산업을 팽창시키고, 종사자 수를 증가시키는 요인이 되고 있다. 외지진출의 조건을 갖추지 못했거나 아직 기회를 가지지 못한 사람들이 서비스업에 많이 종사하게 되는 것이다. 이는 세 가지 문제를 발생시키는 것으로 관찰된다. 하나는 많은 사람들을 비정규직으로 전락시켜 경제생활의 안정성을 약화시키고 있다. 중국에서 국유·집체단위들은 상대적으로 고용이 안정된 직장들이며, 각종 복지 혜택도 이러한 단위를 중심으로 주어진다. 자의든 타의든 이런 직장을 그만두고 나온 사람들은 이런 혜택에서 제외된다. 물론 중·장년세대는 얼마간 보장받고 직장을 그만두었을 가능성이 높지만, 직장을 가질 기회를 가지지 못했거나 중도에서 그만두게 되고 서비스산업에 종사하게 된 사람들은 경제생활의 안정성을 잃게 된다. 일반 서비스산업은 특성상 사람들에게 안정된 직장이 되기 어렵기 때문이다. 미래 경제생활의 불확실성은 사람들로 하여금 임금이 높은 외국으로 향하게 하며, 높은 수입을 얻은 사람들은 생활의 안정을 위하여 창업을 시도하게 만든다. 그러나 이 역시 확실한 미래를 보장한다고 보기 어렵다.

다른 하나는 일반 서비스업의 많은 직종들은 별다른 기능이 요구되지 않아 수입구조에서 하위에 머물게 된다. 연변 지역의 경우, 지역생산에 기초한 평균소득이 다른 지역에 비하여 상대적으로 낮다. 일반 서비스업의 많은 직종의 수입은 지역의 평균 수입에도 미치지 못하고 있어 소득이 더 낮을 수 있다. 가령, 용정, 도문과 같은 도시에서 식당에 근무하게 되면, 월수입이 400~500위안 정도, 연길시는 600~700위안 정도 되는 것으로 알려져 있다. 따라서 다른 경제적 기회를 창출하지 못하고 장기적으로 이곳에 근무할 경우 빈곤층으로 전락할 가능성이 높다. 마지막으로 일반 서비스업의 경우 남성노동력에 비하여 여성노동력에 대한 수요가 많다. 일반 서비스산업이 고용을 창출하는 주요 산업이 되면서 여성들은 일자리를 구하기가 쉬운 반면, 남성들의 일자리 구하기는 날로 어려워지고 있다.

서비스산업의 팽창이 가져오는 또 다른 사회적 결과는 지역의 소비문화가 활성화된다는 점이다. 업체가 많아지고 대형화되는 추세가 겹치면서 고객들을 끌기 위하여 다양한 서비스를 선보이게 되며, 날로 새로운 소비문화를 만들어가게 된다. 주민들은 새로운 서비스와 소비문화에 접하게 되며, 그들의 취향도 날로 고급화된다. 이런 소비문화가 자리를 잡게 되면 체면을 지키려고 혹은 품위를 나타내려고 이런 곳을 찾는 사람들이 늘게 된다. 연변의 일부 도시지역에서는 이러한 소비문화와 소비경향을 쉽게 관찰할 수 있다.

소비문화의 확산은 두 가지 문제를 초래하는 것으로 보인다. 하나는 사람들의 소비지출의 증가로 부의 축적을 막게 되고, 이에 불안감을 느끼는 사람들은 점점 더 돈에 집착을 갖게 된다. 중국은 현재까지 사회복지제도가 잘 구비되어 있지 못하여 사람들이 미래에 대한 불안감이 높다. 조선족은 복지의 혜택을 받을 수 있는 사람들조차도 이를 포기하고 외국행을 선택하는 사람이 많다. 따라서 미래에 대한 불안감은 더욱 높다고 볼 수 있다. 이런 불안감을 해소하는 방법은 돈을 벌 수 있을 때 저축을 늘려 후일을 대비하거나 혹은 기타 경제활동으로 경제내원을 확보하는 것이다. 그러나 소비의 증가는 저축을 방해하며, 창업하는 사람들이 많을수록 소비문화만 더욱 조장하여 또다시 소비지출을 증가하게 만든다. 따라서 앞날에 대한 확실성을 확보하려는 노력은 뜻대로 이루어지지 못하며, 사람들은 이를 위하여 더욱 돈에 집착하게 되며, 반복적으로 수입이 높은 외국으로 나가려 하게 된다.

다른 하나는 지역의 경제기반에 의지하여 생활하는 사람들에게 심리적 갈등과 불안감을 조장시킨다. 지역의 경제기반에 의지하는 사람들은 세 부류로 나누어 볼 수 있다. 첫째 부류는 탄탄한 경제기반을 갖추고 있어 부유한 생활을 하는 사람들이다. 이들은 경제활동에서 성공한 사람이나, 고급 전문 직종에 종사하는 고소득 계층으로 볼 수 있다. 이들에게 소비문화의 확산이 끼치는 영향은 적다고 볼 수 있다. 그러나 여기에 속하는 사람은 소수이다. 둘째 부류는 현지의 직업 평가에서 선호도가 높으며, 스스로도 직업적 자부심을 가지고 있는 화이트칼라계층이다. 이 계층이 느끼는 심리적 갈등과 고민이 제일 크다고 볼 수 있다.[95] 셋째 부류는 좋은 직장을 가지고 있지 못하면서도 외국진출의 기회를 가지지 못한 사람들이다. 소비문화의 확산은 이들에게 심한 좌절감을 안겨주면서 남보다 뒤떨어지고 있다는 불안감을 키워줄 수 있다. 따라서 이들은 한 번에 큰돈을 벌 수 있다는 감언이설에 빠지기 쉬우며 다단계판매와 같은 일에 쉽게 빠져들기도 한다. 연변 지역에서 다단계판매와 같은 일부 불법상업 활동이 기승을 부리고 있는데, 이는 이와 연관되어 있는 것으로 관찰된다.

3) 요녕성 심양시 MR촌

MR촌은 첫 방문자에게 '이상촌'이라는 느낌을 갖도록 만든다. 도시아파트단지에 비해서도 손색없는 주거구역, 생활에 불편함이

---

95) 이에 대한 구체적 논의는 2장을 참고.

없도록 잘 발달되어 있는 서비스업, 기계소리가 울려 퍼지는 공업구역, 마을주위에 끝없이 펼쳐져 있는 비옥한 농토, 주민들의 여유작작한 모습은 마치 이상세계로 온 느낌을 갖게 한다. 농·공·상이 골고루 발전된 대도시 근교의 도시화된 농촌, 이는 중국은 물론 세계적으로도 많은 농촌지도자들이 꿈꾸는 모습일 것이다. MR촌은 외형적으로 이러한 모습을 갖추고 있다.

그러나 이곳의 좋은 생산조건이 정작 주민들에게는 관심의 대상이 되지 못한다. 마을공업단지에 입주한 기업은 2003년의 24개에서 2005년의 38개소로 증가하였으며, 현재에도 공장건물 신축공사가 한창이다. 그러나 이 공장들에서 일하는 사람은 소수 관리직을 제외하고는 대부분이 외지에서 온 한족 노동자들이다. 마을에서는 공단에 입주한 기업들로부터 임대료만 받고 있다. 조선족집중촌건설이라는 목표를 내걸고 아파트개발과 병행하여 조선족 이주가구들을 꾸준히 받아들이고 있지만 그들은 인력난 해소에는 아무런 도움도 주지 못한다.

중국의 3대 평원 중의 하나인 동북평원의 중심부에 위치하고 있어 비옥한 농토를 많이 가지고 있지만 촌에는 농사를 짓는 사람이 없다. 일찍 1980년대 중반부터 MR촌 촌민들은 도시로 진출하여 장사를 하거나 혹은 촌민들이 경영하는 공장에 취직하면서 탈농화의 과정을 겪어 왔다. 본촌 주민들이 다른 산업으로 옮겨가면서 농업문제를 해결하기 위하여 외지로부터 농사를 지으려는 조선족농호들을 받아들이기 시작하였다. 그때 몇 십 호의 외지 호들이 농사지으러 마을로 이사 왔다. 그러나 그들도 국외진출의 바람이 불면서 농사를 짓지 않고 외국이나 혹은 다른 곳으로 자리로 옮겨갔다. 2005년에 이 마을의 농토는 모두 상급 정부부처인 심양시 동릉구 수리국에 임대되어 수리국에서 경영하였으며, 농호들에게 토지 임대료를 지불하고 있었다.

촌 정부의 관계자는 다음과 같이 말한다. "지금 일부 조선족 농촌지도자들이 '땅 지키기' 구호를 내걸지만 MR촌사람들은 농사에 크게 신경을 쓰지 않습니다. '땅을 지키는 것'도 좋은 일이지만, 대도시 주위로 와서 더욱 큰 사업을 모색하는 것이 더 큰 의미가 있다고 봅니다." MR촌과 비슷한 상황에 있는 소가툰 YM촌의 촌간부도 비슷한 견해를 밝힌다. "YM촌사람들은 농사짓는 사람이 없어요. 농토에 대한 제일 큰 관심은 땅을 임대해 주고 얼마나 많은 보상을 받는가 하는 데 있습니다. 현 상황에서 땅을 지키려 해도 지킬 방법도 없고, 억지로 지켜야 할 필요도 없습니다. 농사에 기초한 생계에서 탈피하였는데 개인에게 토지가 무슨 큰 의미가 있겠습니까?"

MR촌에 기업이 제일 많았을 때는 80여 개에 달했다고 한다. 모두가 집체기업이나 혹은 능력 있는 촌민들에 의하여 운영되던 것이다. 이들 기업 중 현재 남아 있는 기업은 10여 개 정도에 불과하다. 기업이 줄어든 원인에 대하여 촌민들은 다음과 같이 말한다. 이들 기업대부분이 심양시내에 있는 큰 기업에 부품을 공급하였는데, 큰 기업들이 경영난에 직면하여 생산을 중단하게 되면서 판로가 막히어 그만두게 되었다는 것이다. 이에 대하여 퇴직한부인 M씨(남성, 65세, 노인협회 회원)는 다음과 같이 말한다. "여기에 와 있는 한국기업들은 생산해서 외국에 수출하는데, 여기 사람들은 생산해서 이 주위에서 팔아야 하니 잘될 리 없어요." 이 과정을 겪어온 당사자의 한 사람인 촌의 관계자는 다음과 같이 말한다. "조선족이 간이 커서 기업을 많이 시작하였지만 후에 와서 인맥도 딸리고 하여 어려움에 봉착하게 될 때 한국 문이 열리게 되면서 그만두고 외국으로 간 사람이 많습니다."

농업과 제조업은 위축된 반면, 자영업에 기초로 한 서비스업은 오히려 급성장의 일로에 들어섰다. 2000년에 들어서면서 촌에 설립된 각종 자영업체가 100여 개를 넘어섰다. 이는 대부분이 외국에 진출한 가족에서 투자하여 설립한 것이다. 호텔부터 각종 음식점, 예식장, 노래방, pc방, 세탁소, 약국, 사진관, 슈퍼마켓, 사우나, 민박집, 미용실, 심지어 퀵 서비스까지, 일생생활에서 아무런 불편이 없을 정도로 골고루 갖춰져 있다. 이 외, 영업허가를 내지 않고 장사를 하는 사람도 많다. 떡 장사, 감주장사 등 그리운 것이 없을 정도로 장사하는 사람이 많다.

MR촌의 자영업체는 다음과 같은 몇 가지의 특징을 가지고 있다. 첫째, 규모가 크다. 이는 마을에서 개발하고 있는 아파트의 평수가 큰 것과 연관된다. 대부분 업소들이 아파트 밑층에 위치하여 있어 주택크기의 영향을 받는 것이다. 이런 관계로 농촌마을의 업소라고 믿기 어려울 정도로 큼직큼직하다. 둘째는 시설에 잘되어 있다. 심양시내의 많은 음식점에도 갖추어져 있지 않는 에어컨이 음식점과 pc방에 설치되어 있으며, 슈퍼마켓은 어린이들이 즐길 수 있는 놀이기구들까지 갖춰져 있다. 이는 소비자들의 요구도 높으며, 경영자들도 적극적인 경영마인드를 가지고 있음을 의미한다. 셋째는 가격이 심양시내에 비해서도 비싼 편이다. 마을주민들이 하나같이 마을의 상품가격이 심양시내에 비하여 비싸다고 입을 모은다. 이에 대하여 촌의 관계자는 촌의 경제력의 표현이라는 낙관적인 해석을 한다. 넷째는 장사가 잘된다. 어느 업소든 들어가 보면 손님들로 흥청거리며, 고객들의 출입도 잦은 것으로 관찰된다. 촌 관계자는 장사가 잘되기 때문에 자영업의 발전이 빠른 것이라고 자랑삼아 말한다. 다섯째는 자영 업소에 근무하는 종업원 중 한족 종업원들의 비율이 높다. 이는 조선족 직원을 구하기 어려워 주위에 사는 한족들을 고용하기 때문이다. 여섯째는 자영 업소들의 명칭과 간판의 디자인에서 한국적인 맛이 풍긴다. 가령, '명동해장국', '남원민박', '보신탕집', '세탁소', '약국' 등과 같은 명칭들이 많으며, 간판들도 한국식으로 크게 하고 도안도 환하게 되어 있다. 이는 경영자들이 한국의 영향을 많이 받았음을 의미한다.

서비스업이 빠른 발전을 하고 있는 데에는 아래와 같은 몇 가지 요인이 작용하고 있는 것으로 분석된다. 첫째는 노동력의 대외노무활동과 연관되어 있다. MR촌은 대도시와 인접하고 있어 정보도 빠르며, 탈농이 일찍 이루어져 촌민들의 경제생활수준도 다른 조선족 농촌 지역보다 높다. 따라서 외국진출의 길이 열렸을 때 다른 지역보다 빨리 움직일 수 있었으며, 국외진출도 빠른 시간 내에 이루어졌다. 즉, 촌민들이 경제기회구조변화에 민감하게 대응하여 새로운 기회구조가 형성되었을 때 발 빠르게 움직인 것이다. 이로 인해 형성 중에 있던 기업 창업과 경영 붐이 국외진출로 대체되었으며, 노동력의 유출은 결국 생산의 위축으로 이어지게 되었다.

둘째는 아파트개발을 통한 집중촌 건설로 마을규모가 급속히 확대된 것과 연관된다. 국외 진출자 가족의 대량 유입으로 구매력이 형성되었으며, 이는 자영업이 발전의 기초를 마련하게 된다. 자영업의 발전에서 관건적인 요인은 시장규모와 구매력이다. 시장규모는 인구규모와 소득에 의하여 결정되며, 구매력은 소비욕구의 영향을 받는다. 마을 규모가 커지고 주민들 중, 국외진출자 가족이 많기 때문에 소득수준도 높아 시장규모를 갖추게 된 것이다. 셋째는 촌민들의 경제적 축적이 이루어지면서 경영활동에 눈을 돌리게 된 것과 연관된다. 촌민들이 창업을 희망하지만 그들이 가지고 있는 능력상 창업할 수 있는 분야는 제한되어 있다. 따라서 일반 서비스업에 눈길을 돌리게 된 것이다.

서비스업의 발전은 소비욕구강화와 소비지출 확대로 이어진다. 특히 주민들 스스로가 예상 수입에 대한 기대가 클 때, 이런 점은 더욱 돌출하게 나타난다. MR촌의 마을 대문에서 한동안 지켜보면, 마을로 분주히 드나드는 택시들이 눈에 띈다. 마을 정문 앞의 도로로 지나다니는 노선버스가 있음에도 불구하고, 이용객은 많지 않다. 심양시내 중심까지 택시를 타고 가면 20위안 정도, 노선버스를 이용하면 1위안이다. 몇 년 전까지만 해도 인근 중학교를 다니는 학생들은 자전거를 타고 다녔는데, 요즘에는 여럿이 함께 이용할 수 있는 봉고차를 타고 다닌다. 왕복 이용료는 6~7위안이다.

MR촌에 거주하는 대다수 주민들은 별다른 경제활동에 종사하지 않고 놀고 지낸다. 촌의 관계자는 마을공단에 입주한 기업들이 노동력을 찾고 있음에도 불구하고 촌민들이 취직하려 하지 않는 것이 큰 문제라고 말한다. 초등학교 한 교원은 이런 말을 한다. "MR촌의 사람들은 놀면 놀았지 일을 하려 하지 않습니다. 외국에 가서 한 달에 1만 위안씩 벌던 사람들이 500~600위안 받고 일을 하려 하지 않기 때문입니다." 마을 아파트 단지 중심에 위치한 정자에는 장기를 두거나 카드를 하고 있는 남성들로 채워져 있으며, 마을광장 주위는 언제나 사람들로 북적인다. 몇 년 전에 이곳으로 이사 왔다는 K 씨(남성, 63세, 교회 신도)는 다음과 같은 말을 한다. "MR촌처럼 일하지 않고 사는 마을은 처음 보았습니다. 어떤 사람들은 아파트를 사놓고 돈이 없어 벌벌 깁니다. 눈에 보이는 것과 실제는 다를 수 있습니다."

L 씨(여성, 58세, 자영업)는 마을의 경제상황에 대하여 다음과 같은 말을 한다. "MR촌에는 외국에 가서 돈벌어와 다 쓰고 또다시 외국으로 가려는 사람이 많아요. 외국으로 간 사람이 있는 집들 중, 여기서 한 푼이라도 벌어 보려고 애쓰는 사람은 적고 놀고 있는 사람이 대부분입니다. 돈 없고 능력 없는 사람은 이곳에 와서 배겨내지 못합니다. 잘사는 마을이라서 모든 물건의 값이 심양시내보다도 비쌉니다. MR촌은 이젠 돈으로 살아요." 퇴직간부인 M 씨(남성, 65세, 노인협회 회원)는 다음과 같이 말한다. "노인들의 생활이 어려워요. 퇴직금이 나오는 사람이라면 몰라도 농사짓던 사람

들이 자식들에게 용돈을 조금씩 얻어 쓰는데 모자라면 자식들에게
더 손을 내밀 수도 없고, 남들이 술을 한 번 사면 자기도 한 번 사
야 하는데, 그럴 여력은 안 되고 하여 힘들어 합니다. MR에 와서
살려고 아파트를 샀다가 생활비용이 아름차고 경제가 딸려 집을
팔고 간 사람들이 많아요."

MR촌 인근 YM촌의 관계자는 지역 사정을 다음과 같이 설명한
다. "조선족은 80~90%가 해외노무로 삽니다. 다른 방법이 없습니
다. 다음 세대가 교육을 잘 받아 주류사회로 잘 들어가야 합니다.
예전에는 조선족이 땅이 좋은 곳에 자리 잡고 수전 농사를 하여
상대적으로 생활도 괜찮았지만, 현재는 다른 좋은 기회가 없습니다.
조선족에게 해외노무의 길이 열렸기 때문에 당당하게 잘살 수 있
습니다. 현재는 '꼬리방즈'[96]라는 말도 없어지고, 조선족이라 하면
부러워합니다. 조선족은 계속 외국행을 통해서 인맥도 쌓고, 밑천
도 마련하고, 창업도 하면서 나가야 합니다. 이렇게 되어야 조선족
의 우세가 계속 발휘될 수 있습니다."

3. 연해 지역 진출 조선족집단의 경제생활: 청도 교남시 사례

1) 조선족의 산업구성과 노동시장구조

청도시 교남은 조선족이 취직과 진로개척을 위하여 진출하는 지
역이다. 따라서 동북 지역의 조선족 커뮤니티들과 다른 성격을 가

---

96) 일부 한족주민들이 조선족을 비하할 때 사용하던 단어이다.

지고 있다. 조선족이 이곳으로 진출한 것은 한국기업의 투자와 밀접히 연관되어 있다. 청도 지역 조선족에 대한 질문조사에 기초한 윤인진의 연구에 의하면, 질문에 응답한 107명 중, 한국회사에 근무하는 사람이 40.4%, 한국인 자영업에 7.2%, 조선족 회사에 4.5%, 조선족자영업에 25.7%, 중국회사에 3.4%, 중국인 자영업에 4.5%, 기타 외국기업에 1.9%, 정부기관에 0.4%, 기타 12.1%인 것으로 나타났다(윤인진, 2003: 73). 현지조사결과에 비추어 볼 때, 이는 청도 지역 조선족의 취직상황을 객관적으로 반영하고 있다.

여기서 볼 수 있듯이, 한국인 업체와 조선족 업체에서 근무하는 비율이 전체의 77.8%를 차지하고 있다. 위 조사에서 기타가 12.1%로 비교적 높은 비율을 차지하고 있는데, 이는 직장 유동성이 높은 집단이나, 스스로 자기가 하는 일을 밝히기 꺼리는 사람, 이 외 가정부와 같이 일터를 밝히기 어려운 사람들이 포함되어 있을 수 있다. 따라서 한국 업체와 조선족업체에 근무하는 사람의 비율은 실제적으로 이보다 더 높을 수 있다. 이는 청도 지역 조선족의 경제활동기반을 보여주는 것이다.

조선족의 경제활동기반을 확인한 후, 한 걸음 더 나아가서 이들 업체가 주로 어떤 업종에 분포되어 있는가를 알아볼 필요가 있다. 청도 지역에 진출한 대부분의 한국기업은 노동집약적 상품을 생산하는 기업이다. 일부 대기업도 있지만, 조선족이 근무하는 기업은 주로 중소기업들이다. 교남 지역의 한국중소기업은 대부분이 가방, 의류, 모피, 봉제, 식품, 놀이기구, 전자부품 등의 상품을 생산한다. 한국인이 운영하는 자영업체들도 대체로 무역, 유통, 의류, 음식업과 기타 유흥업소들이다. 조선족이 운영하고 있는 회사들을 보면, 대체로 한국회사에 근무하는 사람들이 기술을 익히고 인맥을 쌓은 후 독립하는 방식으로 창업한 것들이다. 조선족자영업소 역시 음식업과 유흥업, 도·소매업, 이발·미용, 직업소개와 같은 서비스업

위주로 되어 있다. 즉 조선족이 주로 취직하는 업체는 노동집약적 상품생산과 일반 서비스업에 집중되어 있다. 노동집약적 상품생산과 일반 서비스업은 주로 손발이 빠른 젊은 노동력과 인내심 있고 세심한 작업을 할 수 있는 여성 노동력을 선호한다. 따라서 노동시장구조가 젊은 노동력과 여성노동력중심으로 형성되어 있다.

2) 다양한 경제활동집단

청도 지역에 진출한 조선족의 경제생활은 상기와 같은 산업구조와 노동시장구조에 기초한다. 이러한 조건에서 연령, 성, 교육수준, 가족의 외국진출 유무 등 네 가지 요인이 경제활동에 주로 영향을 주고 있다. 이 네 가지 요인의 상호 작용에 의하여 형성되는 경제활동집단은 아래와 같다.

첫째는 30대 이하의 노동력층으로, 남성 노동력과 여성 노동력을 구분해야 하며, 같은 성별집단 내에서도 몇 개의 소집단으로 분류가 가능하다. 우선 남성을 보면, 교육수준에 따라 고졸 이상과 이하 두 집단으로, 고졸 이하 집단 내에서도 부모들이 외국에 진출한 집단과 진출하지 못한 집단으로 나눠진다. 여성은 주로 교육수준에 의하여 고졸 이상과 이하로 나눌 수 있다.

둘째는 30, 40대의 노동력층인데, 이 집단에서도 남성과 여성은 구분된다. 여성의 경우 소수의 교육수준이 높은 집단을 제외하고, 모두 비슷한 직종과 경제활동패턴을 나타낸다. 그러나 남성의 경우는 교육수준과 능력에 따라 차이가 많이 나며, 경제활동의 패턴도 다르게 나타난다. 셋째는 50대 이상의 노동력층이다. 이 연령층의 경우는 여성에 비해 남성이 경제활동에 종사하는 비율이 높으며, 전반적으로 경제활동에 참여하는 비율이 낮다. 이를 표로 제시하면 다음과 같다.

〈표 3-4〉 경제활동집단 분류체계

연 령	성	교 육	부모외국진출유무	유 형
30세 이하	남	높음		Aa
		낮음	진출	Ab1
			미진출	Ab2
	여	높은		Ba
		낮음		Bb
30, 40대	남	높은		Ca
		낮음		Cb
	여	높음		Da
		낮음		Db
50세 이상	남			E
	여			F

　　우선 30대 이하의 노동력층의 상황부터 살펴보면, 이 연령층은 취직이 가장 쉬운 집단에 속한다. 청도 지역은 2005년 이후로 노동력부족상황에 직면하여 있다. 외국 업체들의 투자가 꾸준히 증가하는 외에 지역 대기업들도 생산규모를 확대하기 때문에 노동력이 부족한 상태에 직면하여 있다. 회사를 경영하고 있는 조선족 M 사장(38세, 남성, 흑룡강 오상시 사람)에 의하면, 직원을 소개해 주는 사람에게 사례금을 주겠다고 약속할 정도로 직원구하기가 어렵다고 한다. 따라서 30대 이하 노동력은 본인이 의지만 있으면 얼마든지 취직을 할 수 있다.

　　그렇다면 현실은 어떠한가? 우선 남녀를 불문하고 Aa와 Ba(교육수준이 높은 30세 미만의 남성과 여성)는 회사에 취직하여 관리직이나 사무직에서 근무하며 1,500위안 정도의 월급을 받고, 상대적으로 직장에 대한 만족도도 높다. 이들은 대부분 한국회사에 취직해 일하고 있다. 이들은 언어상의 이점을 이용하여 한국 경영층과 현지 한족직원들의 소통·연결의 역할을 하며, 한국과의 연결과 교류에서도 한족직원들이 대체할 수 없는 역할을 하고 있다. 따라서 주로 관리직이나 사무직에 근무하며, 생산직에 비하여 높은 월급을 받고 있다. 한국회사의 경우 일반 사무직 직원에 대한 요구는 다음과 같다. 중국어와 한국어에 능통하며, 컴퓨터로 간단한 문서를 작성할 수 있어야 하고, 언어 표현이 똑똑하여 전화로 하는 소통에서 장애가 없어야 한다. 그러나 Ab(교육수준이 낮은 30대 미만 남성), Bb(같은 조건의 여성)에 속하는 젊은이들 중에서는 이런 요구에 부합되는 사람을 찾기 힘들다고 한다.

따라서 30대 이하 노동력층에서는 Ab, Bb의 취직이 문제가 되고 있으며, 이 집단의 비율도 높다. 이들은 대부분이 회사 일반 사무직 구인요구에도 부합되기 어려우며, 따라서 취직하려면 생산직에 근무하여야 한다. 그러나 생산직의 월급이 이들의 기대에 훨씬 못 미친다. 가령, 교남시 한국 회사 생산직의 경우 첫 몇 달의 월급은 500위안 정도이며, 3년 정도 근무한 사람의 월급이 800~900위안이다.

Ab1(30세 이하 교육수준이 낮은 부모, 외국진출남성)은 생산직의 저임금에 적응하지 못해 회사를 자주 옮겨 다니며 직장 유동성이 높은 집단으로 되어 있다. 이들은 사회에 진출하기 전부터 부모가 외국에서 보내주는 생활비를 받아쓰면서 풍족한 생활을 누려왔기 때문에 웬만한 돈은 눈에 차지 않는다. 이는 국외에서 부모의 경제활동이 이곳에서 자녀들의 경제활동에도 영향을 미치고 있음을 보여준다. 회사 생산직 취직을 기피하면서 이들의 취직목표가 된 것은 큰 술집과 사우나, 호텔, 노래방 등의 일반 서비스업이다. 일반 서비스업은 월급도 회사 생산직에 비하여 200~300위안가량 높으며, 일하는 환경도 좋고, 여성 종업원들도 많아 선호한다고 한다.

그러나 이들에게도 젊은 시절에 기술을 배우거나 혹은 전망 있는 일을 해야 한다는 생각은 있으며, 이로 인하여 일반 서비스업에서 오랫동안 일을 하지 못한다. 이것도 아니고 저것도 아닌 상황에서 이들의 고민은 깊어 가고, 친구들과 휩쓸리는 것으로 고민을 잊으려 하며, 일탈행위를 하기도 하여 '문제 집단'으로 지목되고 있다.

반면, Ab2(30세 이하 교육수준이 낮은 부모, 국외 미진출 남성)에 속하는 이들은 낮은 임금에도 불구하고 열심히 일을 하고 있는 것으로 알려져 있다. 근무 연한이 길어지면서 월급도 올라가고, 기술과 업무를 배워 작업반장이나 혹은 기타 관리직을 맡고 있는 사람들도 있다. 그럼에도 불구하고 자식들과 함께 나온 부모들은 걱정이 많다. 한 면접자는 자식이 열심히 일을 하고 있다고 자랑하면서도 "저렇게 벌어서는 집 한 칸을 갖추기도 힘들겠는데, 어떻게 하나 한국으로 나가게 해야 하겠는데" 하면서 말끝을 흐린다.

Eb(30세 이하 교육수준이 낮은 여성)는 생산직에 근무하지 않아도 일반 서비스업에 종사할 수 있다. 월급도 회사 생산직에 비하여 높으며, 남성들처럼 미래 불확실성에 대한 우려도 높지 않다. 어차피 여성들은 일반 서비스업에 계속 종사하여도 문제될 것이 없으며, 화장품판매나 의류판매업 같은 일은 "적성에도 맞아" 재미도 느낄 수 있기 때문이다. 이 외, 여성들에게는 혼인을 통한 경제기회도 열려 있어 남성청년들보다 미래에 대한 불안감이 적다. 그러나 이들 중에는 돈의 유혹이나 혹은 다른 이유로 유흥업소의 아가씨로 일하거나 외국인의 현지처로 전락되는 사람도 있다.

다음으로 30, 40대의 노동력층을 살펴보기로 한다. 우선, 남성 노동력의 정황을 보면, 30~40대 사이 회사에 근무하는 사람들은 거의가 1990년대 초에 진출하여 자리를 튼튼히 잡은 사람들로 Ca(30, 40대의 교육수준이 높은 남성)가 여기에 속한다. 이들은 현재 회사의 중견으로 일하고 있으며, 따라서 상대적으로 높은 수입을 가지고 있다. 이들은 또한 새로운 진로를 구상하면서 변신을 꿈꾸는 집단이기도 하다. 일부 경영의 핵심 위치에 있는 사람을 제외하고 중간 관리층에 있는 사람들은 인생의 중요한 시기로 볼 수 있는 40대에 접어들면서 새로운 선택의 필요성을 느낀다. 대부분 한국기업은 노동집약적 상품을 생산하는 중소기업으로 현지 기업의 경쟁에 직면하여 있으며, 인건비와 다른 생산비용이 오르는 원인으로 불안한 경영상황을 맞고 있다. 따라서 회사를 믿고 나머지 인생을 보내기는 불안하고, 그렇다면 40대 전후에 새로운 선택을 하여야 한다. 이로 인해 일부 사람들은 하청을 받아서 독립하여 공장을 운영하기도 하며, 무역·유통업에 뛰어드는 사람도 있고, 일반 서비스업 분야에 나서는 사람도 있다. 연해 지역 조선족의 창업은 Ca를 중심으로 이루어지고 있다. 그것은 창업을 하기 위해서는 현지의 사정과 사업을 할 수 있는 인맥형성이 중요하기 때문에 외국진출자들이 돈을 가지고 가서 쉽게 창업을 할 수 없기 때문이다. 가족이나, 친척, 친구들의 국외노무수입이 이들의 창업 자본으로 이용된다. 교남 지역조사에서 많은 업소들이 이러한 경제적 지원과 연관되는 것으로 조사되었다. 이는 연해 지역 조선족의 창업활동이 조선족의 국외진출과 밀접히 연관되어 있음을 뜻한다.

Cb(30, 40대의 교육수준이 낮은 남성)의 경우는 생산직에 근무하는 비율은 낮다. 이들은 취직이 제일 어려운 집단이 되고 있다. 청도 지역에 노동력이 부족함에도 불구하고 30세 이상의 조선족남성은 취직하기 어렵다. 이는 회사 측과 본인 양쪽에 모두 원인이 있다. 회사들은 30대 이상의 남성의 경우 경력자를 제외하고는 채용하려 하지 않는다. 젊은 새내기들에 비하여 기술을 배워주기도 어렵고, 대하기도 불편하며, 관리하기도 쉽지 않기 때문이다. 이 외에도 이들은 작업속도가 젊은이들에 비해 떨어져 월급도 낮을 수밖에 없다. 회사의 입장에서 일에 따라 보수를 지불하는 것은 당연하기 때문이다. 그러나 본인들의 입장에서는 후배들보다 월급을 적게 받고 일하는 것은 받아들이기 어렵기 때문에 일을 포기하게 된다. 한마디로 이들은 단순 생산직에 근무하거나 놀게 되며, 직장유동이 심한 자녀들을 둔 가정들과 더불어 생활이 어려운 집단으로 분류된다.

남성에 비하여 여성은 어느 연령대나 막론하고 일자리를 찾기가 쉽다. 교남 IH직업소개소 소장은 "할머니까지도 일을 고루지만 않으면 다 할 수 있습니다."고 표현한다. 특히 조선족 젊은 여성은 회사에서도, 서비스 업소에서도 구하지 못하여 야단이다. 30대 이상의 여성들은 회사에서 사무직과 관리직에 근무하는 Da(30, 40대의 높은 교육수준의 여성)를 제외하고는 거의가 회사식당에서 밥을 짓거나, 가정부, 자영 업소에서 일을 한다. 사무직에 근무하는 여성들은 비슷한 상대를 만나 가정을 꾸려 적극적으로 삶을 개척함으로써 연해 지역에서 조선족의 경제기반을 다져 나가는 기둥역할을 한다. 영세 자영 업소들은 가족 위주로 경영되어 고용유발 효과가 낮으며, 따라서 Db(30, 40대의 낮은 교육수준의 여성)는 주로 회사식당과 가정부로 근무하고 있다.

식당직원과 가정부의 수입은 현지상황을 비추어 볼 때, 수입이 결코 적지 않다. 가정부는 한국에서 파견 근무하는 한국인 직원가정에서 일하는 사람들을 말한다. 이들의 한 달 노임은 일반적으로 1,000~1,200위안 정도이다. 여기에 채소구입비를 포함한 생활비를 따로 받는다. 따라서 본인이 하기에 따라서 일부 수입을 챙길 수 있기 때문에 주위 사람들은 한 달에 1,500위안 안팎을 벌 것으로 추측한다. 남성노동력이 회사에서 3~4년간 생산직에 근무하여 받는 월급이 800~900위안 정도라는 점을 감안하면 이들의 수입은 적지 않은 것으로 볼 수 있다. 아줌마들의 경제활동은 가족생활을 유지하는 데 있어 중요한 경제내원이 되기도 하며, 한국인 사장들과 자주 접촉할 수 있는 기회를 이용하여 자녀들의 취직을 알선하는 등 가족생활에서 중요한 기둥역할을 한다.

F(50대 이상의 여성)는 경제활동에 직접 참여하기보다 주로 살림을 하면서 가족을 돌보고 있는 것으로 조사된다. 반면, E(50대 이상의 남성)는 일을 하고 있는 비율이 여성에 비하여 높은 것으로 나타난다. 이는 회사들이 많은 경비인원을 고용하고 있는 것과 연관된다. 경비는 주로 나이가 많은 남성들이 종사하는 직업이다. 젊은 사람들은 스스로도 나서기 창피해 한다. 한국 회사들은 보통 경비를 3명 고용하는데, 현지의 한족노인들도 고용하지만, 최저 한 명 정도는 조선족을 고용한다. 조선족경비들은 경비일 외에도 의사소통을 도와주는 역할을 하기 때문에 한족 경비들에 비하여 100위안 정도 월급을 더 많이 받는다. 그들의 한 달 월급은 보통 400~600위안 정도이다. 여성은 집에서 살림을 하지만 남성노인은 집에서 할 일이 없기 때문에 많은 사람이 경비 일을 선호하고 있다.

3) 교남 지역 조선족경제생활의 특징

교남 지역 조선족의 경제생활은 전형적인 '샌드위치형' 경제활동구조를 가지고 있다. 여기서 '샌드위치형' 경제활동구조란 한국경영자와 현지 한족직원들 사이에 끼여 양쪽 모두가 담당할 수 없는 기능을 수행하면서 경제활동을 하는 형태를 말한다. '샌드위치형' 구조에서 자신의 위치에 걸맞은 업무를 수행해 나갈 수 있는 능력이 크면 클수록 높은 수입과 지위, 좋은 기회를 얻을 수 있다. 반면, 수행할 수 있는 업무의 중요성이 떨어질수록 수입도 낮아지며, 업무를 수행할 수 있는 능력을 가지지 못하면 정착이 어렵게 된다.

가령, 한국경영진을 도와 직접 경영업무를 책임질 수 있는 사람은 한 달에 몇 천 위안 이상의 월급을 보장받을 수 있으며, 한국인과 중국 직원 사이의 의사소통의 역할을 충실히 할 수 있는 사무직 직원은 한 달에 1,500~2,000위안 사이의 수입을 보장받을 수 있다. 한국인들의 식성에 맞는 음식을 할 수 있는 아줌마들은 1,000~1,500위안의 월급을 받을 수 있고, 특별한 기능이 없는 생산직 노동자들은 500~1,000위안밖에 받지 못한다. 언어소통의 역할로 경비직에라도 취직할 수 있는 노인들도 그나마 역할을 인정받아 한족경비보다 월급을 더 많이 받는다.

이러한 구조적인 위치, 수입에 대한 만족도, 미래전망에 대한 인식 등에 따라 '샌드위치형' 구조에 안주하는 사람도 있고, 여기에서 빠져나오려는 사람도 있다. 가령, 경영자 위치에 있는 사람은 성과를 내려고 노력할 것이며, 중간 관리직에 있는 사람은 새로운 기회를 바라고 있을 것이다. 현유의 수입에 만족하는 아줌마들과 남성 노인들은 계속 직장을 가지려고 노력할 것이며, 취직이 어려운 남성들은 무엇을 할까 고민하게 된다. 생산직에 근무하는 것에 만족할 수 없는 청년들은 계속 더 좋은 일자리를 찾으려 할 것이다. 바로 이러한 구조가 제공하는 기회와 이에 대한 개인들의 선택에 의하여, 연해 지역 도시들에서는 한국 업체로부터 독립된, 조선족이 창업한 일부 회사와 자영업체들로 이루어진, 조선족경제가 형성되고 있다. 그러나 조선족 제조업과 무역업이 한국 업체와의 교류를 통해 성장한다든가, 조선족음식점들이 한식으로 승부한다든가, 조선족가게들이 주로 한국 상품을 취급한다든가 하는 데서 보는 바와 같이, 조선족경제 역시 한국과 중국의 교류관계를 이용하거나 혹은 그 틈새를 공략하는 방식으로 운영되고 있어 또 다른 의미의 '샌드위치 경제'의 모습을 보인다.

교남 지역 조선족경제활동의 또 다른 특징은 '높은 직장유동성'이다. 사무직과 관리직 및 일부 자영업을 제외한 대부분 직종의 사람들은 안정된 직장생활을 할 수 없는 비정규직이며, 따라서 안정된 경제생활의 기반을 갖추지 못하고 있다. 직업소개소에서 한번 일자리를 소개해 주는 데 받는 비용이 150~200위안이다. 그러나 직업소개소는 언제나 손님들로 붐비며, 계속 새로 생기고 있다. 교남에서 체류하는 한 달 반 동안에만 두 개의 직업소개소가 새로 오픈하는 것을 볼 수 있었다.

조선족교회의 K 목사는 신도구성의 변화가 너무 심하여 목회가 어렵다고 하소연한다. 매주 한두 명씩의 꾸준히 새로 오지만 신도수는 늘지 않으며, 믿음이 깊은 것 같아 손잡고 일을 했으면 하면, 나오지 않는다는 것이다. 그는 이를 높은 직장유동성과 연관된다고 밝힌다. 교남조선족축구동호회 상황도 마찬가지다. 설립된 지 5년이 지났지만 30대 중반의 몇 회원을 제외하고는 회원이 계속 바뀐다. 고정된 회원을 확인해 보면 거의가 회사중견이 아니면, 개인사업을 하고 있는 사람이다. 청년들은 일자리가 바뀌면 다른 지역으로 가기 때문에 고정 회원이 될 수 없는 것이다.

직장을 자주 옮기게 되는 원인에 대하여 IH직업소개소의 소장은 다음과 같이 분석한다. 첫째는 귀가 넓어 다른 곳에서 월급을 더 준다 하면 곧바로 자리를 바꾸려 한다. 둘째는 한국인 또는 한족과의 접촉에서 문화적 차이가 있어 대인관계가 원만하지 못하여 그만두는 경우가 많다. 셋째는 욕과 잔소리를 듣는 것을 참지 못한다. 넷째는 별다른 기술이 없어도 일할 곳이 많다고 생각하기 때문에 크게 개의치 않는다. 이런 정황을 소개하면서 소장은 다음과 같은 말을 한다. "내가 몇 년간 직업소개소를 운영하고 있지만 조선족은 정말 지식인이 적습니다. 어떤 애들은 글도 못 써서 이력서를 대신 써주기도 합니다. 조선족의 제일 큰 손실은 교육입니다. 부모들이 사처로 흩어져 나가니 자식교육을 제대로 할 수 있나요?" 이는 교육수준이 낮은 젊은 노동력의 직장유동성이 부각됨을 의미한다. 그러나 높은 직장 유동성은 결코 젊은 남성들에게 국한된 것은 아니다. 식당에서 밥 짓는 아줌마들의 직장 유동성도 높은 것으로 관찰되기 때문이다. 직업소개소에는 새로운 일자리를 찾는 아줌마들로 늘 북적인다.

그러나 높은 직장유동성의 원인을 결코 개인들에게서만 찾을 수 없다. 그 내면에는 구조적인 요인이 자리 잡고 있다. 교남 지역에 입주한 한국기업은 대부분이 별다른 특별한 기능을 필요로 하지 않는 노동집약적 상품을 생산하는 기업체이다. 노동자들은 소수의 기술자들의 지시에 따라 반복적인 작업만 하면 된다. 따라서 회사 입장에서 관심을 가지는 것은 다른 것이 아니라 저렴한 인건비이다. 현지인들은 원래 집에서 놀고 있던 사람이 회사가 생기면서 취직하게 되는 것임으로 저임금이라고 해도 새로운 수입의 증가로 받아들일 수 있다.

그러나 조선족은 더욱 좋은 생활을 위하여 이곳으로 진출하였으며, 또한 이곳에서는 외지인이기 때문에 본지 사람에 비해서 더욱 높은 생활비가 요구된다. 가령, 현지인들은 자기 집에서 출근할 수 있지만, 조선족은 집을 세내야 한다. 따라서 현지 한족노동자들과 같은 월급을 받고는 생활을 유지하기 어렵다. 이 상황에서 벗어나려면 조선족으로서 우세를 발휘해야 하는데, 그렇지 못할 경우 저임금에 시달리게 되어 생활이 어려워 계속 새로운 자리를 찾아 옮기게 된다. 그러나 오직 저임금에 관심을 가지는 회사는 이런 사정을 봐줄 리 없으며, 따라서 저임금에 불만이 있는 사람들을 나가게 방치해 두면서 저임금을 수용할 수 있는 인력을 계속 받아들이는 것이다. 이는 외국계 기업들이 노동의 유연화와 고용의 불안정성을 조장하고 있음을 보여주며, 세계화 시대 발전도상국에 대한 외국기업의 투자가 어떤 사회적 결과를 초래하는지를 보여주는 예가 아닐 수 없다.

4) 연해 지역 조선족사회 형성기초가 되는 한국 기업들의 현황

조선족노동력이 대량으로 연해 지역으로 진출하게 된 것은 한국 기업들의 대중국투자와 밀접히 연관되어 있다. 수교 후, 연해 지역을 중심으로 하는 한중경제교류의 활성화가 조선족사회형성의 기초로 되었다. 그것은 많은 사람들이 한국기업에 근무하면서 생활하고 있기 때문이다.

2000년에 들어서면서 청도 지역에는 조선족자영업이 급속히 증가하고 있다. 조선족의 집거지로 알려진 지역은 대체로 조선족자영업소가 집중된 곳이다. 청도 이촌이나 교주 PS거리는 모두 이러한 성격을 가지고 있다. 또한 이러한 지역은 공단과 가까운 곳에 위치하여 있으며, 공단들에는 많은 한국기업들이 입주하여 있다. 교주 PS거리 같은 곳은 영문 약칭으로 PS라고 부르는 한국의 대기업이 위치하고 있어 PS거리라고 불리는데, 지역 내에 조선족과 한국인들에 의하여 운영되는 업소가 근 200여 개가 자리 잡고 있다. 유흥거리 뒤편에는 단독주택이 줄지어 있는데, 대부분을 조선족이 임대하고 있다. 거리를 거닐다 보면 오히려 연길시보다도 더 조선족동네 같다는 느낌을 받는다. 연길시의 대부분 업소 간판들은 중국어를 크게 쓰고 한글을 작게 쓰는 식으로 설계되어 있지만, PS거리의 간판은 한글이 대부분의 면적을 차지하고 중국어를 작게 표기하는 형태로 설계되어 있다. 이는 주된 고객층을 한국인과 조선족임을 뜻한다. 이렇게 조선족경제가 발전하게 되는 데에는 한국기업들이 중요한 역할을 한다. 회사들이 많기 때문에 사람들이 몰리게 되고, 사람들이 몰려들면서 서비스업이 발전하게 되는 것이다. 따라서 연해 지역에서 조선족의 성공적인 정착 여부는 한국기업의 발전상황에 달려 있다고 볼 수 있다. 그렇다면, 한국기업들의 경영실태는 어떠할까?

교남 한국인상공회의소의 소개에 따르면, 입주한 기업의 70～80%가 공장건물을 임대하여 사용하며, 일부 기업은 승용차까지 임대하여 사용한다. 이는 기업들이 경영이 어려울 경우 곧바로 철수할 것을 염두에 두고 있다는 것을 의미한다. 실제로 현지에서 한국기업의 경영상황은 점점 더 어려워지고 있다. 그 첫째 원인은 청도시의 인건비와 노동자 복지표준이 꾸준히 올라가고 있다는 점이다. 2005년 청도시정부는 최저임금을 전해의 380위안에서 470위안으로 올렸으며, 노동자들에게 양로보험과 실업보험을 적용시켜, 기업에서 일부 부담을 지도록 하였다. 전해 교남시의 평균 노임인 1,034위안의 60%를 기준 수치로 하여 양로보험은 그 20%, 실업보험은 2% 부담하도록 하였다. 그 외 장애자 사업비 명목으로 일정한 비용을 부담시켰다. 또한 야근수당은 일반 근무시간 보수의 150%를 지급하도록 규정하고 이를 엄격히 적용하였다. 따라서 기업들이 부담하는 인건비 비용이 훨씬 높아지게 되었다.

현지의 한국기업들은 점차적으로 비용을 인상해 줄 것을 정부측에 요구하고 있지만, 청도시의 기업지원정책이 중소기업에서 대기업위주로 전환하고 있어 별 효과가 없다. 인건비가 상승하는 가운데, 노동력부족이 또한 한국기업들을 옥죄고 있다. 입주하는 기업들이 계속 늘고, 현지 대기업들도 생산규모를 확대하면서 기업들이 인력난에 직면하여 있다. 이로 인해 저임금을 지속시켜 나갈 수 있는 수단마저 잃고 있다. 저임금에 주로 의지하는 중소기업들의 입장에서 볼 때, 인건비의 상승은 사업매력이 떨어지고 있음을 의미하는 것이다. 상공회의소 관계자의 말에 의하면 적지 않은 이곳 한국기업들이 다른 곳으로 옮기는 것을 고려하고 있다.

둘째는 기술을 습득한 현지인들의 창업이 늘면서 한국기업은 점점 더 치열한 경쟁상황에 직면하여 있다. 교남 지역에는 조선족이 경영하는 회사만 10여 개에 달한다. 모두 한국회사에 다니던 사람들이 독립하여 창업한 것이다. 외지에서 온 조선족의 창업이 이 정도면, 현지 한족들의 창업은 더욱 많다. 그것은 조선족에 비하여 한족들이 더 많이 생산직에 근무하고 있어 기술을 익힐 기회도 많을 뿐만 아니라, 현지 사정에 밝아 창업하기도 유리하기 때문이다. 대부분 한국기업에서 생산하는 상품은 기술수준이 높지 않을뿐더러 설비도 간단하다. 따라서 판매망만 있으면 창업하기 결코 어려운 일이 아니다. 현지에 물품구입을 다니는 외국바이어들의 주요 관심은 가격에 있기 때문에 단가만 낮추면 판매는 가능하다. 현지 한족들은 가족, 친척 위주로 기업을 경영할 수 있기 때문에 한국기업에 비하여 단가를 낮출 수 있다. 결국 저임금을 보고 투자한 기업들이 현지 기업들과 가격경쟁에 직면하게 된 것이다. 치열한 경쟁으로 단가는 자꾸 낮아지는 반면, 높은 직장유동성으로 인하여 숙련된 기술 인력을 확보하지 못해 불량품이 많이 나와 이윤율은 갈수로 낮아지고 있다.

인건비의 상승, 기술습득에 의한 현지인들의 창업증가, 숙련된 노동력 확보의 어려움으로 많은 기업들이 경영난에 직면하여 있으며, 일부 기업들은 파산하고 있다. 그러나 결코 비관적인 소식만 있는 것이 아니다. 한국인 상공회의소 직원의 말에 따르면 현재에도 현지에 투자하는 한국기업이 꾸준히 증가하고 있으며, 특히 대기업들의 투자가 증가하고 있다. 이는 연해 지역조선족사회가 계속 발전해 나갈 수 있다는 전망의 근거로 된다.

4. 국외 진출 조선족집단의 경제생활

1) 한국의 수도권 지역 사례

선진국의 일반적인 발전경험을 보면, 경제발전수준이 일정한 단계에 들어선 후부터는 국민들이 일부 업종에 종사하는 것을 기피한다. 기피업종은 주로 3D제조업과 일반 서비스업에 집중되어 있다. 이로 인한 해당 노동력의 부족을 해결하기 위하여 외국 인력의 사용을 늘이는 경우가 많다. 한국도 현재 이 단계에 처하여 있다. 한쪽에서는 청년취업난 등의 일자리 부족이 큰 사회적 문제로 대두되는 반면, 영세 제조업과 농업, 건축업, 일반 서비스업은 구인난으로 아우성치고 있다. 한국 노동시장의 이러한 구조는 조선족에게 큰 기회로 작용하였다. 의사소통장애가 없고 별다른 기능이 없어도 취업이 용이한 한국의 조건은 경제활동을 위한 조선족의 한국진출 열풍을 불러일으키기에 충분하다.

2002년부터 시작된 한국에 진출한 조선족노동자집단에 대한 조사에 비추어 보면 시간이 지나도 그들의 취직업종은 큰 변화를 보이지 않고 있다. 남성들은 대부분이 건축업과 관련된 업종에서 일하고 있으며, 일부가 회사나 찜질방이나 목욕탕 같은 일반 서비스업종에서 일하고 있다. 여성들은 대부분이 음식점, 가정부, 파출부, 청소부와 같은 직종에 종사하고 있으며, 이 외 회사에서 일하는 사람들도 일부 있다.

변화가 있다면 그것은 우선 노동에 대한 적응과 기능 면에서 나타난다. 2002년 당시는 진출한 시간이 짧은 사람들이 많아 노동환경과 강도에 힘들어 하는 사람이 많았고, 해당 업종의 숙련공이 적었다. 그러나 현재는 조선족가운데 숙련공이 늘고 있다. 가령, 남성들의 경우 건축업과 관련된 직종에서 오랫동안 근무한 사람이 많기 때문에 다른 사람의 지도가 없이 단독으로 일을 맡아서 할 수 있는 숙련노동자들이 많이 생겼다. 현재 한국의 건설현장에는 조선족이 한족노동자들을 거느리고 일을 하는 현상을 자주 목격하게 된다. 숙련공이 많아짐에 따라 노동방식에서도 변화가 생기고 있다. 예전에는 팀에 가입하여 주어진 일당을 받고 일하는 사람이 많았지만, 지금은 소위 '밀어먹기'라는 몇 사람이 모여 일을 맡아서 하면서 자신의 노동량에 따라 나누는 방식이 등장하여 있다.[97] 여성들도 예전에는 보조 일을 많이 하였으나 현재에는 주방에서 직접 음식을 조리하고 있는 조선족아줌마들을 심심찮게 목격할 수 있다.

숙련공이 되면서 수입도 상응하게 증가하는 것으로 조사된다. 가령, 2002년의 조사에서는 일당을 많이 받는 남성이 9~10만 원 정도였는데, 2005년에는 숙련노동자가 보통 12만 원 정도 받는 것으로 조사되었다. 팀장이나 노동량에 따라 수입을 나누는 사람들의 수입은 더욱 높은 것으로 판단되는데 많으면 15만 원 정도 되는 것으로 파악되고 있다. 여성들의 수입도 2002년에는 80만~120만 원 정도로 조사되었으나, 2005년에는 한국에서 근무한 시간이 길고 기능을 닦은 여성들의 수입은 150만 원 정도, 젊은 노동력은 일반적으로 100만 원 이상 되는 것으로 조사되었다. 이러한 수입증가는 숙련공들에게서 뚜렷이 나타나는 현상이지만 총체적으로 보아 3년 전에 비하여 월급이 올라간 것으로 판단할 수 있다.

---

97) 이러한 현상에 대하여 한국의 일부 언론에서도 주목하고 있는데, 가령, 2006년 3월 28일 자의 국민일보 쿠기뉴스에는 부산일보 이성호 기자가 쓴 "조선족도 3D 피한다. '묻지 마 취업은 옛말' ……숙련공 모셔가기 경쟁"이라는 보도가 실려 있다. 보도에서는 이에 대한 취재를 바탕으로 "조선족은 다른 외국인들과 달리 국내에서 의사소통이 원활하고, 또한 장기간 근무로 기술숙련도가 국내 기능인력 못지않기 때문"이라고 그 원인을 분석하고 있다.

기능 향상 외에 체류환경의 변화와 출입국에 관한 정책의 변화도 이들의 수입증가에 영향을 주고 있는 것으로 관찰된다. 조선족의 출입국과 체류에 대한 한국정부의 정책은 최근 2~3년간에 많이 개선되었다. 앞 장에서 밝혔듯이, 합법적으로 오갈 수 있는 통로가 제한된 상황에서 불법체류 검거를 위주로 하던 데로부터, 합법적인 통로를 넓혀주면서 합법적인 취업과 체류를 유도하는 방향으로 정책방향이 선회되고 있다. 이로 인해 2003년 이후부터 몇 차례의 불법 체류자에 대한 구제프로그램이 시행하였으며, 조선족과 고려인에 한한 우대정책도 제정되기도 하였다. 합법적인 출입국과 체류기회의 확대, 불법체류자에 대한 구제정책으로 많은 조선족이 불법체류자의 신분에서 벗어나게 되었으며, 합법적인 방식으로 한국으로 올 수 있게 되었다. 따라서 불법체류 검거에 대한 두려움이 사라지고 있으며, 큰돈을 들이지 않고도 한국으로 올 수 있어 다른 가족들의 진출이 늘고 있다. 한국에 진출하여 경제활동을 하는 가족성원이 늘면서 이들 가계의 경제상황도 호전되고 있는 것으로 나타났다.

진출자 가구의 수입 증가는 세 가지 방면에서 확인된다. 우선은 최근으로 들어오면서 중국 국내의 일부 도시에서 조선족의 주택구매 열기가 뜨겁게 일고 있다. 이는 비단 원거주 지역의 도시에서뿐만 아니라, 청도와 같은 연해도시에서도 이런 현상이 확인된다. '흑룡강신문' 2005년 6월 27일 자에는 "장춘시 조선족귀국노무자 주택구매열 고조-코리아타운 형성에 큰 역할"이라는 제목의 기사가 실려 있다. 이 기사에는 다음과 같은 내용을 담고 있다. "조선족 노무귀국자들은 요즘 주택구매에 열을 올리고 있다. 2년 전만 하여도 귀국한 조선족노무자들은 재출국 보장이 없었기 때문에 주택구매에 크게 신경을 쓰지 않았다. 그러나 현재는 재출국이 보장되니 고정된 내 집 마련에 열을 올리고 있다. 장춘시 조선족중학교 부근의 금옥량원에서는 올해에 6동의 주택을 짓는데, 한 채의 면적은 90∼132평(중국 평수), 평당 가격이 2,500위안이지만 짓기도 전에 260세대 집이 다 주문된 상황, 그것도 절대 대부분은 조선족 귀국노무자들이다. 조선족중학교 부근에 아파트를 앞 다투어 사고 있는 것은 자녀공부의 편리를 위함으로 풀이된다." 도시 지역에서 아파트 구입뿐만 아니라, 경제적인 여유가 생긴 진출자 가구들의 창업활동이 증가하고 있다. 2005년 조선족의 집거 지역에서는 어느 곳이나 막론하고 조선족자영업소의 빠른 발전이 확인되고 있다. 또한 자녀들을 외국 유학에 보내려는 부모들도 늘고 있다.[98]

그러나 장밋빛의 현상만이 있는 것이 아니다. 이들 가운데 많은 사람들이 돈을 별로 모으지 못한 것으로 알려져 있다. 이는 두 가지 요인의 영향을 받는 것으로 판단된다. 하나는 국내에 이들 수입에 의존하는 방대한 집단이 형성되어 있으며, 소비시장의 발전과 더불어 그들의 소비도 점점 늘고 있다. 다른 하나는 한국에 체류하고 생활하는 시간이 길어지면서 진출자들의 생활비용도 점점 늘고 있다. 2002년 조사에서 이런 현상이 확인되었지만 그때는 몇 십만 원 단위로 되어 있었다. 그러나 2005년에 면접자들이 말하는 생활비용은 백만 원 단위로 되어 있다. 따라서 많은 진출자들은 자신들과 국내에 있는 가족들의 생활비로 수입의 상당부분을 쓰고 나머지를 저축할 수밖에 없다.[99]

이는 체류 목적에 변화를 가져온다. 즉 예전에는 돈을 벌어 귀국하는 것이 목적이었다면, 현재는 한국 체류를 지속하는 것이 목적이 되고 있다. 많은 축적을 기대하기 어렵기 때문에 자신과 가족의 생활요구를 어느 정도 충족시키면서 일부 저축을 하는 것이 이상적인 선택으로 되기 때문이다. 이는 조선족의 경제생활이 초국가적

---

98) 이에 대한 논의는 2장 한국에 진출한 조선족부분에서 상세히 진행되었다.
99) 이는 가족분산현상과도 연관되어 있다.

맥락에서 고착화될 가능성이 있음을 시사한다.

이 외, 한국진출이 상대적으로 쉬워지면서 진출자들이 늘고 있어 일자리를 찾기 어려운 현상이 나타나고 있다. 겨울이나 장마기에 일을 할 수 없어 집에서 쉬는 현상은 이전부터 있었지만, 일자리를 찾지 못하여 놀고 있는 현상은 2005년 초부터 나타나고 있다. 특히 만 61세 이상의 노인들의 비자발급이 쉬워지면서 많은 사람들이 진출하고 있지만 그들의 일자리 찾기는 점점 어려워지고 있다. 2007년 3월부터 '방문 취업제'가 시행되면서 대량 진출로 인해 한국에서 조선족의 취업난이 현실화되고 있다.

2) 미국 뉴욕 플러싱 지역 사례

미국에 진출한 조선족집단의 경제활동에 관한 소식은 최근에 들어서면서 뉴욕 플러싱 일대를 중심으로 많이 알려지고 있다. 소식의 주된 내용은 현지에 진출한 조선족에 의하여 운영되는 사이트(가령, 조선투데이)와 미주 한인신문들이다. 미주 중앙일보에 실린 기사를 인용하여 뉴욕에 체류하고 있는 조선족집단의 경제활동을 살펴보기로 한다.

미주 중앙일보 2004년 4월 7일 자에는 김종훈 기자의 "조선족동포들의 한인업체 인수가 잇따르고 있다."라는 기사가 실렸다. 그 내용을 요약하면 다음과 같다. "최근 뉴욕 콜택시가 조선족동포에게 팔렸으며, 플러싱 35 애브뉴와 134가의 '123카바레'가 한인과 조선족동포의 공동투자로 '만주 아리랑'이란 업소로 새 출발하였다. 이에 앞서 지난 2월에는 유니온상가에 '순애네 설렁탕 전문집'이 문을 열었다. 새 주인은 역시 조선족동포다. 뉴욕일대 조선족동포들의 인터넷 포탈 웹사이트인 '조선투데이닷컴'에 따르면, 올 들어 한인업체를 인수하거나 한인과 동업 또는 공동투자로 운영되는 업소가 10여 개나 새로 생겼다. 일부 네일 업소들과 함께 식당, 콜택시, 유흥업소 등 한인이 운영하던 비즈니스가 잇따라 조선족동포들에게 넘어가고 있는 것이다. 플러싱 일대에서 집중적으로 이뤄지는 조선족동포들의 한인업체 인수에 따라 이미 노던블러바드와 패링턴 스트리트 일대 35 애브뉴와 노던블러바드 사이 유니온스트리트 일대는 조선족동포상권이 확고히 형성되고 있다. 불과 2년 전만 해도 20~30개에 불과하던 조선족동포업체는 이제는 100여 개가 넘는 것으로 추산되고 있으며, 업종도 다양해지고 있다. 네일과 식당, 건설, 유흥업종 등에 한정되어 있던 조선족동포 비즈니스가 이제는 콜택시, 관광회사, 미용실, 한의원, 직업소개소 등으로 다양하게 확대되고 있는 것이다. 한편, 지난 5년여 동안 플러싱에는 새로운 중국동포 이민 물결이 거세게 일어 상권과 인구분포에 지각변동이 일어나고 있다. 뉴욕 일대에만 3만 명 이상이 거주하는 것으로 추정되며, 이들은 어느 곳에서든 '차이나타운'을 형성하는 중국계 이민자들과 마찬가지로 플러싱 차이나타운과 한인 노던블러바드상권이 연결되는 지점에 '중국동포타운'을 건설해 가고 있다."

2007년 3월 28일 자에는 김종훈 기자의 "조선족동포들, 네일 업계의 진출이 두드러져"라는 기사가 실렸다. 기사내용을 요약하면 다음과 같다. "한인 경제계에서 중추역할을 하고 있는 네일 업계에 타민족의 진출이 활발해지고 있다. 특히 조선족동포들의 진출이 두드러지고 있다. 조선족동포들은 10여 년 전부터 네일업에 종사하여 왔지만 최근에는 종업원에서 업주로 변하는 사례가 늘고 있다. 주로 한인 업소에서 일하던 종업원들이 가게를 인수하는 사례로 발전하는 형태이다. 가게를 운영하던 한인들이 가게를 매도할 때 같이 일했던 종업원들에게 오퍼를 주는데, 조선족동포들이 이런 기회를 최대한 살려 사업으로 발전시키고 있는 것이다. 가게를 인수한 조선족동포들은 저렴한 가격과 새로운 서비스 등을 경쟁력으로 내세워 사업을 안정시킨다. 규모가 작은 업소는 직원 3명 정도로 운영되지만 평균적으로 10명 안팎의 종업원을 두고 있으며, 큰 업소는 성수기에는 20명까지 쓰는 업소도 있다."

2007년 5월 30일 자 역시 김종훈 기자의 "플러싱 중국동포 식당 활황"이라는 기사를 싣고 있다. 그 내용을 요약하면 다음과 같다. "플러싱의 중국동포 운영 식당들이 호황을 누리고 있다. 이민 연한이 길어지면서 경제적으로 안정된 중국동포들이 늘었을 뿐만 아니라, 새로 유입되는 인구도 많아지기 때문이다. 특히 유니온스트리트 일대 중국동포 식당 등은 과거 80년대 한인 업소들이 번창했듯이 동부 중국동포들의 대표적 상권으로 크고 있다. 최초의 중국동포 식당으로 꼽히는 일복식당을 비롯해 연길 진달래식당, 연길 풍무꼬치구이, 순애네 설렁탕 전문집 등 유니온스트리트 일대 식당들은 주말 저녁이면 앉을 자리가 없을 정도로 붐빈다. 식당 관계자들은 입맛에 맞는 연변 고유의 음식을 제공하기 때문에 중국동포고객이 대다수라고 밝힌다. 2~3년 전만 해도 중국동포 식당들이 폐업이 잇따르는 등 불안정했으나 이제는 자리를 잡고 있다는 설명이다. 이민 연수가 길어지면서 영주권과 시민권 취득 후 가족을 초청하는 중국동포도 늘어 과거에는 보기 드물었던 아이들을 데리고 온가족이 외식을 하는 풍경도 이제는 쉽게 볼 수 있다. 또 타주에 나가서 일을 하는 중국동포들이 주말이면 뉴욕으로 돌아와 식당을 찾기 때문에 더욱 붐비게 된다. 순애네집의 심순애 사장은 아직 이민 역사가 짧아 타향살이의 크고 작은 설움을 안고 있는 중국동포들에게 식당은 따뜻한 사랑방역할을 한다고 설명한다."

5. 경제생활의 초국적인 지역적 분화와 상호연계

초국적인 인구이동이 전개되면서 조선족은 지역마다 그리고 같은 지역이라도 커뮤니티 성격에 따라 각기 다른 경제생활의 패턴을 보이고 있다. 가령, KS촌에서는 노동력 유출로 하여 농업과 기타 경제활동이 완전히 위축되고, 촌민들의 생활이 도시시장으로 포섭되어 가고 있음을 볼 수 있다. 연변의 도시 지역에서는 조선족노동력이 지역적 생산부문에서 탈피하여 나오면 반면, 외부에서 유입된 자금에 의하여 일반 서비스업 중심의 3차 산업이 팽창하고, 지역의 주민들이 연길과 같은 중심도시로 이주가 늘면서, 중심도시의 외형적 발전은 빨리 진행되는 반면, 기타 지역이 활기를 잃어가는 현실을 보게 된다. 또한 일반 서비스업의 발전으로 고용의 질이 떨어지고, 서비스업의 규모와 자본투입의 차이에 의하여 벌어지는 양극화 현상을 보게 된다. MR촌에서도 역시 유사한 상황이 나타나고 있는데, 지역의 생산부문에서는 탈피하는 반면, 일반 서비스업 중심의 자영업의 팽창하고, 주민들의 소비수준이 높아지는 데 반해서 현지에서 경제활동종사에 흥미가 없어 하는 모습을 보게 된다. 청도 교남에서는 외국 자본의 투자가 제공하는 경제기회에 의하여 많은 노동력이 경제 중심부 지역으로 흘러들었지만, 능력 있는 소수집단이 정착에 성공하고 있는 반면, 적지 않은 사람은 저임금, 고용불안에 시달리면서 새로운 주변을 형성하고 있는 모습을 보게 된다. 이들은 또한 외국 자본과 현지 주류 집단 사이에서 '샌드위치형' 경제행위를 하고 있는 것도 관찰된다. 한국과 같은 국외 지역에 진출한 조선족노동자집단에서는 비록 국외 지역의 경제중심부로 진출했지만 현지 주민들이 기피하는 업종에서 일용직 위주의 노동에 종사하고 있으면서, 주변화된 집단으로 되고 있지만 체류를 지속하고 기타 가족들의 진출을 도우려는 모습을 볼 수 있다. 또한 미국 뉴욕 플러싱과 같은 지역에서는 몸 담그고 일하던 업소를 인수하거나 창업하는 현상이 늘면서 자체 상권을 형성해 가는 모습도 나타난다.

조선족경제생활에서 나타나는 이러한 변화는 기존의 대표적인 이론적 시각으로는 설명할 수 없다. 가령, '전통-현대' 틀에서 쟁점으로 되고 있는 지위상승 이론과 논의들은 조선족경제생활변화에 대한 설명에서 큰 의미를 가지지 못한다. 동북 지역에서 도시에 집을 사고 이주하는 것을 지위상승으로 어느 정도 설명이 가능한가? 또 실제 그 성과는 어떠한가? 이동연구에서 지위상승의 여부에 관해서 대표적으로 사용되는 지표는 수입, 직장, 교육, 주거 등이다. 즉 주택구매 현상만으로 지위상승 여부를 가리기 힘들다. 거시적인 문제에서도 마찬가지다. 국제적 교류가 조선족사회의 경제발전에 긍정적 영향을 끼치고 있는가, 아니면 부정적 영향을 미치고 있는가? 어느 커뮤니티에 초점을 맞춰 보아도 이에 대한 명료한 대답은 어렵다. 가령, MR촌이 국제교류를 통하여 발전하고 있는가? 외형적으로 발전하고 있다고 볼 수 있지만, 주민들이 현지의 생산 활동에서 떨어져 나와 현지에서 산업발전의 기초는 오히려 약화되고 있다. 한국에 진출한 집단은 중심부로 흘러든 새로운 주변화 집단인가? 외형적으로 그렇게 보이지만 그들의 경제적 축적으로 가족의 생활 질은 기존에 비하여 훨씬 향상되어 가고 있다.

조선족경제생활의 변화에서 가장 중요한 것은 초국적인 지역적 경제 분화와 상호 연계이다. 가령, 동북 지역 조선족커뮤니티의 변화는 한국과 같은 국외 지역에 진출해 있는 조선족집단과 밀접히 연관되어 있다. 동북 지역에는 국외에서 보내오는 송금에 의하여 생활하는 방대한 집단이 형성되어 있으며, 반면, 동북 지역은 주요한 노동력 공급원의 역할을 하고 있다. 또한 연해 지역조선족사회

형성에 국외 진출자들의 경제적 지원에 힘입은 바 크며, 연해 지역 진출자들은 국내의 발전상황과 경제 기회를 국외 진출자들에게 전달하는 역할을 하고 있다. 이는 연해 지역의 자영업발전과 국외진출자들이 연해 지역에서 주택구매를 늘이고 있는 현상에서도 확인할 수 있다. 이와 같이 조선족의 경제생활은 어느 특정 유형의 커뮤니티에 국한되어 진행되는 것이 아니라, 지역적인 분화와 상호 연계를 통하여 이루어지고 있다. 이는 조선족의 경제생활이 연결망에 의하여 이루어지는 탈지역적 성격을 띠고 있음을 의미하는 것이다.

이것이 바로 도시로의 이주는 늘지만 노동종사인구는 줄고, 농촌에 거주하면서 생산활동에는 종사하지 않지만 소비수준은 오히려 높아지고, 국외 지역에서 주변화된 생활을 하지만 오히려 체류를 지속하려고 하고, 저임금과 직장유동성으로 수입이 안정되어 있지 못하지만 도시형 커뮤니티는 자리를 잡아가는 등 일반적인 상식과는 다른 현상들이 나타나고 있는 원인이다. 따라서 이동에 따른 조선족경제생활의 변화를 설명하기 위해서는 이러한 지역적 분화와 상호 연계에 대한 이해가 필수로 된다. 경제생활의 탈지역화라는 핵심적인 변화를 중심으로 조선족경제생활에서는 다음과 같은 다양한 변화모습도 관찰된다.

첫째는 경제생활의 초국가적 성격이 갈수록 두드러진다. 이는 몇 가지 방면에서 확인된다. 하나는 해외노무수입이 경제생활에서 가장 중요한 수입원이 됨에 따라 경제생활 전반에 걸쳐 큰 역할을 하고 있다. 다른 하나는 아직도 많은 사람들이 경제적인 성공을 위하여 해외 진출을 꿈꾸고 있다. 이들에 더하여 국내 지역에서 생기는 주요 경제적 기회도 주로 국가 간 경제 교류에서 파생되고 있다.

둘째는 일반 서비스업이 농업을 대신하여 조선족의 주요 경제활동 영역으로 부상하고 있다. 자영업은 조선족이 거주하고 있는 곳이면, 어느 곳이던 막론하고 빠른 증가추세를 나타내고 있다. 조선족의 전통적인 거주지인 동북 지역은 물론, 조선족의 새로운 진출지역 연해 지역에도 조선족자영업 거리가 우후죽순처럼 생기고 있다. 국외 지역에서도 마찬가지인데, 가령, 서울과 같은 도시에도 조선족이 집중 거주하는 지역 중심으로 식당가가 형성되어 언론의 주목을 받기도 하며, 미국 뉴욕 플러싱 지역에도 조선족 자영업체가 늘고 있어, 언론의 주목을 받고 있다.[100] 조선족이 많이 진출하여 있는 것으로 알려져 있는 일본의 상황도 마찬가지인데, 일본아시아경제문화연구소의 집계에 의하면, 2005년 현재 일분 전역에 최소 380여 개 조선족업체가 존재하고 있다. 그 업종을 보면, IT, 국제무역, 인재파견, 번역, 음식업 등에 주로 집중되어 있다.[101] 이는 조선족 경제활동의 주요 영역이 농업에서 일반 서비스업 위주의 자영업으로 전환되고 있다는 것을 의미한다.

셋째는 조선족의 노동과 경제생활이 안정된 구도에서 불안정한 구도로 전환되고 있다. 조선족의 기존의 경제활동은 도시에서는 주로 국유·집체 기업과 기타 정부·사업단위들에서 이루어졌으며, 농촌 지역에서는 주로 농업생산에 의존하였다. 따라서 예상이 가능한 안정된 경제생활을 할 수 있었다. 그러나 현재는 많은 노동력들이 기존에 경제활동을 포기하고 외국이나 연해 지역으로 진출하여 있다. 새로운 곳에서 이들의 갖고 있는 직장은 기존의 직장과 같이 안정적인 것이 되지 못하고 있으며, 흔히 임시직의 성격을 띠고 있다. 그것은 저임금을 보고 투자한 많은 외국계 기업들이 별다른 기능을 소지하지 못한 노동력에게 안정된 직장으로 될 수 없으며, 외

---

100) 미주 세계일보는 2004년 10월 23일부터 '조선족커뮤니티'란에 뉴욕 조선족음식점에 대한 맛 기행보도를 실었다.

101) "재일본 중국조선족 현 주소: 방대한 엘리트 群體형성, 일본 주류사회진출에 성공", 흑룡강신문, 일본특별취재팀 기자 한광천.

국에 진출한 사람들도 신분에서 오는 여러 제한 때문에 안정된 직장을 가지기 어렵기 때문이다. 따라서 많은 사람들이 고용이 불안정한 상황에 처하여 있으며, 소위 말하는 비정규직 위치에 처하여 있다. 이는 세계화 시대의 국제투자와 국제 노동력이동도 노동의 유연화를 초래하는 요인으로 되고 있음을 보여준다.

넷째는 경제활동에서 여성들의 약진이 두드러진다. 대규모의 노동력 이동과 함께 경제기회구조에서 상대적으로 여성들에게 유리한 조건이 형성되어 있다. 가령, 연해 지역의 노동 시장 구조가 여성에게 유리하게 형성되어 있는 점이나, 국외 진출에 있어 혼인과 같은 방식을 이용할 수 있는 점 모두가 여성들에게 유리하게 작용한다. 또한 직종에 있어서도 여성들이 종사하는 직종은 남성에 비해 안정적이다. 가령, 한국에 진출하여 있는 집단을 볼 때, 여성들이 식당 종업원 같은 직종에 종사하기 때문에 계절의 영향을 받지 않고 일할 수 있지만, 남성들은 건축 관련 직종이 주로 종사하기 때문에 계절의 영향을 받게 된다. 이는 남성들의 수입을 제한한다. 조선족경제활동의 주요 영역이 일반 서비스업 중심으로 전환되고 있는 점도 여성들에게 유리한 조건이다. 일반 서비스업의 특성상 많은 부분에서 있어 여성노동력을 더 필요로 한다. 이러한 경제기회구조에서 변화는 경제생활에서 여성들의 지위를 향상시키는 요인으로 작용하고 있다.

제 4 장

가족분산과 초국적인 탈지역적
가족생활형성

1. 조선족의 전통적 가족생활

조선족의 전통적 가족생활의 특징은 두 가지로 설명할 수 있다. 첫째는 가족의 안정성이다. 조선족은 보편혼의 규범을 가지고 있으며, 가족을 중시하는 문화적 전통과 성과 이혼에 대한 규제가 엄한 제도적 특성, 폐쇄적인 생활세계 등의 요인에 의하여 안정된 가족생활을 유지하여 왔다. 이런 안정된 가족생활은 가족성원들이 낮은 이동, 정상적인 가족구조 유지에 기초하고 있었다. 둘째는 친척이 조선족에게 있어 가장 중요한 사회적인 연결망으로 되어 왔다(한상복·권태환, 1993: 135, 140). 한반도에서 조선족의 이주는 대가족 단위가 아닌 개별 가족 단위로 이루어졌으며, 따라서 조선족의 친척관계는 주로 현지에서의 자녀양육과 그들의 혼인관계에 의하여 형성되었다. 이렇게 형성된 친척관계는 부모, 형제, 자녀가족들로 구성된 '가족공동체'의 성격을 가지고 있었다. 이러한 '가족 공동체'는 일정한 지역에 기초하고 있으면서 조선족의 사회생활에서 가장 중요한 사회적 단위로 되어 왔다.

조선족가족생활의 전통적 특징은 초국적인 이동이 시작되면서 빠른 변화를 겪고 있다. 그 변화의 주요 특징은 '가족분산'이다. 우선, 조선족언론에 소개된 일부 기사내용을 보면서 그 의미를 짚어보기로 한다. 길림신문 2005년 12월 10일 자에는 '조선족교육—시급히 해결해야 할 과제는?'라는 기사가 실려 있다. 그 내용을 요약하면 다음과 같다. "길림 지역에 있는 영길현조선족실험소학교 등 7개 조선족중소학교에 대한 조사 통계에 의하면, 편부모거나 부모와 함께 생활하지 않는 학생 수는 재학생 총수의 60.65%를 차지하고 있다. 그중, 영길현조선족실험소학교는 이 비례수가 79.7%에 달한다." 흑룡강신문 2003년 12월 8일 자에는 '연변조선족자치주 조선족 편부모자녀 54%'라는 기사가 실려 있다. 기사에는 "연변교육 부문의 통계자료에 따르면, 연변조선족자치주 조선족중소학교학생들 중 편부모 자녀가 54% 이상이나 된다. 통계에 의하면, 연길시 조선족중소학교학생들 중 편부모자녀가 차지하는 비례는 소학교 53.9%, 중학교 53.2%이며, 용정시는 소학교 58.1%, 중학교 55.4%, 고등학교 49.8%이고, 도문시는 중소학교가 도합 50.7%를 차지한다."는 내용을 담고 있다.[102]

일반적으로 핵가족이 주요 가족형태를 이루는 현대사회에서 미성년자녀들이 부모들과 함께 생활하는 것이 정상적인 현상이다. 그러나 상기의 보도에서 볼 수 있듯이 많은 조선족 학생들은 부모와 함께 생활하지 못하고 있다. 그러나 이들 가족을 해체되었다고 보기는 어렵다. 그것은 가족을 중히 여기는 조선족의 문화적 특성상 빠른

---

102) 길림 지역에 대한 통계 수치가 연변 지역보다 높은 것은 길림 지역 통계는 2005년 말 최근의 통계인 것과 연관되는 것으로 볼 수 있으며, 이는 최근으로 들어올수록 가족분산의 비율이 높아지고 있다는 것으로 분석할 수도 있다.

시간에 광범위한 가족해체가 이루어질 수 없기 때문이다. 따라서 위 기사는 조선족사회의 가족분산의 현상을 설명해 주는 것이다. 본 장에서는 지역별 사례에 대한 분석을 통하여 이동이 가져다주는 조선족가족생활의 다양한 변화모습과 그 의미를 고찰해 본다.

2. 동북 지역 조선족 가족생활의 변화: 커뮤니티별 사례

1) 흑룡강성 해림시 KS촌

2003년 1월, 이 마을의 가족생활에 대한 현지조사에서 가족분산이 광범위하게 진행되고 있음을 확인하였다. 1인 호구를 제외하고 분산이 가능한 153가구 중 전 가족이 같은 지역에 거주하는 경우는 41호로 전체의 27%에 불과하였다. 그리고 본촌, 중국 타지, 외국 3개 지역 가운데 2개 지역에 분산되어 있는 가구가 84호로 전체 가구의 55%를 차지하였으며, 3개 지역에 나누어져 있는 가구는 28호로 18%를 차지하였다(권태환·박광성, 2005: 72).

이 마을에 대한 2005년 6월의 현지 조사에서는 호적에 등록되어 있는 1964~1974년 사이에 출생한 남성의 가족상황을 중심으로 조사를 진행하였다.[103] 이 그룹을 표본으로 선택한 것은 다음과 같은 이유에서이다. 우선, 이 연령대는 1990년대부터 지금까지 청년기를 보낸 사람들로 1980년대 중·후반부터 결혼적령기에 들어선 세대이다. 1964년 전후 출생의 연령대는 현재 자녀들이 중·고등학교를 다니는 시기에 처하여 있으며, 1974년 전후 출생의 연령층은 현재 결혼을 하고 자녀를 두기 시작한 대에 속한다. 또한 33~43세 연령

---

103) 우선 명부를 작성하고 한 명씩 개별 확인하는 조사방법을 사용하였다.

대는 부모들이 건재해 있는 집단이기도 하며, 또 다자녀 혹은 두 자녀의 시기에 태어난 사람들로 형제자매를 가지고 있는 집단이기도 하다. 즉 미성년 자녀, 부모, 부부, 형제 등의 완벽한 가족 구성을 갖추고 있어 가족분산의 상황 파악에 가장 적합한 집단이라고 볼 수 있다. 이 외에도 여성은 외지로 시집가는 등 정확한 상황파악에 한계가 있는 반면, 남성은 마을의 안정된 거주 집단을 형성하고 있어 상세한 자료작성에 있어서도 유리하다.

조사 결과 표본 그룹에 속하는 남성은 91명이었다. 그중, 외지로 진출하지 않고 줄곧 마을에 거주한 사람이 17명으로 18.6%를 차지하였고, 국내 타 지역 진출자가 30명으로 32.9%, 국외 진출자가 44명으로 48.3%를 차지하였다. 국내 타 지역으로 진출한 30명 가운데 13명은 대학진학을 통하여 도시에서 취직한 사람들이고, 나머지 17명은 1990년대 이후에 자발적으로 도시로 진출하였다. 외지 진출자들 가운데, 부모·형제까지 포함하여 가족 모두가 마을을 떠난 가구는 10호로, 전체 진출자의 13.5%를 차지하고 있었다. 이는 외지 진출자의 대부분이 마을에 부모, 형제 등의 가족성원을 두고 있음을 뜻한다.

91명 중, 결혼을 하지 못한 사람은 24명, 외지로 진출한 후 소식이 없어 확인이 불가능한 사람 4명으로, 전체의 30.7%를 차지하였다. 결혼이 확인된 63명 중, 완전한 핵가족구조를 유지하고 있는 가구는 31호로 전체의 49.2%를 차지하고 있었다. 그중 13가구는 대졸자 가구이며, 5가구는 아직 자녀를 두지 않은 부부가구, 8가구는 국내 타 지역으로 진출하여 결혼하고 가정을 꾸린 가구이며, 5가구는 줄곧 마을에 거주한 가구이다. 핵가족이 분산된 경우는 32가구로 50.8%를 차지하고 있는데, 모두 국외진출자 가족이며, 그중 14가구가 부부가 별거하고 있고, 나머지 18가구는 부모와 자녀가 별거하고 있어 그 비율이 각각 43.7%와 56.3%를 차지하고 있다.

국내 진출과 국외 진출은 1968년생을 기준으로 다른 양상이 나타나는데, 1969~1974년 연령층은 국내진출이 다수를 차지하여, 전체 진출자 31명 중 19명이 국내 진출, 13명이 국외로 진출하여 각각 61.2%와 38.8%를 차지하고 있었다. 반면, 1964~1968년 연령층은 외지 진출자 43명 가운데, 11명이 국내 진출, 32명이 국외진출로 각각 25.5%와 74.5%를 차지하고 있었다. 이와 연관되어 핵가족분산은 주로 1964~1968년 출생코호트에서 일어났다. 이 코호트에 속하는 54명 가운데 49명이 결혼하였으며, 45명이 마을에서 결혼식을 올린 반면, 1969~1974년 코호트에 속하는 37명 가운데 결혼식을 올린 14명 중 한 명만 마을에 돌아와 결혼식을 올리고 다른 사람들은 모두 진출지에서 결혼식을 올렸다. 이는 이 코호트가 미혼으로 외지로 진출하여 가정을 꾸렸기 때문에 핵가족분산의 가능성이 적었다는 것을 의미하는 것이다.

1964~1974년 사이에 출생한 남성들의 가족상황이 이렇다면, 다른 세대의 가족분산 정도는 더욱 심할 수 있다. 가령, 1964년 이전 출생한 세대는 나이가 많을수록 자녀들이 성장하여 가정에서 독립할 가능성이 높아지며, 1974년 이후 출생자들은 한창 청년기에 처하여 외지로 진출하여 있을 가능성이 높기 때문이다. 즉 다른 세대는 자녀성장에 따른 가족분리단계에 처하여 있어 표본 그룹세대에 비하여 가족분산의 가능성이 그만큼 더 높을 수 있다.

2) 요녕성 심양시 MR촌

2004년 11월, MR촌 조선족중심소학교의 자체 조사에 의하면, 학생 320명 중, 부모 모두와 함께 생활하고 있는 학생 수는 100여 명, 전체의 31.2%에 불과하다. 이는 MR촌의 가족분산 비율이 길림 지역에 비하여 평균적으로 높다는 것을 의미한다. MR촌은 동북 지역의 대외교류거점인 심양시 근교에 위치하고 있어 정보획득과 대외교류 면에서 여러 유리한 조건들을 갖추고 있다. 따라서 다른 지역에 비하여 국외진출도 일찍 이루어졌고, 진출한 사람도 많은 것으로 알려져 있다. 이는 MR촌 본촌 주민(호적이 있는 가구)가족의 분산이 다른 조선족농촌에 비하여 더욱 높을 수 있음을 시사한다. 여기서는 MR촌에 주택을 구입하고 이주해 온 301가구 이주가족을 대상으로 가족상황을 살펴보려고 한다. 검토에 앞서 비교해 볼 수 있는 근거자료로는 인구이동이 본격적으로 시작되기 전인 1990년 연변 지역 조선족 가구 2000호에 대한 조사에 근거한 가족구성 상황을 살펴보기로 한다.

〈표 4-1〉 1990년 연변조선족 가족구성 상황

가족 형태	가구 수	비 율	가족 형태	가구 수	비 율
독 거	30	1.5	3대 가족	428	21.4
부 부	124	6.2	3대기타	134	6.7
부부 / 미혼자녀	1130	56.5	편부 / 편모	81	4.05
부부 / 기혼자녀	41	2.05	처가 / 사위	32	1.6
합 계				2000	100

자료출처: 박경휘. 1992. 『조선족 혼인사 연구』. 한림대출판부. 230페이지.

〈표 4-1〉에서 볼 수 있듯이, 당시 조선족가족구성은 핵가족 위주로 되어 있다. 자녀를 갖지 않은 부부가구를 포함할 경우 핵가족의 비율은 62.7%에 달한다. 그다음 높은 비율을 차지하는 것은 3대 가족으로 그 비율은 28.1%를 차지하며, 두 가족형태를 합치면 전체 가구의 90.8%를 차지하고 있다. 이와 비교하여 MR촌으로 이주해 온 가구들의 가족구성을 살펴보기로 한다.

〈표 4-2〉 세대주 연령이 50대 이상인 이주가구의 가족구성 상황

세대주	가족 형태	가구 수	비 율	세대주	가족 형태	가구 수	비 율
60세 이상 ~1946 년	독 거	19	17.2	50~59 세 1947~ 56	독 거	17	27
	부 부	35	31.8		부 부	18	28.6
	부부·자녀	6	5.5		부부·자녀	14	22.2
	부모·자녀*	9	8.2		부모·자녀*	4	6.3
	부부·손자	17	15.5		부부·손자	3	4.8
	부부·손자*	12	10.9		부부·손자*	5	7.9
	완전 3대	4	3.6		완전 3대	2	3.2
	결손 3대	8	7.3		결손 3대	0	
	합 계	110	100		합 계	63	100

*가 표시된 것은 결손을 의미하는 것이다. 가령, 부부·손자(손녀)는 두 부부가 함께 생활하는 것을 말하고 부부·손자*는 부부 중에 한 사람이 없는 것을 말한다.

〈표 4-2〉에서 볼 수 있듯이, 세대주가 60세 이상인 가족의 구성을 보면, 독거와 부부가구가 전체의 49%를 차지하여 제일 높은 비율을 차지하고 있다. 여기서 유의해야 할 점은, 거액을 들여 주택을 구매하고 이주해 온 사람의 처지에서 자녀가 근처에 거주할 경우, 이런 부모중심의 단독 가구를 형성하기 어렵다는 것이다. 왜냐하면, 구매한 주택에 부모가 거주할 경우 자식은 따로 거주지를 마련해야 하는데, 집 두 채를 구매하려면 많은 비용이 소요되어 현실적이지 못하기 때문이다. 또한 부모만 거주하는 큰 집을 놔두고 자녀가 따로 집을 구할 필요도 없다. 이는 자녀가 성가하면서 독립하여 따로 가정을 형성하는 일반적인 형태와 맥락이 다르다. 즉 노인가구의 형성은 자녀의 독립에 의한 것이기보다는 자녀의 집을 부모가 지켜주면서 생활할 가능성이 높고, 자녀는 외지에 진출하였을 가능성이 높은 것으로 판단할 수 있다. 세대주가 50세 이상인 가구에서 제일 높은 비율을 차지하고 있는 부부가구도 이와 비슷한 경우일 것으로 판단된다.

노인 가구를 제외하고 노인과 손자·손녀로 구성된 가구가 26.4%를 차지하여 그다음을 차지하고 있다. 일반적으로 3대가족은 가족의 한 형태로 볼 수 있으나, 이러한 세대를 뛰어넘어 구성된 가족은 특수한 사례이다. 이는 조선족노동력이동과정에서 생긴 가족의 분산의 심각성을 반영해 주는 것이다. 어린이들이 부모와 함께 생활하지 못하고 할머니·할아버지와 함께 생활하고 있는 것이다.

세대주가 50세 이상인 가구들의 구성을 보면, 독거가구가 27%를 차지하고 있어 부부 가구 다음으로 높은 비율을 차지하고 있다. 60대 이상 가구에서 독거는 연세가 많아 사별의 가능성도 있지만, 50대는 연령적으로 사별의 가능성이 낮기 때문에 부부의 별거로 볼 수 있다. 별거는 부부 중의 한 사람이 외지로 진출하여 있는 것으로 판단할 수 있어 부부 분산의 반영으로 볼 수 있다. 50대 가구들의 상황을 보면, 부부·자녀가족으로 구성되는 완전 3대 가족을 제외하고, 다른 가족 형태는 모두 분산에 의하여 초래되었을 가능성이 높다고 볼 수 있는 것으로 그 비율이 74.6%나 된다.

〈표 4-3〉 세대주 연령이 30~40대인 이주가구의 가족구성 상황

세대주	가족 형태	가구 수	비 율	세대주	가족 형태	가구 수	비 율
40~49세 1957~66	독 거	11	25	30~39세 1967~76	독 거	16	30.8
	부 부	4	9.1		부 부	11	21.1
	부부·자녀	9	5.5		부부·자녀	7	13.5
	부모·자녀*	19	43.2		부모·자녀*	9	17.3
	완전 3대	0			완전 3대	1	1.9
	결손 3대	1	2.2		결손 3대	3	5.8
					미혼부부	0	
					미혼부모*	2	3.8
					형제가족	3	5.8
	합 계	44	100		합 계	52	100

*가 표시된 것은 부부 중 한 명이 같이 거주하지 않는 경우를 의미.

〈표 4-3〉에는 세대주가 30, 40대인 가구의 가족분산상황이 잘 드러나 있다. 우선 40대 가구를 보면, 부부 중의 한 명만 자녀와 함께 생활하는 가구가 전체 가구의 43.5%를 차지하고 있으며, 독거 가구가 25%로 그 뒤를 잇고 있다. 40대는 응당 가정을 이루고 있을 연령대로서 독거는 가족 분산을 의미한다. 따라서 이 두 가지의 가족분산 형태만 합해도 그 비율이 68.5%에 달한다. 30대 가구를 보면, 부부와 자녀가 함께 생활하는 가구 7호와 완전 3대 가구 1호를 빼고는 거의가 가족분산의 가능성이 높은 가족으로 그 비율이 84.4%에 달한다. 자식을 가지지 않은 부부 가족이 21.1%를 차지하고 있지만, 이 경우 부모가 국외로 진출하여 그 돈으로 구매한 주택에서 자녀인 신혼부부가 생활하는 것으로 판단할 수 있다. 그것은 젊은 부부가 취직도 하지 않고 일자리도 없는 지역에 집을 사서 이주했다는 것은 현실적으로 설명이 어렵기 때문이다.

이 외, 세대주가 20대로 되어 있는 가구가 16호 있는데, 가족 구성으로 보면, 독거가 13호로 절대적인 비중을 점하고, 본인과 부모, 본인과 할머니, 형제가족이 각각 1호씩 차지하고 있다. 이는 20대에서는 부모가 출국하여 혼자 생활하고 있는 사람이 많다는 것을 의미한다. 또한 결합(Composite)가족이 16호나 되는데, 부모와 출가한 딸이 같이 거주하는 경우, 조카와 함께 거주하는 경우, 친척과 함께 거주하는 경우로 나누어 볼 수 있다. 이런 복합가족들은 이동이 초래한 가족분산과 변화를 직접적으로 보여주고 있다.

조사의 표본으로 선택된 이주가구 301호의 총 인구는 665명으로, 가구당 평균 거주가구원 수는 2.21명에 불과하다.[104] 이 가운데 50대 이상의 가구가 절반 이상을 차지하고 있는 것은 MR촌으로의 이주는 주로 젊은 노동력층의 국외진출에 의한 노인들과 어린이들

---

104) 2003년 1월 KS촌에 대한 조사에서 KS촌의 평균 가구원 수는 1.99명으로 나타났다.

의 이주라는 것을 의미하며, 가족 규모가 작은 것은 가족분산의 결과를 설명해 주고 있는 것이다. 이를 종합하여 가족 구성을 검토해 보면 다음과 같은 결과가 나타난다.

〈표 4-4〉 MR촌 301호 이주가구 가족 구성 상황

가족 형태	가구 수	비 율	가족 형태	가구 수	비 율
독 거	76	25.2	결손 3대	12	4
부 부	68	22.6	노인·손자	38	12.6
핵가족	37	12.3	형제 가족	4	1.3
편부모	43	14.3	구성 가족	16	5.3
완전 3대	7	2.4	합 계	301	100

〈표 4-4〉에서 볼 수 있듯이, 독거 가구의 비율이 25.2%로 제일 높으며, 현대사회의 표준적인 가족형태로 볼 수 있는 핵가족의 비율은 전체의 12.3%밖에 되지 않는다. 또한 예전에는 보기 드물었던 노인·손자 가족, 형제 가족, 결합가족 등의 새로운 가족 형태들이 출현하고 있으며 그 비율도 20%나 된다. 1990년도 연변 조선족 가족구성과 연관하여 보면, 당시 조선족의 가족구성에 영향을 미친 주요 요인이 거주조건이었다면, 현재 조선족의 가족구성에 영향을 끼치는 주요 요인은 가족성원의 이동인 것으로 파악할 수 있다. 가족성원의 이동으로 가족구성에서 대변화가 일어나고 있는 것이다. 〈표 4-4〉에 반영되어 있듯이, 그 주요 결과는 가족분산이다.

3. 연해 지역 진출 조선족의 가족생활: 청도 교남시 사례

청도 지역으로의 조선족진출은 개인단위 이동으로 시작되고, 그후 가족성원이 진출하여 재결합하는 형태를 띠고 있다. 그러나 이러한 가족 재결합은 아직 진행 중에 있어 가족성원이 지역적으로 분산되어 생활하는 분산현상은 여전히 지속되고 있다. 진출 초기에는 개인단위의 이동으로 하여 독거나 회사 기숙사의 생활이 위주로 되었으나, 이동이 지속적으로 이루어지면서 진출지에서 진출자들은 여러 가지의 새로운 가족형태를 이루고 있다.

이들은 우선, 정착에 성공한 젊은 세대가 새로운 가정을 이루고, 육아 등의 필요로 부모를 모시고 나오면서 일상적인 가족생활의 모습을 갖추고 있다. 또한 가족보다 먼저 진출한 기혼여성들이 남편과 자녀를 부름으로써 진출지에서 가족의 재결합이 이루어지고 있다. 이 외, 배우자가 국외로 진출하여 있는 부모가 자녀가 진출한 곳으로 나와 이루는 편부모 가정, 자녀를 공부시키기 위하여 부부가 진출하여 있는 경제활동을 하는 부부 가구, 노인들이 손자·손녀를 돌보고 있는 노인·손자 가정, 자녀가 부모를 모시고 사는 3대 가구, 일부 젊은 여성들이 외국인과 동거하는 현지처 가구, 미혼 청년들의 동거가구, 친구들로 구성된 구성가구, 형제가구, 독거가구 등의 다양한 가족 형태들이 존재하는 것으로 관찰된다.

진출자들이 다양한 형태의 가족생활을 함에 따라, 표준적인 핵가족구조를 가지고 있는 가구는 전체의 30%를 넘지 못할 것으로 예상된다. 진출지에서 안정된 핵가족을 이룰 수 있는 사람은 주로 그곳에서 정착에 성공하여 가정을 이룬 사람들과, 남편과 미성년 자녀들을 불러들인 기혼여성 가구이다. 현지에서 결혼하고 가정을 이룰 수 있는 사람은 대부분 교육수준이 높아 안정된 직장과 높은 수입을 가진 사람들로 볼 수 있으며, 생활이 안정된 집단의 비율이 30% 정도 된다는 조사결과가 나와 있다.[105] 그러나 그중에 국외 진출자 가족성원이 진출하여 사업에서 성공하였거나 혹은 그 수입에 의존하여 안정된 생활을 하는 사람, 그 밖에 외국남성과 동거하는 젊은 여성이 포함될 수 있기 때문에 실제로 자기 힘으로 정착에 성공한 사람의 비율은 30%에 달하지 못할 것으로 판단된다.

가족을 불러들인 기혼여성들도 일반적으로 자녀가 학교에 다닐 경우, 자녀를 불러들이지 못한다. 따라서 학교를 졸업한 미혼 자녀를 둔 사람들이 가족과 결합한다고 볼 수 있다. 그러나 이 경우 자녀가 부모로부터 독립을 선호하기 때문에 부부가구가 될 가능성이 높다. 이러한 점들로 미루어 볼 때, 표준적인 핵가족구조를 유지하고 있는 비율이 30%를 넘기 어렵다.

완전한 가족구조를 이루고 있다 하더라도, 정상적인 가족생활을 하지 못하는 사람들이 대부분이다. 그것은 직장생활, 자녀의 교육환경과 연관된다. 우선, 직장생활을 보면, 집을 부인의 직장과 가까운 곳에 정함으로써, 집과 회사가 멀리 떨어져 있는 남편이 평일에는 회사 기숙사에서 생활하고 주말에 집으로 오는 주말 부부가 많다. 이 외, 회사 식당에서 밥을 짓거나, 가정부 일을 하는 여성들도 일의 성격상 출퇴근이 어려워 평일에는 집으로 오지 못하고 휴일에만 집으로 올 수 있어 주말부부로 된다. 여기에 직장까지 안정되지 못하면 가족생활의 어려움은 더욱 커진다.

이 밖에 자녀의 교육 여건에 의하여 부모와 자녀가 떨어져 생활하는 경우가 많다. 우선은 현지의 한족들은 주거지의 위치에 따라 학교를 배정받지만, 조선족은 현지 호적을 갖고 있지 않기 때문에 주거지에서 멀리 떨어진 주변 지역 학교에 배정받게 된다. 따라서

---

105) "청도는 우리민족의 새 고향이 될 수 있을까?" 흑룡강신문, 박영만, 남일주, 2005년 7월 11일.

집과 학교의 거리가 멀어 기숙사생활을 하게 되는 경우가 흔하다. 또한 부모가 직장 생활로 바삐 보내기 때문에 자녀의 교육과 보살 핌에 어려움이 있어 학교에 전탁시키는 경우도 많다. 이 외, 부모를 모셔간 젊은 부부가운데 아이를 노인들에게 맡겨 놓고, 따로 거주하면서 직장을 다니는 사람들도 있어 이들도 대부분 시간을 자녀와 떨어져 생활한다. 이러한 경우 비록 정상적인 가족구조를 갖추고 있다고 해도 정상적인 가정생활을 유지 못 하게 된다.

이러한 상황에 대하여 식당에서 일하는 여성들은 "돈 때문에 가족과 갈라져 있는 것이 가슴 아픕니다."고 입을 모은다. IH직업소개소 소장의 말은 많은 여성들의 심경을 대표하는 것으로 보인다. "예전에는 생활이 어려워 된장찌개만 먹어도 사는 것이 재미있었는데, 지금은 돈을 벌어도 무슨 멋인지 모르겠습니다. 예전에는 가족이 오순도순 했고, 얼굴 볼 시간도, 이야기를 나눌 시간도 많았는데, 지금은 저마다 바쁘니 도처로 다니고, 같이 있는 시간도 얼마 안 되고, 저녁이 되면 혼자서 쓸쓸할 때가 많습니다."

교남 지역 조선족이 이루고 있는 가족형태를 보면, 핵가족과 3대 가족은 소수를 차지하고, 동거가족과 임시적인 구성가족과 같은 새로운 가족 형태들이 훨씬 높은 비율을 차지한다. 즉 일반적으로 가족하면 떠오르는 그런 형태의 가족보다 예전에는 생각지도 못했던 새로운 형태의 가족생활을 하는 사람이 많다. 가령, 부부가 아닌 기혼 남녀가 구성한 '임시 가정'이라든가, 외국남성과의 동거 가정, 미혼 청년들의 동거, 친구들과 함께 거주하는 가구와 같은 것들이 그것이다.

이러한 상황이 조성된 원인은 주로 두 가지로 분석된다. 하나는 정착에 성공하여 가족의 재결합을 이루거나 혹은 현지에서 새 가정을 이룰 능력을 구비한 사람들이 적다는 것이며, 다른 하나는 가족성원이 국외로 진출하여 있어 한동안 가족 재결합이 어렵다는 것이다. 사람들은 생활에 필수적인 많은 부분을 가족이라는 단위를 통하여 해결하기 때문에 가족을 떠나서는 생활하기 불편한 측면이 있다. 낯선 곳으로 이주한 사람들에게는 이러한 가족생활이 더욱 절실해진다. 왜냐하면, 낯선 곳에서 사회관계가 빈약하여 가족성원 간에 협력과 정서적 지지가 더욱 중요해지기 때문이다. 그러나 가족 단위의 이동이 이루어지지 못하고 가족이 분산되는 것이 일반적이기 때문에 이러한 수요를 충족하기 어렵게 된다. 이를 미봉하고 생활과 정착에서의 어려움을 극복하기 위하여 현지에서 여러 가지 가족생활형태를 구성해 가는 것이 관찰된다.

교남 지역 조선족의 가족생활에서는 또 다른 흥미 있는 현상이 발견된다. 그것은 원거주지에서의 '가족공동체' 구조가 현지에서 부활되고 있다는 점이다. 앞에서 설명했듯이, 조선족의 진출은 먼저 진출한 가족성원을 통하여 '꼬리 물기식' 형태로 이루어지고 있다. 여기서 말하는 가족은 '가족공동체' 맥락의 가족이다. 즉 혈연에 의해 형성된 친척관계를 말하는 것이다. 먼저, 진출한 친척에 의하여 다른 친척의 이주가 이루어지면서 현지에서 친척관계가 복원되고 상호 협력체계가 이루어지며, 이로 인해 '가족공동체'가 재결성되는 것이다.

이런 재결성된 '가족공동체'는 현실 생활에서 상호 지지의 기능을 수행할 뿐만 아니라, 타향 생활에서의 고립무원의 심리적인 불안감에서 벗어나 정서적인 안전감을 준다. 명절이나, 가족성원의 생일, 중요한 가족 행사가 있을 때에는 서로 모여 어울리면서 타향 생활에서 오는 고달픔을 달래고, 서로 힘이 되어주는 것이다. 또한 이와 같은 타향의 '가족공동체'는 원거주 지역에서 보다 더욱 강한 유대를 보이는 것이 일반적이다. 그것은 낯선 타향에서 상호 협력·지지 체계가 더욱 중요하기 때문이다. 이러한 이주지의 '가족공동체'는 기존의 '가족공동체'와는 달리 주어진 환경에 민감하게 반응하는 '상황적 파생 가족공동체'의 성격을 갖는다. 이는 여러 형태의 사람들이 가족이념을 매개로 모인 공동체로 볼 수 있다. 여하간 새로운 진출지에서 '가족공동체'의 부활은 조선족의 사회생활에서 '가족공동체'의 중요성을 잘 설명해 주고 있다.

4. 국외진출 조선족의 가족생활: 한국 수도권 지역 사례

조선족의 한국진출은 국제노동력 이동의 성격을 가지는 것으로 국내 이동에 비하여 제약이 많다. 이로 인해 경제활동을 목적으로 한 조선족의 한국진출은 개인단위 이동으로 이루어져 왔으며, 진출에 성공한 사람들은 높은 수입에서 오는 유혹 때문에 쉽게 귀국을 선택하지 않는 것으로 알려져 있다. 따라서 많은 진출자 가족이 갈라져 생활하는 상황이 만들어졌다.

2002년의 조사에서는 크게 다섯 가지의 거주형태가 관찰되었다. 그것은 독거, 부부, 기혼남녀 임시구성가족, 미혼동거, 일터기숙이었다. 이 중에서 독거와 일터기숙이 제일 높은 비율을 차지하고, 그다음으로 미혼동거와 기혼남녀 동거, 마지막으로 부부 가정의 순으로 조사되었다. 이 외 다음과 같은 세 가지 현상도 발견되었다. 첫째는 독거하는 사람들과 일터에서 기숙하는 사람들에게서 흔히 힘든 노동과 경제적인 압력, 가족 별거로 인해 정서적 피로감에 시달리는 경향이 발견되었으며, 이로 인하여 기혼 남녀들 사이에서 '애인'을 찾고, '임시동거'를 하는 현상이 유행처럼 확산되고 있었다. 둘째는 입국 비용 마련을 위해 진 빚을 청산하고 경제적 여유가 생기면서 배우자를 한국으로 데려오려고 여러 가지 시도를 하고 있는 사람들이 늘고 있었으며, 성공사례도 늘어나고 있었다. 셋째는 일부 여행사와 중국 현지 학교들이 연합하여 방학 기간에 자녀들의 한국방문을 추진하여 자녀가 한국에 와서 부모와 상봉하는 현상이 나타났으며, 이는 한국 주요 언론들의 관심을 끌었다.

그 후 조사를 거쳐 확인된 2005년 상황을 보면 다음과 같은 변화가 나타나고 있었다. 첫째는 가족성원의 한국진출이 많이 이루어져 있다. 이는 원인은 두 가지로 분석된다. 하나는 진출자들이 경제적인 여유가 생겨 입국에 필요한 비용을 쉽게 해결할 수 있게 되었다는 것이다. 다른 하나는 조선족의 출입국과 합법적인 체류에 관한 한국 정부의 정책이 많이 개선되어, 진출에 제약을 주는 요인들이 많이 사라졌다는 점이다. 이는 조선족의 한국 진출의 문턱이 많이 낮아졌음을 의미한다. 이로 인해 조선족의 한국진출은 최근 몇 년 사이에 크게 늘었으며, 배우자는 물론 성인 자녀들, 심지어 나이 많은 부모들까지 한국에 나와 있는 가구들이 늘고 있다. 이는 앞에서 언급한 외국으로 진출하여 가족이 분산된 KS촌의 32가구 중, 부부 별거가 14호로 43.7%로 차지하고, 어린 자녀와의 별거가 18호로 56.3%를 차지하는 점에서도 확인할 수 있다. 즉 가족 분산에서 부부 별거보다 어린 자녀와의 별거가 높은 비중을 차지하고 있다. 이는 원거주지에서 노인·손자 가구들이 높은 비율을 차지하고 있다는 사실에서도 역시 확인된다. 어린 자녀와 부모와의 별거가 가족분산의 주요 형태로 되는 것은 배우자의 진출을 통하여 부부결합이 늘었다는 것을 증명하는 것으로 볼 수 있다.

둘째는 불법체류자에 대한 구제 프로그램과 합법화 조치로 재입국을 보장받은 많은 진출자들의 귀국이 이루어짐으로써 가족상봉이 이루어졌고, 자유로운 출입국과 합법적인 체류의 기회가 확대면서 가족 분산에 대한 심리적인 불안감도 완화되었다는 점이다. 기회의 확대로 많은 진출자들은 가능한 한 불법체류보다 합법적으로 체류할 수 있는 기회를 만들려고 노력하고 있으며, 조건을 갖추지 못하여 불법체류를 지속하더라도 본인의 귀국보다 가족들을 한국으로 자유롭게 다닐 수 있는 여건을 마련하는 데 치중하는 것으로 조사된다.

이러한 상황변화와 체류 기간의 지속으로 조선족집단의 생활모습도 변화를 보이고 있다. 우선은 부부 재결합 가정이 많아졌으며, 기혼 남녀 동거현상과 독거가 이전보다 줄어들고 있다. 가족의 한국진출에서 배우자의 진출은 우선적 선택이며, 이로 인하여 많은 부부가 다시 결합할 수 있게 된 것이다. 다른 사람과 동거하고 있던 사람도 배우자가 나오면 갈라지고 원배우자와 합치는 경우가 많으며, 혹 동거생활을 계속 유지하는 사람이 있어도 이는 사실상 기존의 혼인이 파괴된 것이기 때문에 새로운 가정의 구성으로 볼 수 있다.

또한 가족성원의 진출이 늘면서 독거하는 사람들도 줄어든 것으로 보인다. 다음은 부부 결합이 늘어나고, 성인 자녀의 국제 혼인이 늘면서 가족분산은 어느 특정한 단계의 현상이기보다는 상시적인 현상으로 고착화되는 양상이 관찰된다. 가족관계에 있어서 부부관계는 중심적인 것이며, 따라서 부부가 결합되면 가정의 기본 조건을 갖추었다고 볼 수 있다. 부부의 결합이 이루어짐에 따라 많은 사람들이 귀국을 서두르거나, 희망할 강력한 동인이 사라지게 된다. 자녀는 다른 가족들에게 맡겨놓아 부모가 곁에 없어도 경제적으로 후원만 해 주면 자랄 수 있다고 생각해, 곁에서 지켜보기보다 돈을 벌어 뒤를 대주어야 한다는 인식이 자리를 잡고 있다.

한국에 진출하여 있는 조선족집단에게서도 교남 지역과 마찬가지로 '가족공동체'가 부활되고 있음을 확인할 수 있다. 조선족의 한국 진출에 있어서도 '가족공동체' 내의 상호 도움이 큰 작용을 발휘하고 있다. 먼저 진출한 형제와 가까운 친척들이, 진출을 희망하는 친척들에게 진출비용을 선대해 주고, 입국하면 일자리 찾기, 집구하기, 간단한 살림 차리기 비용까지 먼저 해결해 주는 등 가족공동체 내의 도움이 진출과 적응에서 다른 요인이 대체 못 할 중요한 역할을 하고 있다. 이뿐만 아니라, 친척관계의 복구는 원거주지에서와 같은 '가족공동체'가 형성됨으로써 떨어져 있는 가족에 대한 그리움을 완화하고, 심리적인 면에서 안정된 지지 체계를 확립하여 이동생활의 버팀목 역할을 하는 것으로 보인다. 그러나 이러한 가족 공동체 역시 기존의 '가족공동체'와는 달리 가족 분산의 결과로 나타난 일종의 '파생적' 성격을 가진 공동체로 볼 수 있다.

5. 가족분산과 초국적인 탈지역적 가족생활형성

지역별 사례에서도 확인할 수 있듯이, 조선족가족생활의 변화는 가족분산에서 출발한다. 가족분산은 이동에 의하여 일어나며, 따라서 가족성원구성에 따라 여러 가지 다른 가족분산 형태가 나타난다. 핵가족을 중심으로 볼 때, 가족분산에 영향을 주는 요인은 크게 두 가지로 관찰된다. 하나는 성인 자녀의 존재 여부와 자녀수이며, 다른 하나는 부부의 동반 진출 여부이다. 이 두 가지 요인이 결합하여 다양한 형태의 가족분산이 만들어진다.

가족이 분산되면서 새로운 가족생활관념이 형성되고 있다. 첫째로, "가족은 함께 생활해야 한다."는 기존 관념에서 "필요에 따라 흩어져 생활할 수도 있다."는 생각을 현실로 받아들이는 경향이 나타나고 있다. 이는 가족 분산의 장기화의 결과로 볼 수 있다. 조선족의 가족분산은 주로 이동이 자유롭지 못한 국외진출에 의하여 초래되며, 별거가 장기화되면서 가족에 필요한 사회적 기능도 지역적으로 분화되기 시작한다. 가령, 경제적 필요를 충족시킬 수 있는 곳과 자녀교육을 시키는 곳이 분리되게 된다. 가족이 갈라져 생활하면서 필요와 충족도 지역적으로 분화되었기 때문에 가족분산이 가족생활을 파괴한다고 주장하기 어렵다. 오히려 가족 분산을 더욱 긍정적으로 받아들일 수도 있다. 일차적으로 경제적 수입이 보장됨으로써 사람들은 생활이 어려움에서 오는 가정생활의 불안에서 벗어나 가족을 통해 자기실현 추구의 계기를 마련할 수 있다. 조선족 가족의 수요충족도 초국가적 맥락에서의 활동을 통하여 이루어진다는 점을 고려하면, 가족분산은 조선족에게 세계적인 전망을 심어주는 데 크게 공헌할 것으로 기대된다. 현재의 맥락에서 볼 때 조선족의 가족분산은 상시적인 현상으로 고착화될 가능성이 높으며, 분산 속에서 가족생활의 다양한 변화를 겪을 수밖에 없다.

둘째로, 핵가족은 위기를 보이고 있지만, '가족공동체'는 예전에 비하여 더욱 강화되고 있다. 부모와 미성년 자녀의 별거로 야기되는 자녀교육문제, 부부별거로 인한 혼외정사와 기혼 남녀동거, 이로 인한 가정파괴 등의 현상은 가족분산으로 인한 조선족 핵가족의 위기를 잘 보여준다. 이와 같이, 핵가족은 불안한 환경에 처해 있는 반면, '가족공동체'는 이동을 거치면서 결속이 더욱 강화되고 있는 것으로 관찰된다.

그것은 몇 가지 사실에서 확인된다. 우선은 연해도시로 진출하든, 국외로 진출하든, 혈연에 기초한 친척관계가 진출에서 중요한 역할을 하고 있다. 앞에서도 소개하였지만, 조선족의 외지 진출은 주로 먼저 진출한 친척의 도움과 정보 제공으로 이루어진다. 다음은, 진출자 가구가 안고 있는 많은 문제들은 대개 남아 있는 친척들의 도움으로 해결된다. 가령, 어른들의 보살핌이 필요한 미성년 자녀들을 남아 있는 가족성원이 돌보아 주는 것 등이다. 위에서 진출자들의 현지 생활에서 '가족공동체' 관계의 복원의 중요성에 대한 언급한 바 있다. 한 지역에서 오랜 기간을 생활하다 보면 서로에게 무관심해질 수도 있고 갈등도 생길 수 있다. 그러나 이동을 거치면서 외지생활을 하게 되고, 가족들과 떨어져 있게 되면서 가족공동체 성원들은 서로의 도움을 절실하게 느끼게 된다. 바로 이것이 원거주 지역에서 함께 생활할 때에 비해, 이동을 겪고 있는 현재 '가족공동체'의 내부 결속이 더욱 강화되는 이유의 하나가 된다. 여하간 '가족공동체'가 여러 지역으로 분산되어 가고 있지만 해체되지 않고, 결속이 강화되는 것은 조선족이 탈지역적인 가족생활을 형성, 발전시켜 나가고 있음을 증명한다.

산업사회에서는 핵가족 이념이 지배하게 되고, 친척 간의 유대관계는 일반적으로 약화되는 것으로 알려져 있다. 그러나 조선족은 산업화와 도시화를 겪으면서 '가족공동체' 관계는 강화되고, 오히려 핵가족이 불안정해지는 특징을 보인다. 이는 조선족이 가족의 분산이동을 통하여 도시화 과정을 겪고 있는 점, 또한 핵가족은 부부관계가 파열되면 해체되지만, '가족공동체' 관계는 혈연에 의하여 형성되는 것이기 때문에 쉽게 해체되지 못하는 점, 조선족가족생활의 전통에서 '가족공동체'의 영향력이 뿌리 깊은 점과 연관되어 있는 것으로 판단된다.

6. 가족생활의 변화와 가족규범

가족생활방식의 변화는 가족규범의 변화를 가져오고 있다. 가족규범은 가족생활의 유지와 영위를 위하여 형성된 질서의식과 가치지향을 가리킨다. 아래에서는 부모, 부부, 자녀 등의 관계를 중심으로 가족생활의 변화가 가져다주는 가족규범의 변화를 고찰하려 한다.

1) 노인과 자녀의 관계

조선족가족생활의 전통에서 부모는 언제나 중심적인 위치에 있었다. 부모를 중심으로 가족 위계질서가 형성되면서 가족질서가 유지되어 왔다. 조선족에게 있어 부모에 대한 효는 중요한 덕목으로, 사람을 평가하는 기준으로 사용된다. 부모를 잘 모시지 못하는 사람은 주위 사람들의 질타의 대상으로 되었으며, 개인들도 이를 강하게 의식하고 있었다. 조선족의 이러한 가족생활의 전통은 기본적으로 대규모의 인구이동이 일어나기 전까지는 유지되어 왔다.

그러나 초국적인 이동을 겪으면서 부모와 자녀와의 관계에서도 변화가 나타나고 있다. 첫째는 부모 부양방식의 변화이다. 도시생산부문에 근무하여 퇴직금을 받을 수 있는 사람을 제외하고 많은 조선족 부모는 노년에 자녀의 부양에 의존하여야 한다. 주로 농민이 이 부류에 속하게 되는데, 기존에는 자녀들이 모시고 생활하거나 아니면 주위에 거주하면서 생활을 보살펴주었다. 또한 생활에 필요한 많은 부분을 자급할 수 있었으며, 생활요구도 높지 않아 자녀들에게 큰 부담은 되지 않았다.

그러나 현재는 상황이 변하였다. 우선, 자녀들이 외지에서 생활하면서 생활비를 보내주고 있다. 다음은 생활에서 자급 정도가 떨어지고, 시장에 대한 의존도가 높아지면서, 생활비용이 상승하고 있다. 이는 다음과 같은 문제를 발생시키고 있다. 하나는 많은 노인들이 자녀들과 생활하지 못하고 농촌에 홀로 남겨지게 된다. 또한 자녀들의 부양부담이 커지게 되고, 부모들도 제한된 생활비로 생활하게 되면서 어려움을 겪고 있다. 이로 인해 결과적으로 서로에게 불만감, 섭섭함과 같은 감정이 예전에 비하여 커지는 경향이 관찰되고 있다.

둘째는 노인의 가족 내에서 역할이 변하고 있다. 현재 적지 않은 노인들은 자녀들의 보살핌의 대상이 되기보다는 적극적인 활동을 통하여 자녀들의 튼튼한 받침대 역할을 하고 있다. 가령, 노인들이 손자·손녀의 양육을 책임짐으로써, 자녀가 양육의 부담에서 벗어나 외지로 진출할 수 있다. 젊은 노동력층이 자유롭게 외지로 진출하려면, 자녀의 양육문제가 해결되어야 한다. 자녀를 믿을 만한 사람에게 맡겨야 시름을 놓을 수 있기 때문이다. 이때 할머니·할아버지만큼의 적임자는 없다. 따라서 많은 부모들은 외지로 진출하면서 자녀들을 노인들에게 맡기게 되며, 노인들은 자녀를 도와주는 정도가 아니라, 자녀가 응당 해야 될 양육의 부담을 도맡고 있다.

또한 노인의 한국진출이 상대적으로 쉬운 점을 이용하여, 직접 한국으로 진출하여 돈을 벌어 경제적으로 자녀들에게 도움을 주는 경우도 많다. 젊은 세대에 비하여 노인들의 한국진출은 상대적으로 쉽다. 가령, 친척초청에서 노인이 당연히 우선으로 되며, 성인 자녀가 국제결혼을 하면 노인에게 부모자격으로 입국기회가 주어지고, 2004년부터는 만 61세 이상의 노인들에게 3달 이내의 단기 비자를 별다른 요건 없이 발급하는 출입국정책이 실시되는 것 등은 이들의 한국진출에 유리한 조건으로 되어 있다. 이로 인해 많은 노인들이 나이를 아랑곳하지 않고, 한국에 진출하여 경제활동을 함으로써 진출기회를 가지지 못한 자녀에게 경제적인 지원을 하고 있다. 현재 노인집단은 한국으로 진출한 조선족집단의 중요한 구성부분이 되고 있다.

가족의 분산이동으로 가족질서가 해체되면서, 부모세대의 생활방식과 자녀들의 부양방식에서 변화가 나타나고 있다. 이는 자녀들의 부담과 부모들의 생활고충이 더해지는 현상과, 부모들의 역할이 더 중요해지는 두 가지 상반된 현상으로 구체화되고 있다. 어찌 되었건, 가족 분산이동에서 조선족의 효의 규범이 해체되고 있다고 말하기는 어렵지만, 약화되거나 아니면 변화하고 있음은 명백하다.

2) 부부관계

조선족가족생활에서 부부관계의 전통은 크게 세 가지로 요약할 수 있다. 첫째는, 혼인의 안정성 추구이다. 이는 결혼 후에 부부 관계를 지속적으로 유지해야 한다는 생각으로, '백년해로'나 '검은 머리 파뿌리 될 때까지' 등의 부부관계에 대한 덕담들을 통해 표현된다. 둘째는 부부중심의 관계형성보다 더욱 큰 가족관계 속에 부부관계를 위치시키는 것이다. 이로 인해 부부생활은 친밀성에 기초한 애정관계보다 가족관계 속에 묶이게 되며, 부부가 일정한 거리를 유지하고 있는 것을 미덕으로 삼는 경향이 형성되었다. 셋째는 가정 내 가족관계에서 여성이 불평등한 위치에 놓여 있었다. 가령, 가장 단적인 예로 지금까지도 연변 지역에는 결혼 후에 남성과 달리 여성은 남편에 대하여 경어를 사용해야 하는 가족문화가 자리를 지키고 있다.[106]

그러나 이러한 부부관계에서 근본적인 변화가 관찰된다. 첫째는 혼인의 안정성 추구보다 불만족스러운 부부관계는 유지할 필요가 없으며, 부부관계가 원만하지 못하면 새롭게 출발할 수 있다는 인식이 강하게 뿌리를 내리고 있다. 이는 이혼율과 재혼율의 증가로 이어진다. 최근 몇 년간 연변 지역의 동태통계에 따르면, 국제 혼인가운데 이혼한 여성의 재혼이 처녀들의 초혼 수와 비슷하게 나오고 있다. 현재, 연변 지역에서 국제결혼에 적극적인 여성은 이혼

---

106) 아내가 남편에게 경어를 사용하는 것이 문제인 것이 아니라, 남성이기 때문에 언어 사용을 바꿀 필요가 없고, 여성이기 때문에 남편에게 경어를 사용해야 한다는 것이 남성우위, 남녀차별의 의미를 가지고 있다는 뜻이다.

자들 중심으로 구성되어 있다.

국제결혼이 아니더라도 이혼현상은 점점 확산되고 있다.[107] 가령, KS촌의 정황을 보면, 1964~1968년 사이 출생한 남성 중 결혼한 49명 가운데, 이미 이혼한 것으로 마을에 알려진 가구가 9호로 전체의 18%를 차지하고 있다. 이 외, 알려지지 않았지만 부부관계가 사실상 파괴된 가정을 합치면 이혼율은 더욱 높을 수 있다. MR촌의 촌 관계자는 "지금 세월에 이혼은 어차피 개인의 선택"이라고 말하면서 마을의 이혼상황에 대하여 말을 아끼지만, 촌민들은 부부가 함께 외국으로 진출하지 못할 경우 70~80%가 갈라지는 것 같다고 입을 모은다. YM촌의 촌 정부관계자의 증언에 의하면, 본촌에 호구를 가지고 있는 300여 가구 중, 이혼가구가 70~80호가량 차지하여 전체 가구의 23~26% 정도에 해당된다. 조선족의 이혼율 증가는 국제결혼을 통한 여성의 경제기회 모색, 이동과정에서 부부별거로 인한 감정 파열 등 현실적인 문제에서 비롯되는 것이지만, 그 내면에는 부부의 인연을 중히 여기는 전통적인 가치관의 약화가 자리를 잡고 있다.

둘째는 부부관계가 가족관계에서 가장 중요한 관계로 부상되고 있다. 이는 다음과 같은 세 가지 요인의 상호 작용의 결과인 것으로 분석된다. 우선은 몇 년 정도의 이별을 거쳐 다시 결합한 부부가 많아지면서, 서로에 대한 그리움이 부부관계의 중요성을 재삼 깨닫게 하는 계기가 되었다. 개인단위로 이동한 사람은 가족에 대한 그리움에 시달리게 되며, 그 중심에 자녀와 배우자가 있다. 이

---

107) 조선족의 이혼율에 관한 통계는 거의 발표되지 않고 있다. 연변 지역의 이혼율을 간혹 발표하기도 하지만 지역별 통계기 때문에 조선족의 실상은 파악하기 어렵다. 또한 설사 통계자료가 있다 하여도 신뢰도가 낮다고 볼 수밖에 없다. 왜냐하면, 사실적으로 혼인이 파괴되었음에도 외지에 진출하여 있기 때문에 이혼 수속을 밟지 않은 사람들이 상당수 존재하기 때문이다.

런 과정을 겪은 사람들은 부부가 재결합하면, 그 생활을 소중히 여기면서, 서로에게 배려를 해 주려는 경향을 나타낸다.

다음은 이동으로 인하여 부부 둘만의 가정을 증가시킨 것도 이러한 경향에 일조하는 것으로 관찰된다. 분산된 가족성원들이 지속적 이동을 통하여 이루어지는 재결합 가운데, 부부상봉의 비율이 제일 높다. 따라서 부부만의 가구가 증가되며, 두 사람만의 생활환경이 조성되면서 서로에 대한 배려가 커지는 것으로 보인다.

그다음으로 중요한 요인으로 볼 수 있는 것은 국외와 국내 대도시로의 진출은 이동자들로 하여금 낭만적인 부부생활을 체험하게 만들고, 체험은 추구로 이어지게 만든다. 농촌 지역이나 소도시 지역은 발달한 대도시 지역에 비하여 전통적인 가치관의 영향이 강하고, 이로 인해 낭만적인 생활방식이 발전되기 어려운 측면이 있다. 이에 비하여 대도시에서는 각종 문화가 교류하고 융합되면서 새로운 사물에 대한 수용이 빨리 이루어지고, 새로운 생활방식의 정착도 쉽게 이루어진다. 발달 지역으로의 이동은 조선족에게 대도시적인 낭만적인 가족생활에 대한 체험과 학습의 기회를 마련해 주고 있으며, 이로 인해 조선족 이동 가족에 새로운 부부중심의 생활문화가 확산되고 있는 것으로 분석된다.

셋째는 가족 내에서 여성의 지위가 급속히 향상되고 있으며, 여성이 가족생활에서 중심적인 위치를 차지해 가고 있다. 가족생활에서 여성의 지위 향상은 일차적으로 경제활동에서 여성의 약진에서 비롯된다. 앞장에서 밝혔듯이, 경제기회구조변화로 여성이 경제활동에서 상대적으로 좋은 기회를 가지게 되었으며, 따라서 가구소득에서 여성의 비중이 점차 커가고 있다. 이는 가족 내에서 여성의 급속한 지위향상으로 이어진다.

3) 부모와 자녀관계

유교문화는 '다자다복'(多子多福)의 자녀관을 가지고 있으며, 자녀를 낳아 사람을 만드는 것(부모에게 효도하고, 자기의 역할에 충실한)을 양육의 목표로 삼는다. 또한 어느 문화에 비해서도 자녀교육을 중시하고 있으며, 교육의 목적을 '입신양명'하여 가문을 빛내는 데 두고 있다. 조선족의 자녀관은 이러한 유교적 가치를 기초로 하고 있어, 자식을 낳아 잘 키워 출세시키는 것을 부모로서의 최고의 낙(樂)으로 생각하는 경향을 가지고 있다. 그러나 이러한 자녀관에서도 변화가 관찰된다.

첫째는 여성들의 출산기피 현상이 갈수록 심해지고 있다. 1999년 조선족여성의 합계 출산율은 1.1명에 달하여 세계적으로 제일 낮은 수준을 기록하였다. 조선족여성의 출산율의 저하는 1970년대 초로 거슬러 올라가며, 그 후 지속적으로 하강되어 왔다. 그 원인을 보면, 1970년대~1980년대 초까지는 국가의 출산정책이, 1980년대 중반~1990년대 초까지는 경제적 요인이,[108] 1990년대 이후로는 초부터 이동에 의한 가임기여성의 유출이 출산력 저하의 주요 원인으로 되고 있다. 어찌 되었건, 저출산은 조선족여성들이 다 자녀를 가지기 꺼린다는 것을 의미하며, 여기에는 다 자녀는 자신을 희생시켜야 하고, 생활을 어렵게 할 수 있으며, 자유로운 활동을 방해

---

108) 이 시기는 조선족 많은 가정의 자녀수가 두 자녀에서 한 자녀로 바뀌는 시기인 것으로 관찰되고 있는데, 이에는 당시 경제적 상황이 주요한 영향을 끼친 것으로 분석되고 있다. 1980년대 중반에 들어서면서 개혁과정의 부산물로 중국의 인플레가 극심하여 물가 상승률이 매우 높았다. 반면, 농산물이 가격은 수확량의 증가로 상승하지 못해, 농민들의 생활이 어려워졌다. 이는 조선족농촌의 주택 신축 붐이 1980년대 초, 이후에 사라진 것에서도 증명된다. 생활에서 어려움의 증가는 출산을 억제하는 경향을 가지고 있던 조선족에게 출산을 더욱 기피하도록 만들었다고 볼 수 있다.

할 수 있다는 우려가 자리 잡고 있다. 이는 가치지향에서 조선족여성이 자녀의 성공적인 양육을 자신의 삶의 가치를 실현하는 수단으로 보던 것으로부터, 자신의 삶과 활동에 더 큰 의미를 두는 방향으로 변하고 있음을 보여준다. 그러나 이를 보편 혼에 대한 인식의 변화나, 자녀를 가지는 것을 희망하지 않는 출산거부와 같은 현상과 연관시키기는 어렵다. 실제로 조선족여성에게 보편 혼의 인식은 여전히 강하게 자리 잡고 있으며, 자녀를 갖는 것에 대해서도 긍정적인 태도를 갖고 있는 것으로 보인다.

둘째는 자녀와 함께 생활하면서 돌보기보다는 자녀와 떨어져 생활하더라도 경제적으로 뒷받침을 잘해 주어야 한다는 인식이 중요한 자리를 차지해 가고 있다. 이는 한국의 젊은 부모층에서 나타나고 있는, 자녀양육을 사회적 성취보다 더 중요하게 여기는 풍조와 반대되는 현상으로 볼 수 있다.[109] 대부분 사회에서 미성년자녀를 부모가 돌보면서 키우는 것을 당연한 일이다. 조선족도 마찬가지였다. 그러나 현재 조선족 부모들은 자녀와 떨어져서 생활하면서 그리움에 시달리고, 정서적인 만족감을 희생하더라도 경제적으로 풍족한 환경을 만들어주는 것이 중요하다는 태도를 보인다. 이는 조선족 중·소학교에 대한 조사에서 나타나는 높은 편부모 비율에서도 설명된다. 즉 한국과 같은 사회에서는 단순한 경제적 논리에서 벗어나 친밀성에 기초한 가족의 행복을 중히 여기는 경향을 나타내고 있는 데 반하여, 조선족사회는 더욱 경제적 논리에 휘말려 들면서, 자식에 대한 사랑도 경제적 요인과 직결시키고 있다.

---

109) 한국 제일기획회사의 인터뷰 조사에서 "아이가 좋아하면, 사회적으로 인정받는 직업이 아니어도 좋다."고 응답한 사람이 응답자의 90.9%를 차지하고, '친구 같은 아버지'를 선호하는 것으로 나타났다. 제일기획에서는 소위 X세대로 불리는 26~35세(2005년 기준) 젊은 부모 600여 명에 대하여 인터뷰 조사를 진행하였으며, 2006년 1월 15일에 조사결과를 발표하였다(조선일보, 2006년 1월 16일).

이러한 인식의 차이는 두 사회가 처하여 있는 사회적 현실이 다른 것과 직접적으로 연관된다. 한국의 젊은 부모들은 경제적으로 풍요를 이룬 단계에서, 또한 사회변화가 안정적으로 이루어지는 사회적 환경에서 자녀를 양육하고 있지만, 조선족은 급속한 경제개발과 이로 인한 사회적 격변기에 처해 있다. 10여 년 전만 하여도 특수한 경우를 제외하고, 어떤 조선족 부모도 미성년 자녀를 다른 친척에게 맡겨 키울 수 있다고 생각하지도 않았으며, 외지로 진출하면서도 자식을 집에 남겨 놓은 부모들이 많은 심리적인 고통을 겪었다.[110] 그러나 최근 상황을 보면, 많은 부모들이 자녀에게 경제적으로 풍요로운 생활환경을 만들어주는 데 대하여 보람을 느끼고 있으며, 이를 가지고 스스로 위안하는 것을 볼 수 있다. 이러한 인식의 변화에는 아래와 같은 몇 가지 요인이 작용한 것으로 분석된다.

우선 주목할 점은 급속한 경제개발과정에 있는 중국사회 전반을 지배하고 있는 철저한 경제적 논리가 자식에 대한 사랑도 물질적인 욕구만족을 우선시하도록 만들고 있다는 점이다. 국가의 출산억제정책으로 대부분 중국 가정은 외동자녀를 두고 있으며, 이 때문에 자녀에 대한 지나친 애착을 보이고, 이는 자녀에 대한 소비지출의 확대로 표현된다. 결국 이는 하나의 사회적 풍조로 자리 잡게 되어, 부모들이 경쟁적으로 매달리게 되면서 자녀 양육비용 상승을 부추기고 있다. 따라서 남보다 자녀를 더 잘 키우기 위해서는 경제적인 능력을 키워야 한다는 것이 부모들의 공통된 인식으로 자리 잡게 된다.

다음은, 교육비 상승이 가파르게 이루어지고 있어, 부모의 경제사정이 어려우면 자녀의 학업완성이 영향을 받게 된다. 중국 신화통신의 보도에 의하면, 1994년부터 근 10년간 대학 학비(등록비)가

---

110) 이동자들에 대한 조사를 진행하면서 자녀에 관한 이야기를 하면서 눈물을 훔치는 부모들의 모습을 많이 목격할 수 있었다.

20배나 증가하여 매년 200~400위안에서 5,000~8,000위안으로까지 뛰어올랐다.[111] 반면, 같은 기간 국민의 수입 증가는 4배 정도도 되지 못했다.[112] 학비 외에 기타 생활비용의 증가까지 감안하면 자녀 교육비용상승은 훨씬 더 높아진 것으로 판단된다. 따라서 자녀 교육에 있어서 부모의 경제능력이 갈수록 중요해지고 있다. 이 밖에 자녀를 잘 키우기 위해서는 교육비 지출을 늘려야 한다는 것이 부모들이 가지고 있는 일반적인 상식이다. 따라서 자녀의 성공을 위해서는 경제적으로 튼튼한 뒷받침이 중요하다는 생각이 심화되고 있다. 사회적으로 이러한 분위기가 가시화되면 될수록, 부모들은 성공적인 자식양육과 경제능력을 더욱 밀접히 연관시키게 되며, 이에 대한 실현으로 만족감을 느끼게 된다. 조선족 부모들은 이러한 생각으로 곁에서 보살펴주지 못한 데 대한 미안함을 달래고 자기의 선택이 옳았음을 스스로 증명하고자 한다. 그리고 시간이 지날수록 이런 인식은 굳어지고 있다.

이는 조선족 중·소학교에 대한 방문을 통해서도 확인된다. 조선족 중·소학교를 방문해 보면, 교사들은 일제히 "요즘 부모들은 왜 돈으로만 자식들을 만족시키려 하는지 모르겠습니다."며 입을 모은다. 부모들은 함께 생활하면서 자녀를 키우지 못하는 데 대한 아쉬움을 극복하기 위하여, 물질적인 것으로 이를 보상해 주려는 심리가 강하다. 따라서 자녀들이 어떤 물질적인 요구를 하던 만족시켜주려고 애를 쓴다. 그들은 또한 이러한 욕구충족을 통하여, 부모로서 책임을 다하는 것으로 스스로 위안하고 있으며, 이런 위안은 경

---

111) 1999년 전까지는 국가에서 대학교육비용을 많이 부담하여 학생들의 부담이 적었다. 1999년부터 대학교육의 확대를 위하여 전국 대학들이 정원을 늘이게 되면서 교육비용 부족을 해결하기 위하여 학생들의 교육비 자부담비율을 높인 결과 대학 등록금이 가파르게 상승하게 된 것이다. 이는 대학교육의 시장화 개혁과도 연관되는 것이다.
112) "大學學費10年竟漲20倍", '新華社', 2005年 7月 27日.

제적으로 뒷받침을 잘해 주어야 한다는 인식을 더한층 강화하고 별거를 장기화시키는 요인으로 작용하고 있다.

셋째는 자녀의 진로에 대하여 실용적인 태도를 보이고 있다. 조선족은 교육을 성공의 중요한 수단으로 생각하고 있었으며, 성공의 기준에서는 실용적 가치보다 사회적 지위획득을 중시하는 경향을 가지고 있었다. 가령, 1990년도 연변 지역 조선족에 대한 사회조사에서 아들의 직업으로 조선족이 선호하는 것은 간부, 기술자, 의사, 과학자의 비율이 높게 나타났으며, 딸의 직업으로는 의사, 행정직원, 교사로 나타났다. 반면, 당시 비교적 높은 수입을 얻는 것으로 알려졌던 자영업이나 장사를 자녀의 직업으로 선호하는 사람은 거의 없는 것으로 나타났다(한상복·권태환, 1993: 175).

그러나 현재, 자녀 진로에 대한 조선족의 태도는 실용주의적 가치에 의해 지배되고 있다. 이는 두 가지 방면에서 확인된다. 하나는 자녀의 직업선택에 있어, 사회적 지위가 인정되는 직업보다는 경제적인 실리와 성공을 거둘 수 있는 직업을 훨씬 선호하고 있다. 현재, 조선족은 학문적으로 성공한 사람보다는 경제적으로 성공한 사람을 부러워하고 성공의 기준을 경제적 측면에 두는 경향을 강하게 나타내고 있다. 반면, 예전에 선망의 대상이 되었던 교사와 같은 직업은 기피하는 경향까지 보이고 있어, 사범대를 나온 학생들은 교단에 서려 하기보다는 연해도시로 진출하여 경제적인 기회를 잡으려는 의욕이 강하게 나타낸다. 따라서 조선족 중·소학교는 교사유실을 우려하고 있는 실정이다. 자녀의 교육에 집착했던 부모들도 '공부를 잘하지 못하면 다른 기술이라도 배우면 된다.'는 태도를 보이면서, 기존의 학교교육을 중시하던 모습과는 다른 입장을 나타내고 있다.

또 다른 하나는, 딸의 배우자 선택기준 변화이다. 조선족 부모들은 현재 딸의 배우자 물색에 있어서 다른 조건보다 경제적인 능력이나 기회 창출에 우선적인 목표를 두는 경향을 보이고 있다. 교남에서 옷가게를 하는 K 씨(여성, 58세, 연길사람)는 저자와의 한담에서 이런 말을 한다. "딸들이 조선족 남편 만나면 골치 아파요", "왜요?", "왜는 왜겠어요, 돈이 없으니까 그렇지요." K 씨의 말은 적지 않은 조선족 부모의 마음속 말일지 모른다. 왜냐하면, 적지 않은 조선족 부모들이 딸들을 한두 번밖에 만나본 적이 없는 한국 남성들에게 시집보냈고, 앞으로도 이런 일이 계속 지속될 것으로 보이기 때문이다. 유교적 영향을 많이 받은 조선족은 일반적으로 성인이 된 딸에 대해 엄격하게 요구하는 것으로 알려져 있으며, 사위 감의 물색에도 신중에 신중을 기하는 경향을 가지고 있었다.

그러나 경제적인 지위상승을 위해서나 혹은 경제난을 타개하기 위하여 딸이 얼굴도 잘 모르는 한국 남성에게 시집가는 것을 묵인하거나 혹은 권유하는 것은 조선족에게 있어 딸의 배우자 물색에 신중했던 전통이 퇴색해 가는 것을 의미하는 것이다. 또한 이는 조선족 부모들이 자녀의 결혼에 있어서는 상당히 실용적인 태도를 형성해 가고 있음을 증명한다.

7. 탈지역화와 다원화된 가족생활세계

'다원화된 생활세계'는 조선족가족생활에서 나타나는 또 다른 변화의 모습이다. '다원화된 생활세계'란 조선족가족생활의 변화를 설명하기 위하여 새롭게 제기되는 개념으로, 한 가족성원이 분산으로 서로 다른 지역에서 생활하면서 각기 다른 생활 문화를 형성하고, 이에 의하여 서로 다른 기질성향을 발전시켜 가는 현상을 지칭한다. 다원화된 생활세계형성은 가족성원들의 생활환경이 서로 다른 것과 직접적으로 연관된다. 따라서 이들이 거주하는 지역의 생활환경과 그 지역에서 생활하고 있는 집단의 생활세계에 대한 검토가 필요하다.

1) 원거주지에 남아 있는 사람들의 생활세계

고향에 남아 있는 사람들을 보면, 크게 미성년 자녀, 노인, 배우자들과 기타 형제자매, 친척들로 나누어 볼 수 있다. 미성년자녀들은 대부분 학교를 다니는 학생들로 그들의 상당수는 노인들과 생활하면서 공부하거나 혹은 다른 친척에게 맡겨져 있다. 이들은 부모의 사랑과 보살핌이 필요한 시기에 부모와 갈라져 생활하고 있으며, 따라서 심리적으로 많은 갈등을 겪고 있는 것으로 알려져 있다.

조선족 중·소학교를 방문해 보면, 이들을 가르치고 있는 교사들은 일제히 부모와 떨어져 생활하는 것이 학생의 학업과 인격형성에 끼치는 부정적 영향에 대하여 우려를 나타낸다.[113] 교사들뿐만 아니라, 일반인들도 교육에 대하여 많이 걱정하는 모습을 보인다. 교남 한국인상회 조선족 사무직원인 P 씨는 다음과 같은 말을 한다. "이동에서 제일 크게 피해 보고 있는 것은 애들이며, 교육이 문제입니다. 애들 교육이 되려면 가정이 안정되어야 하는데, 돈벌이하느라고 마구 다니게 되니 애들에게 신경을 쓰려야 쓸 수 없고, 돈으로만 챙겨주려 합니다."

부모들이 외지에 있으면서 자녀에 대한 적절한 가정교육을 하지 못하면서 학교진학을 그만두고 사회로 진출하는 청소년들이 많은 것으로 알려져 있다. 가령, 청도 지역 조선족사회에서 일탈행위를 일삼는 '문제 집단' 청소년들은 주로 부모가 국외로 진출한 가정의

---

113) 이에 대한 상세한 설명은 권태환 편저의 『중국조선족사회의 변화: 1990년대를 중심으로』(서울대학교 출판부, 2005) 제5장을 참고할 수 있다.

자녀들인 것으로 파악된다. 이들은 부모와의 정서적 교류 속에서 성장하지 못했고, 할머니·할아버지도 부모를 대신해 줄 수 없었기 때문에 마음속은 정감적으로 말라 있으며, 이를 소비를 통한 활동으로 해소하여 왔기 때문에 사회적 유행과 대중문화에 민감하고, 자체적으로 즐길 수 있는 놀음에 익숙해져, 무엇을 이루어 보려는 의욕과 다른 사람들과 어울릴 수 있는 사회성이 떨어지는 것으로 지적된다. 이는 자녀의 성공에 좋은 조건을 마련해 주기 위하여, 자녀와 떨어져 생활하더라도 돈을 벌어 대주어야 한다는 부모의 생각이 과연 옳은 것인지 반성하게 만든다.

집에 남아 있는 노인들의 노년생활은 쓸쓸하게만 느껴진다. 현재 어느 사회에서나 자녀들이 성가하여 부모들로부터 독립하여 생활하는 것은 일반적인 현상이다. 그러나 가족공동체의 전통이 강하고, 자녀들과 왕래가 쉬운 일정한 지역 내에서 거주하면서 생활하던데 익숙해 있는 대부분의 조선족 노인들에게 있어 몇 년간 자녀 얼굴을 볼 수 없는 현실은 받아들이기 어려운 일로 되고 있다. 조선족 사회의 노인과 자녀 분리는 이동이 자유롭지 못한 국외진출과 지역적으로 멀리 떨어져 잦은 귀환방문이 어려운 연해 지역 도시로의 진출을 통하여 생긴 것이다. 온갖 정성을 다하여 키워놓은 자식을 외국에 보내 놓고, 임종에도 얼굴 한 번 더 못 보고 돌아가는 노인들이 부지기수이며, 부모의 임종도 지켜보지 못한 자책감에 시달리는 자식들도 흔히 보게 된다. 자녀들을 대신하여 손자를 키우고 있는 노인들은 말을 듣지 않고, 공부를 열심히 하지 않는 손자들 때문에 속을 태우게 되며, 교육을 위하여 도시로 이주한 노인들은 한편으로는 복잡한 도시생활에 대한 적응에 시달리며, 다른 한편으로는 도시생활과 손자의 높은 소비에 의해 초래되는 생활비용의 급속한 증가로 긴장감을 가지고 있는 것으로 관찰된다.

미성년 자녀들과 노인들 외에, 국외 진출자의 배우자와 성인 자녀들도 고향에 남아 있는 집단의 한 부분을 이룬다. 이들은 경제활동을 할 수 있는 노동력임에도 불구하고, 경제활동은 하지 않고, 국외 노무수입에 의지하여 생활하는 것으로 알려져 있다. 자녀교육 혹은 도시생활 선호 등의 원인으로 젊은 세대는 대부분이 주위 도시 지역에 아파트를 구입하고 이주하거나 혹은 집을 세 들어 있다. 주위 도시 지역으로 이동하는 경우는 도시의 수도 한정되어 있고, 거주지도 대부분이 조선족이 많이 거주하고 있는 조선족 중·소학교 주위에 집중되어 있어 농촌마을에서의 친구·동향관계가 도시생활에서도 어느 정도 복원된다. 별다른 활동에 종사하지 않고, 집에서 놀고 있으며, 또한 배우자도 국외에 진출하여 있을 수 있기 때문에 이들의 생활은 적적할 수밖에 없으며, 이를 해소하기 위해서는 같은 처지에 있는 친구들과 어울릴 수밖에 없다.

2) 연해 도시로 진출한 조선족들의 생활세계

교남 지역에 대한 조사에서 회사에 근무하는 회사원은 물론 다른 업종에 종사하는 사람들까지 모두 바쁜 일상을 보내고 있음을 확인할 수 있다. 조선족이 주로 근무하는 한국회사의 근무시간을 살펴보면, 낮 근무가 12시간, 밤 근무가 10시간이며, 중국에서 주 5일 근무제를 실시함에도 불구하고 한국 회사들은 매주 하루만 휴식하고, 공휴일이 일주일씩 되는 큰 명절에도 일반적으로 3일 정도 휴식하는 것으로 알려져 있다. 다른 개인 사업을 하는 사람들은 자유롭게 시간을 조절할 수 있지만, 수입을 위하여 더욱 열심히 매달리고 근무자들의 근무 시간도 10시간 이상이 되다. 전반적으로 노동종사 시간이 길고, 휴일이 적어 안정적으로 일에 종사하고 있는 사람들은 바쁜 일상을 보낸다.

노동시간이 길기 때문에 이들의 생활은 매우 단조롭다. 퇴근하면 식사를 마치고 잠자리에 들고, 아침이면 서둘러 회사로 나가야 하기 때문에 별다른 문화생활이 없다. 휴일에도 주로 집에서 잠을 자거나 TV를 보는 것으로 시간을 보내고 있다. 이 외 간혹 친구들과 만나는 사람들이 있고, 교회에 다니는 사람들도 있다. 이들의 일상생활의 단조로움은 아래와 같은 몇 가지 요인의 영향을 받고 있는 것으로 분석된다.

첫째는 가족성원과 함께 생활하지 못하는 사람이 많아 가족생활에서 오는 즐거움이 결여되어 있다. 연해 지역 진출자들은 가족분산으로 완전한 가족생활을 하는 경우가 드물며, 가족성원과 함께 진출했다고 해도 직장생활 때문에 함께 보내는 시간이 한정되어 있다. 바쁜 일상을 보내야 하는 현대인들에게 있어 행복한 가족이야말로 일에서의 피로를 풀고 삶의 의미와 행복을 느끼게 하는 보금자리가 아닐 수 없다. 그러나 이러한 기능을 수행할 수 있는 안온한 가족생활을 하는 사람이 적고, 대부분의 조선족은 임시 응변식의 단조로운 가족생활을 하고 있다.

둘째는 외지인으로서 현지상황에 밝지 못하며, 이로 인해 여가생활을 즐길 수 있는 방법도 찾기 힘들다. 혹 사정이 밝다 하여도 문화적인 차이로 재미를 느끼기 어려운 것이 보통이다. 사람들은 자기가 살아온 지역의 명물과 문화적인 특성을 알고 있으며, 이에 따라 생활방식과 취향을 발전시켜 나갈 수 있다. 그러나 이주시간이 길지 않은 타향에서는 이러한 취향을 발전시켜 나가기 어려우며, 문화적인 차이가 클수록 문화적인 적응이 어려워 진출사회에 동화되지 못하고 고립되어 생활할 수 있다. 조선족은 현지의 여가활동 정보에 밝지 못하고, 문화적 차이와 외지인이라는 한계로 현지 적응에 필요한 생활양식을 발전시켜 나가지 못하는 것으로 보인다.

셋째는 문화적 생소함에서 오는 생활의 단조로움을 해결하기 위해서는 차이를 넘어 모두가 즐길 수 있는 문화상품을 공급받을 수 있어야 하고, 이를 소비할 수 있는 소비능력이 형성되어야 한다. 그러나 이러한 방면에서도 여건이 여의치 못한 것으로 관찰된다. 공연이나, 영화, 드라마 등은 지역성을 떠나 모든 사람이 다 같이 즐길 수 있는 문화상품들이다. 그러나 중국은 현재 국민들이 모두 가 함께 즐길 수 있는 양질의 문화상품 공급이 부족한 상황에 직면하여 있다. 드라마를 포함한 한국 문화상품들이 중국에서 각광받는 '한류'현상은 이를 증명해 준다. 따라서 사람들이 적은 비용을 들이고 할 수 있는 문화생활은 여건상 한계가 크다. 반면, 일부 문화 활동은 너무 상업화되어 있어 일반 서민들이 참여하기 어려운 경우가 많다. 이는 생활의 단조로움을 해소할 수 있는 문화 환경에도 제약이 많다는 것을 의미한다. 경제적인 적응과 성공을 위한 바쁜 일상, 메마른 생활문화, 더욱 좋은 기회를 찾기 위한 몸부림, 이 세 가지는 연해 도시로 진출한 대부분 사람들의 생활세계를 서술하는 대표적인 표현으로 될 것이다.

3) 한국으로 진출한 조선족집단의 생활세계

한국에 진출한 조선족집단도 경제활동을 목적으로 하는 사람들로 대부분 시간을 노동현장에서 보낸다. 그러나 연해 지역에 진출한 조선족에 비하여 몇 가지 다른 특징을 가지고 있다. 첫째는 일은 힘들어도, 그 수입에 대해서는 나름대로 만족감을 가지고 있어 정신적으로나, 생활적으로 여유를 가질 수 있다. 조선족은 한국에서의 소득을 중국 현지에서의 소득과 비교하기 때문에, 수입에서 만족감을 가질 수 있으며, 수입 대비 생활비용이 적어 경제적인 압력을 상대적으로 덜 느끼게 된다. 또한 가족에게 송금하는 돈은 중국 현지의 소득수준에 비하여 보면, 상당히 높은 것이기 때문에 경제적인 축적에 대한 희망도 가질 수 있다. 경제적인 면에서의 상대적인 만족감은 다른 고충을 완화시켜 주는 역할을 하고 있다. 그러나 연해 지역에 진출해 있는 사람들은 대부분 저임금으로 이러한 경제생활에서의 만족감을 얻기 어렵다.

둘째는 노동에서 느끼는 정신적인 스트레스가 상대적으로 적다. 이는 두 가지 측면에서 분석해 볼 수 있는데, 하나는 노동의 유연성과 연관되고, 다른 하나는 노동의 성격과 연관된다. 조선족남성들은 대부분 건설현장에서 일용직 노동자로 일하기 때문에 본인의 의지에 따라 휴식을 선택할 수 있으며, 여성들의 노동도 어떠한 계약에 의한 것이 아니어서 이직이 자유롭다. 이와 달리 연해 지역에서는 회사라는 조직에서 일하는 사람이 많고, 이직은 자유로울 수 있지만, 더 나은 직장을 구할 수 있는 기회는 제한되어 있기 때문에 오히려 이직은 실업을 초래할 수 있어 쉽게 이직할 수 없다. 따라서 한국에 진출하여 있는 조선족집단은 연해 지역에 진출한 사람들에 비하여 일터선택에서 오는 속박에서 자유롭다고 할 수 있다. 또한 단순 노동을 하기 때문에 육체적으로는 힘들지만, 정신적으로 부담을 느낄 필요가 없다. 반면, 연해 지역에 진출한 사람들은 소득이 높은 사람들일수록 정신적으로 큰 부담을 느껴야 한다. 높은 소득은 그만큼의 능력과 업무수행을 요구하기 때문이다.

셋째는 한국사회 전반적으로 문화적 분위기가 활성화되어 있어, 별다른 비용과 노력 없이도 생활에서 오는 단조로움을 피할 수 있다. 중국에서도 한국 드라마를 선호하고 있지만, 한국에 진출한 조선족도 TV시청을 즐기는 것으로 나타나 있다. 많은 사람들은 "한국에 와서는 TV만 보아도 심심한 줄 모르겠어요." 하는 말을 종종한다. 이 외에도 사회 각 부문에서 주관하는 축제나 이벤트는 사람들에게 풍성한 볼거리를 제공해 준다. 이러한 사회적 분위기로 한국에 진출한 조선족은 단조로운 생활에서 벗어날 수 있다. 물론 그 내면에는 새로운 사회적 환경에 대한 호기심이나 한국문화를 쉽게 수용할 수 있는 조선족의 문화적 배경도 함께 작용하고 있는 것으로 판단된다.

연해도시에 진출해 있는 조선족에 비하여 수입 면에서, 노동의 선택에서, 문화생활에서 상대적으로 좋은 환경을 가지고 있는 한국에 진출하여 있는 조선족에게도 불안감이 없는 것은 아니다. 그것을 몇 가지로 나누어 보면, 첫째는 가족에 대한 걱정이 쌓여 있다. 부모와 자녀를 남겨두고 온 젊은 세대는 자녀 걱정과 연로한 부모에 대한 걱정이 크다. 특히, 부모와 떨어져 성장해 온 자녀의 교육이 문제로 부상하고, 학교를 중도에서 그만두거나, 공부에 흥미를 갖지 못하는 자녀들이 많아지면서 부모들의 걱정은 커져만 간다. 자식에게 좋은 환경을 마련해 주기 위해 외국에 와서 힘든 노동에 종사하고 있다고 생각하는 이들에게 이런 결과는 망연자실할 일이 아닐 수 없다. 사회적으로 생존경쟁이 점점 치열해지고 있음을 느끼고 있는 이들에게 어린 자녀의 교육실패는 큰 심리적 고충으로 작용하게 된다. 한편, 성인자녀를 둔 부모는 자녀를 도우려고 힘든 일도 마다하지 않지만, 직장이나 생업이 마땅치 못하면, 그들의 앞날에 대하여 걱정을 하게 되며, 자식이 많은 노인들은 대부분 힘이 부쳐하고 있다. 이 밖에 연로한 부모의 건강상태가 좋지 않거나 혹은 스스로 생활이 어려운 상황에 처해 있는 경우에도 이들 한국에 나와 있는 조선족 노동자들에게 커다란 부담감을 안겨주고 있다.

둘째는 신분 혹은 합법적인 체류가 불안한 것도 이들에게 큰 고민거리가 되고 있다. 불법체류를 하고 있는 사람들은 고용주들이 꺼려 일자리 찾기가 점점 어려워지고 있으며, 단속이 심하여 불안하기도 하다. 합법적인 체류를 하는 사람도 체류 기한이 한정되어 있어 고민은 마찬가지다. 체류 기간이 지난 후 어떻게 해야 할까

하는 고민이 크기 때문이다. 이들이 체류의 안정성을 중요하게 생각하는 데에는 몇 가지 이유가 있다. 먼저 그들이 한국에서 얻는 소득에 만족하고 있음을 뜻한다. 다시 말해 많은 사람들이 중국 현지에서는 한국에서의 노무활동수입만큼의 소득을 창출할 수 있는 능력과 기회를 가지고 있지 못하기 때문에 체류를 지속하기를 원한다.

다른 하나는 노무활동을 통한 경제수입이 생활의 질 개선을 위한 소비에 많이 사용됨으로 경제적인 축적에는 한계가 있다. 따라서 충분한 저축을 위해서는 오랜 기간이 필요하다. 마지막으로 한국 생활에 대한 적응도 이들의 체류 지속을 희망하는 한 원인으로 되고 있다. 현 단계에서 한국의 전반적인 발전수준과 생활의 질은 중국에 비하여 높다고 볼 수 있으며, 특히 조선족이 많이 거주하던 동북 지역에 비해서는 우월하다고 볼 수 있다. 발전수준이 높은 지역에서 생활하기를 바라는 것은 인지상정이므로 생활에 적응된 사람들이 체류를 계속 희망하는 것은 당연지사라고 할 수 있다.

셋째는 한국의 조선족은 미래의 불확실성에서 오는 심리적인 불안을 느낀다. 한국 진출자들은 고향에서의 기존의 생업활동을 포기하고, 새로운 경제활동을 선택한 것으로 된다. 합법적으로 장기간 체류할 수 없기 때문에, 이들은 언젠가는 귀국해야 한다는 생각을 가지게 된다. 그러나 몇 년간 심지어는 10여 년간 국외에서 단순 노무직에 종사해 온 이들에게 귀국 후에 어떤 선택을 하여야 하는가는 고민거리가 아닐 수 없다. 오랜 기간 떠나 있어 그간의 변화 상황도 잘 파악할 수 없으며, 중국의 사회적 변화와 발전이 빨라 이들이 가지고 있는 구상도 실현되기 어려울 때가 많다. 따라서 많은 사람들이 앞날에 대하여 확실한 계획을 세우기도 어려우며, 자연히 심리적인 불안감이 쌓이게 된다. 물론 많은 사람들이 현실생활에 몰입되어 있어 미래에 대한 생각을 많이 하려 하지 않지만,

이러한 불안감은 그들 내면에 자리 잡고 있는 것으로 분석되며, 특히 젊은 세대에게서 더욱 잘 표현된다.

4) 기질에서 나타나는 다른 성향

심양 MR촌에서 만난 한 촌민은 이런 말을 한다. "큰 아들놈이 일본으로 가서 5년 있다가 왔는데, 이상해져서 같이 있지도 못해. 먹는 것도 다르고, 생각도 다르고, 자기 혼자 있으려 하고, 지금은 다른 집을 잡고 혼자 살고 있어. 집에 죽치고 앉아 무얼 하는지? 취직도 하지 않고……" 한국에서 귀국한 남편을 두고 아내는 이런 말을 한다. "한국에 갔다 오더니 어찌나 깔끔(깨끗함)을 떠는지, 귀찮아 죽겠어요." 교남 한국인상회 사무직원 P 씨는 이런 말을 한다. "여기에 나와 살면서 가장 절실하게 느끼는 것은 열심히 일하지 않으면 살아 나갈 수 없다는 것입니다. 동북에 가보면, 빈둥거리는 사람을 많이 보게 되는데, 여기에서는 그런 것을 볼 수 없습니다. 여기 사람들은 카드와 같은 놀음을 나쁘게 생각합니다. 동북에 가서 보면, 왜 젊은 사람들이 일을 하지 않는지 모르겠습니다. 나는 교남에 와서 길거리에서 싸움질을 하는 것을 한 번도 보지 못했습니다. 하는 일이 바쁘니까 그런 짓을 할 겨를이 없는 것 같습니다." 이런 말들은 서로 다른 환경에서의 생활이 가족성원 간에 생활태도와 인식에서 차이를 가져오고 있다는 것을 단편적으로 보여주고 있다.

생활환경과 기질은 직접적으로 연관된다. 따라서 생활환경의 변화는 기질을 변화시킬 수 있다. 조선족의 이동은 10여 년을 거치면서 진행되어 왔으며, 한 가족성원이라도 생활환경이 다른 지역에서 생활하고 있기 때문에 서로 다른 기질성향을 발전시키고 있는 것이 관찰된다.

우선, 외지진출자와 고향에 남아 있는 사람들을 관찰해 보면, 다음과 같은 네 가지 부분에서 차이가 확인된다. 첫째, 외지진출자들이 진취적인 데 비하여, 원거주지에 남아 있는 성원들은 상대적으로 소극적인 성향을 가지고 있다. 한국에서건 교남에서건 진출자들이 적극적인 생활태도를 가지고 있음을 확인할 수 있다. 새로운 일자리, 더욱 높은 수입을 위하여 적극적으로 움직이고 있으며, 긴 노동시간과 힘든 노동, 복잡한 업무에 매달리고 있다. 이는 진출목적이 돈벌이에 있고, 타향에서 열심히 일하지 않으면 진출목적을 달성하기 어려우며, 생활을 유지해 나가기 어렵기 때문이다. 반면, 집에 남아 있는 사람들은 노동에 종사할 수 있음에도 불구하고, 외지진출자의 송금에 의존하여 생활하는 사람이 대부분이며, 새로운 생활을 개척하려는 적극적인 의지를 보이지 않고 있다. 이는 현지 경제활동기회가 제한되어 있는 것과도 연관된다.

둘째, 진출자들이 생산적인 데 비하여, 남아 있는 사람들은 소비적인 성향을 보이고 있다. 이는 위의 적극성, 소극성과 연관되는 것으로, 진출자들은 더 벌어들이는 데 신경을 쓰고 있는 데 반해, 남아 있는 사람들은 하는 일없이 생활비가 많이 나간다고 푸념한다. 이 역시 경제 환경의 차이에 의해 설명된다. 경제적 기회가 많은 진출자들은 버는 데 신경을 쓰게 되지만, 외지에서 오는 수입에 의지하여 생활하는 사람들은 절약하여 쓰는 데 신경을 쓰게 된다. 실제로 진출자들은 집에 있는 사람들이 생활비를 너무 쓴다고 불만을 이야기하는 반면에, 집에 있는 사람들은 생활비용이 올라간 것은 감안하지 않는다고 고충을 말한다.

셋째, 진출자들이 개방적인 데 비하여, 남아 있는 사람들이 보수적인 성향을 띤다. 진출자들은 새로운 환경하에서 다양한 문화와 접하게 되면서, 기존에 자신이 가지고 있던 인식이나 가치관을 뒤

돌아보고, 반성할 수 있는 기회를 가지게 된다. 또한 이러한 과정을 통하여 자신의 한계를 느끼고, 능력을 키워 나가면서 새로운 것을 받아들이게 되며, 어느 하나에 갇혀 있기보다 새로운 것을 포용해 가는 자세가 필요함을 느낀다. 이 과정에서 개방적인 성향을 발전시켜 나갈 수 있다. 이에 비하여 남아 있는 사람은 자기가 익숙해 있는 환경에서 빠져나오기 어려우며, 외부의 충격에 대한 저항심리도 강하고, 자기가 익숙해 있는 것을 지키려는 성향이 강하다.

넷째는 진출자들이 계산적인데 비하여 남아 있는 사람들은 감정적인 의존이 강하다. 생소한 환경에 적응하면서 경제활동을 해야 하고, 가족을 부양해야 하는 진출자들은 모든 일을 손익을 따져 보고, 상세히 알아보고 진행할 수밖에 없다. 환경에 익숙하지 못하기 때문에 모든 일에서 신중을 기하지 않을 수 없고, 따라서 사람들은 점점 계산적이고 합리적이 되어 간다. 반면, 남아 있는 사람들은 환경에도 익숙해 있고, 특별한 경제활동에도 종사하지 않아 계산적으로 되어 갈 아무런 동인도 없다. 오히려, 가족성원들의 빈자리를 다른 사회관계를 이용하여 메우려 하기 때문에, 다른 사람들과의 유대가 긴밀해지면서 기분에 따른 소비가 늘어날 수 있다. 기분에 의한 행위가 많다는 것은 결국 합리적인 측면보다 감정적인 측면에 강하게 의존하고 있음을 뜻하는 것으로 해석할 수 있다.

국외 지역진출자와 연해 지역 진출자들을 비교해 보면, 의미 있는 현상 하나가 발견된다. 그것은 국외 지역 진출자에 비하여 연해 지역 진출자들에게서 훨씬 강한 기업가적 정신이 갖고 있다는 점이다. 이 역시 생활환경에서 유래되고 있는 것으로 보인다. 국외진출자들은 대부분 발달국가에 진출하여 있다. 이들 국가는 경쟁이 치열할 뿐만 아니라, 구조가 짜여 있어 그곳에서 쉽게 지위상승을 기대하기 어려우며, 따라서 한 걸음 한 걸음 쌓아 나가는 과정이 필요하다. 새로 진출한 이동자에게 지위상승의 기회는 더욱 제한되어 있다고 볼 수 있다. 반면, 중국의 연해도시는 현재 급속한 발전과정에 놓여 있어 기회가 널려 있고 어느 사람이나 막론하고 의욕을 가질 수 있으며, 한 번 기회를 잘 잡기만 하면 쉽게 지위상승을 이룰 수 있는 환경이 조성되어 있다. 가령, 조선족이 흔히 말하는 "바이어나 한국 사장 한 명만 잘 만나면 팔자 고칠 수 있다."는 말은 이러한 환경과 사람들의 심리를 나타낸다. 따라서 연해 지역 진출자들에게서 모험을 하고 개척해 보려는 기업가적인 정신이 강하게 나타나고 있다. 반면, 국외 진출자들에게는 자기가 하는 일에 전념하려는 '회사원적인 기질'이 큰 것으로 관찰된다.

상기의 지역에 따른 기질성향 차이에 관한 분석은 상대적인 것이다. 그러나 정도의 차이이기는 하지만 사회적 변천과정에 있는 조선족의 경우 한 가족성원이라도 사는 지역에 따라 다른 성향의 기질을 발전시키고 있는 것을 쉽게 확인할 수 있다. 이는 도시화 과정에서 가족이 분산 이동하여 서로 다른 도시화 경험을 하면서 어떻게 서로 다른 기질성향을 발전시켜 가는가를 보여주는 것으로, 촌락민의 도시인으로 전환에도 다양한 방식과 패턴이 존재하고 있음을 보여준다.

8. 가족생활변화의 의미

조선족사회전반의 변화에서 가족은 중심적인 위치에 놓여 있다. 이동과정에서는 물론 진출 지역에서의 생활에서도 가족공동체 내부의 상호 지지체계가 매우 중요한 역할을 한다. 뿐만 아니라 가족의 주요 성원들이 빠진 원거주 지역의 생활에서도 가족성원 사이의 협력이 중요한 요소로 작용하고 있으며, 지역적으로 분산되어 있는 가족성원들 사이에는 초국적인 탈지역적 연결망이 형성되어 각 지역에서 이들의 적응을 돕는 현상이 관찰된다. 앞 장에서 조선족 경제생활의 초국적인 지역적 분화와 상호 연계를 밝힌 바 있다. 경제생활의 지역적 연계는 바로 이러한 가족생활의 초국적인 지역적 연결망에 기초한다.

일반적인 기준으로 조선족사회의 발전단계를 구분해 보면, 조선족은 현재 도시화, 산업화 단계에 처하여 있다. 사회학의 일반 이론에 의하면, 도시화, 산업화 과정은 탈전통과 연관되어 있다. 그러나 조선족사회는 서구나 대부분의 개도국의 도시화, 산업화에 비해 훨씬 복잡한 변화를 겪고 있음에도 불구하고 조선족 전통적인 가족관계는 해체되는 것이 아니라, 오히려 변화과정에서 변화를 추동하는 강력한 동인으로 되고 있다. 그렇다면, 조선족의 전통적 가족은 아무런 변화도 겪고 있지 않는 것일까? 내용에서 볼 수 있듯이 이는 결코 아니다. 전통적 가족 규범은 완전히 바뀌어 가고 있으며, 심지어 한 가족성원들이 서로 다른 지역에서 생활하면서 질적으로 다른 기질성향을 발전시켜 나가는 현상까지 발견된다.

이는 전통과 현대를 단순히 대립시키거나 혹은 단순히 탈전통 또는 전통 유지를 논하는 것이 얼마나 위험한가를 보여준다. 조선족의 가족생활의 변화에서 볼 수 있듯이, 어느 영역에서는 전통은 매우 막강한 위력을 발휘하고 있지만, 이와 반대로 어느 영역에서는 전통이 빠른 속도로 해체되어 가고 있다. 또한 가족에 대한 논의에서 일반적으로 사용하는 '함께 생활하는 혈연집단'으로서의 가족의 개념도 조선족 가족의 논의에는 적절하지 못하다. 가족은 반드시 함께 생활해야만 하는 것이 아니다. 조선족과 같이 초국적으로 분산되어 있지만, 연결망에 의하여 탈지역적인 가족관계와 생활을 형성할 수도 있다.

제 5 장

초국적 공간에서 공동체의 변화와 생성

1. 조선족사회의 공동체 특징과 변화

조선족의 생활세계에서 공동체는 또 하나의 중요한 생활단위이다. 여기서 말하는 공동체는 일정한 지역에서 구성된 사회관계에 기초하여 형성되는 집단을 가리킨다. 중국으로 이주한 후 조선족은 주로 동북3성에 집거하면서 공동체를 이루고 생활하여 왔다. 이러한 공동체는 이주생활에서 요구되는 사회적 적응의 기초 환경을 제공하였으며, 집단문화와 정체성의 형성과 유지, 발전의 기제로 작용하였다.

이러한 전통적 조선족공동체는 크게 세 가지 특징을 가지고 있은 것으로 알려져 있다. 첫째는 지역적 안정성이다. 조선족은 이주 초기부터 새로운 환경에 적응하기 위하여 집거하면서 집단을 이루고 생활하여 왔다. 중화인민공화국의 성립 이후, 사회질서가 잡히면서, 조선족공동체도 지역적으로 안정되기 시작한다. 이러한 지역적 안정성은 이동이 없이 오랫동안 한 지역에서 생활하는 것을 통하여 확보된다. 둘째는 사회관계의 안정성이다. 한 지역에서 이동이 없이 오랫동안 생활하기 때문에 성원들의 사회관계의 망은 폐쇄적인 성격을 띠게 되며, 세대교체를 거치면서도 지속성을 갖게 된다. 여기에 더하여, 조선족의 경우 문화로서 상징되는 민족동질성은 성원들 사이의 유대감을 더욱 높이고 폐쇄성을 강화하는 결과를 가져왔다. 이러한 생활환경은 조선족의 공동체에 있어 전통적 규범의 유지에 결정적인 공헌을 하였다.

그러나 1990년 이후 대규모의 이동을 거치면서 조선족의 공동체는 심각한 변화를 맞게 된다. 기존의 공동체는 심각한 변화 또는 해체에 직면하고 있으며, 동시에 새로운 곳에 새로운 조선족 공동체가 형성되는 현상이 널리 관찰된다. 그 밖에 지역성에서 탈피하여 초국적인 연결망에 기초하는 새로운 유형의 공동체도 발견된다. 본 장에서는 지역별 사례분석을 통하여, 다양한 지역에서 나타나는 조선족 공동체의 변화와 생성의 모습, 성격의 규명을 시도한다.

2. 동북 지역 조선족 공동체의 변화: 커뮤니티별 사례

1) 흑룡강성 해림시 KS촌

본격적인 이동이 일어나기 전인 1980년대 말까지만 해도 KS촌은 자족 정도가 높은 커뮤니티였다. 촌민들의 생산과 일상생활은 주로 마을 내에서 이루어졌으며, 마을에서 충족되기 어려운 사안은 마을에서 몇 킬로 떨어진 진(한국의 읍에 해당)을 통해 해결할 수 있었다. 생활에 필요한 물품은 농한기에나 혹은 타작을 마친 후 인근 도시로 가서 구입하였는데, 이것이 외부와의 거의 유일한 접촉이었다.

　마을에는 촌 당지부와 정부가 있고, 그 밑에는 노인회, 청년회, 부녀회 등 조직이 설치되어 각종 행사를 관장하고 있었다. 이 외, 초등학교와 유치원이 설치되어 자녀들의 초기 교육을 맡았고, 정부 기관에 의하여 운영되는 상점이 있어 촌민들의 일상 수요를 만족시키고 있었으며, 마을 병원은 촌민들의 건강을 돌보는 기능을 수행하고 있었다. 노인절, 여성절, 청년절, 아동절, 이 밖에 봄이면 촌민 야유회, 여름이면 촌민운동회 등이 열려 마을에는 일 년 내내 행사와 축제가 그치지 않았고, 이를 통해 촌민들은 화합과 유대를 다져왔다. 이러한 공식적인 조직과 활동 외에도 비슷한 연령대의 또래집단과 같은 비공식적 조직들이 나름대로의 놀이문화를 가지고 있어 공동체의 생활에는 활력이 넘쳤다.

　그러나 급속한 노동력 이동이 일어나면서 이러한 자족적인 커뮤니티에서 빠른 변화가 나타났다. 변화는 우선 청장년노동력의 대량 유출에서 비롯되었다. 많은 사람들이 외지로 진출하면서 중요한 기능을 수행하던 조직이 없어지거나 유명무실해지고 있다. 가령, 젊은 사람들이 외지로 진출하여 자녀를 낳고 기르기 때문에 학교와 유치원의 학생공급이 끊겨 이들은 1997년에 문을 닫았다. 마을 상점은 간신히 유지되지만 술과 담배 같은 상품을 파는 구멍가게로 전락하였고, 병원도 의사가 외지로 가면서 문을 닫았다. 예전에 마을의 각종 행사에서 중요한 역할을 하던 청년회와 부녀회는 회원이 없어 사실상 없어진 것과 다름없다. 촌 정부에서 간부 일을 맡아볼 사람이 없어 애를 먹고 있다. 마을에 사람들이 적어지면서 당연히 많은 행사를 벌일 수 없게 되었으며, 또래집단도 와해되어 젊은 사람들은 게이트볼을 치는 노인협회마당에 가서 구경하면서 외로움을 달래고 있다. 다른 것에 비하여 잘 유지되고 있다면 그것은 노인협회이다. 촌 정부사무실과 유치원 건물 등은 개인에게 매각된 반면, 노인협회는 원건물을 팔고 좋은 위치에 신축하였다. 온 마을 길에 사람 그림자 찾기가 힘들지만 노인협회 마당은 늘 사람들로 북적인다. 마을에 남아 있는 사람들이 나이를 떠나서 무료함을 달래려 그곳에 모이기 때문이다.

KS촌의 변화양상은 여러 곳에서 발견된다. KS촌의 촌민들은 이제 대부분이 더 이상 직접 생산 활동에 종사하지 않고, 외부에서 보내오는 송금에 의존하여 생활하고 있다. 생산에 종사하지 않으면서 생활에 필요한 것을 모두 시장을 통하여 해결받는다. 이는 일상생활에서 외부 시장과 사회에의 의존을 강화시킨다. 이러한 생활환경의 변화는 성원들 간의 관계의 변화를 가져온다.

첫째는 품앗이와 같은 상부상조의 협동문화의 급속한 약화와 대인관계에서 경제적인 거래의 중요성 증대에서 찾을 수 있다. 수전농업은 특성상 협동노동을 필요로 하기 때문에 농사를 짓던 시절에는 상부상조의 정신과 관행이 공동체 내에 팽배해 있었다. 그러나 농사를 짓지 않으면서 다른 사람의 도움이 필요 없게 되고, 여기에 더하여 주변 지역에서 와서 농사짓는 한족들이 농사철에는 일손이 부족하여 돈을 주고 일할 사람을 고용하면서 일을 하면 보수를 받는 문화도 정착되었다. 현재 KS촌에는 무상으로 남을 돕는 일이 별로 없고, 일손이 필요하면 돈 주고 일할 사람을 구해야 한다.

둘째는 과시성 소비가 늘고, 사람들이 소비에 민감하게 반응하는 경향에서 찾아볼 수 있다. 과시성 소비는 주로 자녀 혹은 가족이 외지에서 성공했다는 것을 자랑하려는 의도에서 행해진다. 이는 생일잔치를 크게 벌이거나, 물품 자랑을 하거나, 부조를 통 크게 하는 등의 사소한 일을 통하여 표현된다. 이에 대해 많은 사람들은 신경질적인 반응을 보인다. 가령, 한 촌민은 "~는 쩍하면 새 옷을 입고 나와 아들이 보내주었다고 자랑한다. 아들 자랑을 얼마나 하는지~" 하면서 말끝을 흐린다. 현지조사를 위하여 체류하고 있는

15일 동안 마을에서는 4~5가구가 생일을 차리고 온 마을 주민들을 초청하였다. 그러나 정작 이에 대해 촌민들은 "돈 깨나 있다는 집들에서 뽐내느라고 앞 다투어 생일을 차립니다." 하면서 불편한 심기를 드러낸다. 최근에는 웬만한 관계가 아니면 초청해도 가지 않는 사람이 늘고 있다고 한다.

이러한 현상은 본격적인 노동력 이동이 일어나면서 KS촌이라는 공동체에서 어떤 변화가 일어나고 있는가를 보여준다. 외지진출과 이에 의한 생활환경의 변화로 공동체를 유지시켜 주고 결속력을 다져주었던 공식적 비공식적인 조직이 모두 급속히 약화 또는 해체되고, 성원들 간의 관계도 점차 경제적 지위를 중심으로 다시 편성되고 있다. 즉 조선족 농촌의 전통적인 인정문화와 전통적인 공동체는 해체의 위기에 놓여 있다.

2) 길림성 연변도시 지역

연변 지역의 사례는 조선족인구비율이 높은 도시 지역에 국한된다. 지역적 경계가 명확하고 성원 수가 제한되어 있으며 상대적으로 폐쇄적인 생활을 유지하고 있는 농촌 지역은 마을 자체를 하나의 생활단위체로 간주할 수 있지만, 서로 모르는 많은 사람들이 함께 거주하는 도시 지역에서의 생활은 개인들이 가지고 있는 사회적 연결망에 기초하여 형성된다. 일반적으로 개인의 사회관계 형성에 영향을 주는 주요 요인으로는 혈연, 지연(근린), 학연, 업연 등 네 가지가 꼽힌다. 연변도시 지역 조선족의 사회관계도 주로 이들 요인의 영향을 받아 온 것으로 관찰된다.

초국적인 대규모의 인구이동으로 도시 지역의 주민공동체에서도 변화가 나타나고 있다. 연길과 도문과 같은 도시는 많은 주민이 국외로 진출하여 있어, 귀환과 진출이 반복적으로 이루어지는 곳이다. 도시는 지역의 정보, 행정, 중개기구, 교통, 대외 교류 등의 중심지이기 때문에 도시주민들의 외지 진출은 농촌 주민들에 비하여 쉽기 마련이다. 실제로 농촌마을조사에서도 도시근교 농촌주민의 외지진출 비율이 편벽한 농촌 지역에 비하여 훨씬 높음을 확인할 수 있다. 이러한 현상은 특히 진출 초기에 더욱 뚜렷하다. 가령, MR촌의 사례는 도시 지역주민들이 외지 진출이 농촌 지역에 비하여 빨리 시작되고 그 폭도 훨씬 넓다는 것을 간접적으로 보여준다. 이 밖에 이들 도시는 주변 지역의 국외진출자 가족의 유입이 빠르게 늘고 있는 지역이기도 하다. 연변에서는 연길시에 이주가 집중하는 현상을 보인다. 연길로의 이주자는 주로 주변 지역주민들로 구성되어 있다.114) 이는 연길시에서 이주자들 사이에 원거주지에서의 사회관계를 상당한 정도 복원시키는 역할을 한다. 다른 말로 도시 속의 마을이 원거주지 중심으로 형성되는 현상이 관찰된다.

이 밖에 개혁·개방으로 대표되는 중국사회의 전반적인 변화도 도시 지역의 조선족 공동체에 중요한 영향을 주고 있다. 폭넓은 시장개혁이 이루어지지 못했던 1990년 초만 해도 많은 연변 지역 사람들은 국유나 집체의 안정된 직장에서 생활하여 왔다. 많은 사업이 정부의 계획과 지도로 전개되었기 때문에 개인은 직장에서 맡겨진 임무에 충실하면 되었다. 따라서 특별한 경쟁압력을 느낄 필요가 없었으며, 직장 동료, 친구들과 원만한 사회관계를 유지하는 것은 즐거운 생활을 위하여 필요한 것이었다. 이런 사회관계는 사회생활에서 인정(人情)에 기초한 상부상조의 체계를 지원하는 측면

---

114) 조선족의 원거주지에서 도시로 이주는 주로 인근 도시로 이주라는 특징을 보인다. 이는 1990년대 중반부터 조선족이 거주하고 있던 지역 도시들에 조선족중소학교 주위를 중심으로 조선족집거지가 빠르게 형성되고 있는 사실에서도 확인할 수 있다.

이 강했다.

그러나 1990년대 초·중반부터 폭넓은 시장화 개혁이 진행되면서 안정된 직장생활은 옛말로 되었고, 모든 것은 경쟁을 통하여 발전하고 성장해야 하는 환경으로 바뀌었다. 가령, 연길시 주민 가운데 서비스업 종사자의 비율이 높다[115]는 것은 이러한 환경변화를 설명해 준다. 서비스업은 시장의 경쟁에서 이겨야 생존하고 발전할수 있다. 이러한 생존환경의 변화는 전통적 사회관계의 중요성을 더욱 크게 하여, 사회관계의 관념을 경쟁력에 필요한 인맥의 개념으로 바뀌게 한다.

연변도시 지역 공동체 변화는 바로 이러한 지역적 특성과 일반적인 사회변화의 복합작용에 의하여 일어나는 것으로 판단된다. 사회관계 중요성에 대한 인식이 날로 높아가는 가운데, 이곳은 주민들의 귀환과 진출이 반복적으로 이루어지면서, 사회관계의 확산과 결속이라는 다소 상반된 양상이 동시에 나타나고 있다. 사회관계 확산이란 예전에 지역에 국한되었던 사회관계가 이동에 의하여 더욱 넓은 지역으로 퍼져 나가는 것을 의미하며, 결속이란 외지진출로 자주 만나지는 못하지만 그 유대가 약화되는 것이 아니라 더욱 강해지는 것을 말한다. 결속이 강화되는 원인은 주로 이동으로 인하여 동질성이 이질성으로 대체되고, 이로 인해 상호 연결의 필요성이 점점 커지는 것과 직결된다. 도구적 합리성을 중요시하는 사회관계는 동질성보다 이질성이 높을 때 더욱 큰 효능을 가지게 된다. 이 밖에 이동으로 인하여 접촉할 수 있는 기회가 적어지는 것도 오히려 유대를 결속시키는 요인으로 작용하는 것으로 보인다. 일상에서 접촉할 수 있는 기회가 적기 때문에 서로 간의 오해를 불러일으킬 수 있는 이해관계가 형성되지 않으며, 이로 인해 간혹

---

115) 이에 대한 설명은 3장 연변 지역 부분에서 이루어졌음.

갖는 상봉의 자리는 유대를 더욱 강화시키는 요인으로 작용하는
것으로 보통이다.

　사회관계의 확산과 결속현상은 현실생활에서 널리 확인된다. 가
령, 연길, 도문과 같은 도시에서 체류하다 보면 시민들에게서 "자
기의 어느 친구는 어디로 가서 잘 나가고 있다."거나 "누구는 어디
로 갔다."는 식의 친구들에 대한 자랑을 늘어놓는 모습을 종종 보
게 된다. 또한 "어느 친구가 며칠 전에 귀국하여 만나자 한다."거
나 "지난번에 누구 와서 모여 잘 놀았다."는 식의 모임에 관한 이
야기를 늘 듣게 된다. 외지 진출자들에게서도 마찬가지 현상이 발
견된다. "지난번에 집으로 갔었는데, 가족과 제대로 된 식사도 못
했다.", "어쩌다 가게 되니 만나 볼 사람도 많고 해서 돈을 얼마나
썼는지 모르겠다."는 식으로 자신의 교우관계가 넓음을 자랑한다.
실제로 연변도시 지역의 서비스업 경기는 외지 진출자들의 귀환
영향을 직접적으로 받는 것으로 널리 알려져 있다. 가령, 한국에서
불법체류자 구제정책을 실시할 때마다 많은 귀환이 이루어지게 되
는데, 이때면 한동안 도시 지역 서비스업들이 호황을 맞는다고 한
다. 또한 국내 진출자들이 귀향이 많이 이루어지는 신정과 구정 사
이도 장사가 잘되는 성수기로 알려져 있다. 사회관계 결속을 위한
모임들이 빈번하고, 여기에 생일, 결혼, 회갑과 같은 행사들이 포함
되면서 현지의 직장인들은 하나같이 울상이다. 받는 월급은 크게
오르지 않는 반면, 축의금액수는 점점 커져 어떤 친구들은 한 달
월급이 부조 돈으로 다 나간다고 한탄한다. 그들의 적자는 많은 경
우 다른 가족의 국외 진출수입으로 보충되고, 가족원도 돈을 쓰더
라도 인맥관리를 잘하는 것을 지지하는 태도를 보인다.116)

---

116) 연변에서 직장생활을 하는 조선족의 경우 대부분이 현지에서 선호도
　　가 높은 직장들에 근무하는 사람들로 관찰된다. 따라서 그들에 대한
　　가족들의 기대도 큰 것으로 볼 수 있다.

이는 이동을 거치는 과정에서 연변도시 지역주민들의 공동체에서 겪고 있는 변화의 일면을 보여준다. 도시 지역주민들의 공동체는 단순히 해체되거나 강화되는 변화패턴을 가지는 것이 아니라, 사회관계확산과 결속이라는 다소 상반된 요인들이 합쳐 새로운 특징을 나타내고 있다. 결과적으로 기존의 공동체가 강화되고 있다는 결론이 나온다. 왜냐하면, 사회관계 확산은 공동체를 강화시키는 요인으로 작용하고 있는 것으로 관찰되며, 주민들의 반복적인 귀환과 진출 역시 공동체의 해체 요인으로 작용하기보다는 오히려 강화시키는 요인으로 작용하는 것으로 판단되기 때문이다. 그 내면에는 사회관계의 성격변화가 자리하고 있음을 유의할 필요가 있다.

3) 요녕성 심양시 MR촌

MR촌은 농촌마을에서 소도시로 발전해 가는 과정에 놓여 있는 독특한 커뮤니티이다. 조선족주민이 거주하는 소도시 건설을 목표로 10여 년간의 개발과정을 거치면서 마을은 원주민 수의 배 이상 되는 외지 인구를 받아들였으며, 주민들이 국외진출로 농업생산에서 완전히 탈피하고, 각종 서비스업이 발전하면서 도시적인 생활방식이 자리를 잡아가고 있다. 즉 행정적으로는 농촌마을로 되어 있지만 주민들의 생활은 도시화되는 과정에 있다. MR촌의 이러한 성격의 변화는 공동체의 변화는 불가피하게 만든다. 그렇다면 커뮤니티성격의 변화는 공동체에 어떤 변화를 가져다주고 있는가? 이에 대한 이해를 위해서는 세 방면에 대한 검토가 필요하다. 첫째는 촌 정부적 차원에서는 새로운 공동체를 만들어 가기 위하여 어떤 노력을 하고 있는가? 둘째는 원주민들의 관계에서는 어떤 변화들이 나타나는가? 셋째는 원주민과 이주호들은 어떤 관계에 놓여 있는

가이다.

촌 정부는 MR촌 새로운 공동체 건설의 주체이다. 1990년대 중반에 들어서면서 편벽한 지역의 많은 조선족농촌이 해체되는 조짐을 보이는 상황에서 MR촌 정부는 조선족이 새롭게 모여 살 수 있는 '집중촌'(내용상으로는 소형도시)을 만들자는 결정을 내리고 15년 발전계획을 세웠으며, 이를 기초로 1995년부터 외지주민들을 받아들이기 위한 아파트개발 사업을 시작하였다. 촌 정부는 외주 입주호들을 받아들이면서 원주민들과의 차별을 막기 위하여 외지 주민들에게 똑같은 대우를 해 주는 것을 원칙으로 세웠다. 가령, 기타 지역들처럼 외지 학생들에게서 별도의 비용을 받지 않고 있으며, 노인협회, 부녀협회 등과 같은 조직들에 자유롭게 가입하여 각종 활동에 참가할 수 있도록 만들고, 또한 마을관리에 필요한 비용도 똑같이 부담시켰다.

이 밖에 촌 정부는 주민들 간에 화합을 도모하기 위하여 문화생활시설 마련과 활동조직에도 심혈을 기울이고 있다. 마을 중앙에는 큰 광장이 조성되어 운동이나 산책에 필요한 시설이 마련되어 있으며, 저녁이면 노인협회 회원들이 모여서 노년 에어로빅을 하고 있어 구경 나온 주민들로 붐빈다. 이 밖에도 촌에서는 헬스클럽을 운영하여 주민들이 무료로 각종 운동기구들을 이용하게 한다. 이러한 문화 활동공간의 조성에 대하여 촌의 책임자는 다음과 같은 견해를 밝힌다. "이러한 문화 활동공간이 마련된 후부터 싸움을 하거나, 술을 마시고 말썽을 피우는 등 현상이 많이 사라졌습니다. 화목한 마을을 만들기 위해서는 서로 어울릴 수 있는 조건, 시설, 환경조성을 필수입니다. 사람들이 건강한 활동을 하면서 서로 어울릴 수 있어야 좋은 생활풍기를 형성할 수 있습니다." 이러한 인식에서 촌에서는 2006년에 새롭게 각종 시설을 갖춘 1000평 규모의 문화센터를 신축계획을 세웠다.

촌 정부에서는 각종 행사도 적극적으로 조직한다. 매년 촌에서는 노인절, 여성절, 청년절, 아동절 등의 경축일에 큰 행사를 조직하고 있으며, 이 외, 창당일, 건군일 등과 같은 정치적 경축일의 행사도 벌인다. 한국의 일부 단체들과 문화교류 활동도 개최하며, 모든 주민이 참여할 수 있는 촌민운동회도 2년에 한 번씩 개최한다. 촌의 책임자는 다음과 같이 촌민운동회를 소개한다. "MR촌에서는 촌민운동회를 해도 열흘 정도 합니다. 주민들 가운데서 10여 개 팀이 나오고, 입주기업들에서도 5~6개 팀이 참가하여 큰 운동회로 되는데, 소요되는 경비만 해도 10만 위안 됩니다. 이런 경비는 모두 입주기업의 후원에 의하여 모아집니다." 살기 좋은 공동체를 만들어 보려는 MR촌 정부의 의지는 대단히 강한 것으로 보인다. 미래의 모습에 대하여 주요 책임자는 다음과 같은 포부를 밝힌다. "MR촌의 구상은 최하 1만 명 이상의 주민들이 거주하는, 모든 시설이 갖추어져 '문을 닫아 놓고도 살 수 있는' 살기 좋은 마을을 만드는 것입니다. 이제 5년 후면 지금보다 모습이 훨씬 좋아지게 될 겁니다."

촌 정부가 새로운 공동체를 만들어 보려는 강한 의욕을 가지고 있다면, 외지 입주호들의 증가와 생활환경의 변화로 MR촌 원주민들의 생활은 다른 변화양상을 보인다. 우선 변화는 일상생활의 영역에서 비롯된다. 1980년대 말부터 탈농화의 과정을 겪고, 1990년대 중반부터는 경제가 지역성을 탈피하게 되면서 MR촌 주민들의 생활은 완전히 시장에 의존하게 되었다. 따라서 조선족농촌마을의 공동체 형성에 중요한 기능을 수행했던 인정문화가 빠르게 해체되고 있다. 이에 대하여 자영업에 종사하고 있는 L 씨(여, 자영업, 58세)는 "모든 것을 돈으로 사야 하기 때문에 인정이고 뭐고 할 것도 없어요."라고 말한다. 대인관계에 대한 질문에 M 씨(남성, 퇴직간부)는 이런 대답을 한다. "지금 세월에 남을 너무 믿는 것은 바보야, 거리를 두고 살아야지, 요즘은 술을 마셔도 곱게 놀아야지, 그렇지 않으면 같이 마시려는 사람도 없어." 대인관계에 대한 MR촌 사람들의 태도는 현지 조사를 하는 저자에 대한 태도에서도 확인된다. 민박집 주인장은 저자와 이런 이야기를 해 준다. "우리 마을 사람들은 개인적으로 와서 취재를 하는 사람들을 크게 달가워하지 않아요. 사람들을 믿기도 어려울 뿐만 아니라 우리에게 아무런 이익도 없지 않아요? 선생은 우리 집에 온 손님이기 때문에 이런저런 얘기를 해 주지 다른 사람이면 이야기를 해 주지도 않습니다."

또 다른 변화의 모습은 마을 주민 수의 급격한 증가로 인해 원주민들 간의 결속력 약화의 현상이다. 주민 수가 제한되어 있고, 오랜 세월 같이 살다 보면 마을의 주민들 간에는 높은 유대감이 형성된다. 그러나 주민의 급속한 증가는 이런 결속을 약화시키는 경향이 있다. 이러한 현상은 MR촌에서 전형적으로 나타난다. 주민들이 급속히 증가하면서 집단주의적 특징을 보이던 생활문화가 해체되고 서로에 대한 무관심으로 특징지어지는 생활문화가 점차 정착하고 있다. 자영업자 L 씨의 말에서 이런 변화가 잘 느껴진다. "생활에서 어떤 변화를 느낍니까?" 하는 질문에 그는 이렇게 대답한다. "이전에는 남의 눈이 무섭고 입이 무서워 남을 위해서 산 것 같은데, 지금은 남을 의식하지 않고 자기를 위해서 사는 것 같아요." "이혼을 어떻게 생각하나요?" 하는 질문에 마을 여성 회장은 "이혼은 본인의 선택인데, 다른 사람이 뭐라고 할 건 없지요" 하고 잘라 말한다. 민박집 주인장도 "남의 일에 이러쿵저러쿵 할 필요가 없어요." 하고 말한다. 이는 개인생활에 대한 집단의 영향이 점차 사라지고 있다는 것을 의미하는 것이며, 동시에 주민들 간에 형성되었던 유대감과 결속도 점차 약화되고 있다는 것을 뜻하는 것이다.

MR촌 공동체 변화에서 원주민과 새로 이주해 온 주민들 간의 관계에 대한 고찰은 **빼놓을** 수 없는 부분이다. 그것은 두 집단이 어떤 관계를 형성해 나가는가가 이 공동체의 미래에 결정적인 영향을 주는 변수로 되기 때문이다. 가령, 두 집단 모두 심리적인 간격이 없이 자연스럽게 화합되어 가면서 'MR촌 주민'으로의 정체성을 발전시켜 간다면 MR촌은 새로운 공동체로 거듭날 수 있지만, 장벽이 있어 화합되지 못하고, 두 집단 모두가 개인적 연결망에 의존하는 사회관계를 형성하고 생활하게 된다면 도시성격의 공동체로 변하게 될 것이다. MR촌 정부가 추구하는 것이 전자라면, 현실적인 변화는 후자에 가까운 것으로 관찰된다.

원주민과 외지 주민 간의 관계는 복잡한 양상으로 표출된다. 촌 정부에서는 일률로 평등하게 대한다고 강조한다. 원주민들도 이주 초기에는 노호(원주민)와 신호(새로운 입주호)를 구분하여야 한다고 생각했지만, 현재는 신호가 오히려 더 많고 따라서 그런 생각이 없어졌다고 말한다. 그러나 실제로는 이와 다른 현상이 관찰된다. 가령, 노인협회에는 외지에서 이사 온 사람들이 더 많지만 간부들은 모두 본촌 사람이다. 이에 대하여 한 회원(원주민)은 이렇게 말한다. "외지 사람 한 명이라도 위원회에 들게 해야 하는 데 투표로 간부를 선출하니 당연히 본촌 사람들이 선출되게 됩니다. 능력에 따라 일해야지 지역에 의거해서 일하면 안 되지요. 어떤 사람들은 외지 사람들에게 일을 맡기면 본촌 사람들의 입지가 약화된다고 생각하지만 그렇게 생각해서는 안 됩니다. 텃세는 있어야지만 도를 넘어서는 안 되지요." M(남성, 퇴직간부) 씨는 외지 사람들은 자신들을 '외지 사람'으로 부르는 것을 꺼리며, 어울려 보려고 활동에 더 적극적이라고 말한다.

이것이 원주민들이 외지 사람들에 대한 생각이라면, 이에 대한 외지 사람들의 생각은 다르다. 1992년에 MR촌으로 이사한 K 씨(60대 남성)는 다음과 같이 말한다. "외지 사람들 중 현지 호적이 없는 사람이 많아요.[117) 현지 호적이 없으니 마을에 활동이 있어도 잘 찾지도 않고 좀 차별이 있는 것 같습니다. 호적을 갖고 있으면 마음이 편하겠는데, 없으니 놀러 온 사람처럼 마음이 편하지 못해요." 1998년 흑룡강성에서 이주한 P 씨(58세, 남성)는 이런 말을 한다. "MR촌은 시내(도시)와 가까운 곳이래서 그런지 인심이 좀 야박한 것 같습니다. 시골에서 오는 사람들은 좀 순박하고 같은 처지에 있다 보니 더 어울리기 쉬운 것 같습니다. 지금은 이전보다 좋아지고 있지만 외지 사람 입장으로 보기는 그래도 본촌 사람들과 거리감이 좀 있는 것 같습니다."

이주가구와 원주민들 간의 관계는 MR촌 교회 활동에도 일부 나타나고 있다. 가령, 교회 신도구성을 보면, 200여 명 가운데 1/3 정도가 원주민이고 나머지는 외지 사람들이다. 이에 대하여 교회 집사는 "외지 사람들은 외지로 와서 낯설고 의지할 데 없으니 교회로 많이 나오는 것 같아요. 선교해 보아도 외지 사람들에 대한 선교가 훨씬 쉬워요."라고 말한다. 교회 신도 A 씨(흑룡강 사람, 1999년 이주, 여성, 46세)는 "외지로 와서 크게 사람들과 사귈 수 있는 기회도 없는데, 교회에 나오면 사람들을 알고 지낼 수도 있고, 정도 나눌 수 있어 좋은 것 같아요."라고 말한다.

MR촌의 공동체 변화는 복합적인 양상으로 띠고 있다. 가령, 새로운 공동체를 만들려는 촌 정부의 적극적인 노력이 있는가 하면, 생활환경의 변화에서 비롯되는 기존 공동체의 해체현상이 나타나며, 적극적으로 화합하려는 주민들의 노력이 있는가 하면, 이보다도 개인의 연결망 형성에 주력하는 사람들도 있다. 이러한 양상은 도시형 커뮤니티로 변화되는 과정에 있는 MR촌의 특징을 잘 보여주고 있다. 공동체의 재건 요인과 변동 요인이 동시에 작용하고 있

---

117) 현지 호적을 가지고 있지 않다는 뜻이다. 중국에서는 호적변경이 어려워 이주를 하더라도 원거주지의 호적을 유지하는 경우가 많다. 호적에 기초하여 주민으로서의 권리와 혜택을 향유할 수 있는 경우가 있는데, 현지에 호적이 없으면 이런 대우를 받기 어렵게 된다. K 씨의 말은 여기서 생기는 차별에 대한 불만으로 볼 수 있다.

지만 이 가운데서 변동요인이 점점 강하게 작용할 것으로 보이며, 따라서 MR촌은 이후 개인 연결망에 기초하는 도시 성격의 공동체로 재편될 것으로 전망된다.

3. 연해 지역에서 형성되는 새로운 공동체: 청도 교남시 사례

전통적 조선족 공동체의 변화는 성원들의 이주에 의해 촉진된다. 그러나 이주는 조선족 마을이나 집거지를 중심으로 이루어지지만은 않는다. 오히려 많은 이주자들은 과거 조선족의 생활의 경계를 넘어 새로운 곳에서 기회를 찾는 경향을 보인다. 이 과정에서 조선족이 집중적으로 진출하는 곳에서 조선족 공동체가 새롭게 형성되는 현상을 발견하게 된다. 그 대표적인 곳의 하나가 산동성 연해 지역에 있는 청도이다.

청도 지역에서 조선족은 대표적인 '외지사람'이다. 많은 한국기업이 투자하기 전까지만 해도 이 지역은 조선족의 거주지와 멀리 떨어져 있는 조선족에게는 아무런 연고도 없는 낯선 곳이었다. 이 지역 사람들에게도 조선족은 책에서나 본 적이 있는 하나의 소수민족으로 인식되었을 것이다. 아무튼 조선족과 현지 한족들은 별 이해 관계가 없었다. 따라서 조선족은 현지에서의 문화적 적응에 큰 한계를 가질 수밖에 없다. 일례로 현지 한족들의 지방 사투리를 사용하기 때문에 조선족은 언어소통의 어려움을 느낀다. 현지조사에서 저자도 이러한 어려움을 직접 경험할 수 있었다.

이러한 문화적인 적응의 어려움 외에도 대부분 조선족은 현지의 호적을 갖고 있지 않기 때문에 제도적 적응의 어려움까지 겪게 된다. 중국은 호적에 기초하여 교육, 사회복지와 같은 각종 정책적,

행정적 서비스를 제공하고 있기 때문에, 현지 호적을 갖고 있지 않는 사람들은 이러한 행정, 정책 서비스에서 차별적 대우를 받게 되며, 이로 인한 불이익을 감수해야 한다. 가령, 학교를 다녀도 외지 학생이기 때문에 별도의 비용을 지불해야 한다. 조선족은 현지 생활에서 이러한 어려움을 "무슨 일에 부딪혀도 말해 볼 곳이 없습니다."고 토로한다.

현지생활의 어려움으로 인해 조선족은 이주사회에 쉽게 동화되거나 적응하지 못하고, 집단 내에서 각종 사회관계를 발전시키면서 공동체를 형성하고 그것에 의존하여 현지생활에 적응해 가는 모습을 보인다. 즉 조선족은 외지에 진출하면서 그 사회에 흡수되어 가는 것이 아니라, 집단으로 뭉쳐져 그 사회일각에 접목되는 현상을 보인다. 조선족은 우선 일정 지역 내에 집중 거주하는 경향이 있다. 그들은 주로 도시 변두리의 공단 지역과 가까운 곳에 집중적으로 거주한다. 가령, 청도 이촌이나, 교남 황토장, 교주 PS는 모두 이러한 특징을 가지고 있다. 가령, 청도의 '이촌'은 농촌을 의미하는 '촌'이 붙어 있는데, 이는 예전에 이 지역이 농촌 지역이었음을 뜻한다. 조선족 자영 업소들이 밀집되어 번화가로 되어 있는 교주 PS도 도시 지역을 벗어나는 외각 지역에 위치하여 있다.

조선족이 이러한 외각 지역에 모여 거주하게 된 데에는 몇 가지 이유가 있다. 첫째는 한국 회사들이 많이 모여 있는 공단 지역과 가까워 직장인들의 출퇴근에 편리하며, 둘째는 도시 변두리 지역이기 때문에 집세가 싸서 초기 진출자들의 부담을 줄일 수 있고, 셋째는 친척과 친구들을 연결망으로 하여 지속적인 조선족의 진출이 일어나기 때문이다. 이리하여 일정한 인구규모를 가지게 되면 시장 수요가 형성되고, 이를 충족시키는 서비스업이 발전하면서 자영 업소들이 많아지고, 자영 업소들이 많아지면서 조선족집거지로 알려져 더 많은 사람들이 몰리게 되는 순환을 형성하고 있다.

이러한 집거 지역은 새로운 조선족도시공동체의 지역적 기반이 된다. 집거 지역을 중심으로 조선족은 여러 유형의 사회관계를 발전시켜 나간다. 사회관계 형성에서 가장 중요한 기초로 되는 것은 혈연과 지연[118]이다. 가족과 친척을 제외하면 지연과 학연이 중심 위치를 차지한다. 친구 이야기를 하는 사람들에게 어떻게 사귄 친구인지를 확인해 보면 고향 친구 혹은 학교 동창(동기)이라는 대답의 빈도가 가장 높다. L 씨(남, 38세, 흑룡강성 사람, 식품회사 사장)의 사례가 이를 잘 반영해 준다. 고등학교에서 L 씨와 가깝게 지내던 친구 세 명이 교주에서 살고 있는데, 두 사람은 식당을 경영하고 한 사람은 회사에 다니고 있다. 서로에게 무슨 일이 생기면 수시로 연락하고 만나고는 하는데, 그가 경영하고 있는 식당으로 가보면 늘 고향에서 온 친구들로 자리를 메운다. 친구관계를 통해서 친구의 친구들로 관계가 계속 확장되어 가는 것이다. "외지라고 해도 고향과 다를 바가 없네요?" 하는 말에 L 씨는 "외지에 나와서 서로 의지하고 사는 겁니다."라고 대답한다.

그러나 사회관계는 결코 혈연, 지연에만 국한되지 않으며, 새로운 관계를 발전시켜 나가게 된다. 새로운 사회관계 형성에 영향 주는 요인은 크게 교육, 직장, 연령, 성의 네 가지인 것으로 관찰된다. 우선, 교육을 보면, 교육수준이 높은 사람들일수록 더욱 넓은 사회관계를 형성한다. 그것은 교육수준이 높은 사람일수록 회사에서 중요한 직책을 맡거나 개인 사업을 하고 있는 사람이 많아 여러 종류의 사람들과 사귈 수 있는 기회를 많이 가질 수 있기 때문이다. 교남에서 회사를 경영하거나, 큰 음식점을 경영하거나, 무역과 같은 사업을 하는 사람들을 보면 거의가 전문학교나 대학 졸업생들이다. 2005년 봄 발족준비를 하던 교남조선족기업가협회도 보

---

118) 조선족에게 있어 지연과 학연이 합치되는 경우가 많다. 그것은 고등학교 교육까지 지역 단위로 이루어지기 때문이다.

면 발기인들이 이런 사람들로 구성되어 있다.

가방회사를 경영하고 있는 M 씨(38세, 남성, 흑룡강성 오상시 사람)는 예전에 조선족모임을 조직했던 경위를 이렇게 말한다. "조선족이 많이 나와 있지만 모임도 없고, 서로 친해지지도 못하여 1999년인가 회사에 다니던 젊은 사람들이 몇이 모여서 해변에서 조선족야회를 조직하기로 약속하고 지인들을 불러 그날 나왔습니다. 모임에 참가한 사람들이 모두 기뻐하였고, 그때부터 조선족모임들이 간혹 생기기 시작하였습니다." 교남시조선족기업가협회 조직자도 흑룡강성에서 진출하여 사업을 하다가 교남시정부 대외경제관리부처의 관리로 임용된 L 씨이며, 사무국장을 맡고 두 발로 열심히 뛰고 있는 사람도 슈퍼마켓을 경영하다가 현재 모텔 사업 준비를 하고 있는 G 씨이다. 이들은 의욕적으로 사업을 하고 있는 사람들로 사회관계 확장의 필요성을 제일 절박하게 느끼고 있으며, 따라서 각종 활동에 적극적이며 조선족사회에서 중견역할을 하고 있다.

그러나 교육수준이 낮은 사람 특히 젊은 세대의 경우는 직장생활이 안정되어 있지 못하기 때문에 사회관계를 발전시켜 나가기 어렵다. 따라서 이들의 사회관계는 계속 지연에 국한된다. 가령, 주요 유동집단으로 간주되는 10대, 20대의 사회관계가 그 대표적인 예다. 그들에게 일상적으로 접촉하면서 시간을 함께 보내는 친구에 대해 이야기해 보라고 하면 거의가 가깝게 지내는 사람들은 '집에 있을 때 사귄 친구들'이라고 말한다. 이런 양상은 직장을 다니지 못하는 중년남성들에게서도 나타난다. 이와는 달리 역시 많은 교육을 받지 못했지만 직장에 다니고 있는 아줌마들이나 아저씨들은 직장생활을 통하여 자신들의 사회관계를 발전시켜 나간다. 가령, 회사에서 경비를 서고 있는 L 씨(남, 63세) 집에는 휴일만 되면 일을 하면서 알게 된 친구들이 모여든다. 각기 다른 지역에서 왔지만 일을 통해서 알게 되었고 서로 마음이 맞아 가깝게 지낸다고 한다.

교남 IH직업소개소 소장은 일을 하면서 많은 사람들을 사귀게 되어 혼자 집에 있을 때에는 외로워 다른 아줌마를 집으로 데려가 함께 지낸다고 한다. 이는 교육과 관계없이 직장도 사회관계 형성에 중요한 영향을 끼치고 있음을 보여준다.

　새로운 사회관계형성에 영향 주고 있는 또 다른 요인으로는 연령과 성별을 들 수 있다. 연령과 성별에 따른 사회관계의 형성은 다양한 모습으로 전개된다. 우선, 연령에 기초하여 남성들이 사회관계를 발전시켜 나가는 방식을 보면, 20~30대에서는 흔히 동호회 활동을 통해서 교우관계를 확장시켜 나간다. 축구동호회가 대표적인 것이다. 교남조선족축구동호회 조직자 중에 한 사람인 G 씨(개인사업, 남, 38세, 흑룡강성 탕원현 사람)의 말에 의하면 축구동호회는 2000년에 처음으로 조직되었다. 회사 근무를 하면서 알고 지내게 된 친구 몇 사람이 일요일마다 모여 축구를 시작하였는데, 소문을 듣고 축구를 좋아하는 사람들이 점점 많이 모이게 되었다. 모두 같은 취미를 가지고 있었기 때문에 취미생활을 하면서 쉽게 친해질 수 있었다. G 씨는 축구동호회 활동은 취미생활도 될 뿐만 아니라, 사회관계형성에도 도움이 되며, 이렇게 형성된 관계가 일과 생활에 직접적으로 도움이 될 때가 많다고 털어놓는다. 가령, 후배들이 다른 직장을 구하려고 한다면 교우관계가 넓은 선배들이 여러 모로 추천해 주기도 하며, 새로운 사업을 하는 회원이 생기면 다른 사람들이 적극적으로 입소문을 내주고 손님들을 데리고 가기도 한다. 현재 교남축구동호회는 회장, 부회장 등 조직체계를 갖추고 있을 뿐만 아니라, 매달 100위안의 회비를 걷어 유니폼을 갖추고, 청도시 각 지역에 있는 다른 조선족축구동호회와 한국인 축구동호회들과의 친선경기를 펼치기도 한다. 몇 개 팀이 모여서 친선경기를 하는 날이면 큰 운동회 분위기가 되며, 그 지역에 거주하는 조선족이 소문을 듣고 구경하러 나와 응원을 함으로써 집단의 결속력을 높이는 기능을 수행하기도 한다. 현재 청도시 산하에 이러한 축구동호회가 15개 정도 되는 것으로 알려져 있다.

젊은 세대와 달리 50~60대의 남성들은 노인협회 활동을 통하여 교우관계를 발전시켜 가는 모습을 보게 된다. 교남 조선족노인협회는 1999년에 네 명의 발기인들에 의하여 조직되었다. 노인협회 회장 C 씨(61세, 남성, 길림시 사람)에 따르면, 당시 교주와 같이 조선족이 많이 살고 있는 지역에는 이미 노인협회가 조직되어 있었다. 여기에서 자극을 받아 지인 4명과 논의하여 노인협회를 만들기로 약속하였다. 그들은 한 사람이 50위안씩 내고, 조선족업주들을 찾아다니면서 지원을 받아 집을 세 맡고 장소를 마련하였다. 노인협회가 조직되었다는 소식을 듣고, 한 사람 한 사람 모이기 시작하였는데, 현재 정식 회원만 30명에 달한다. 활동경비는 회비와 조선족기업가협회, 조선족업주들의 지원으로 충당한다. 노인협회 활동실에는 TV, 비디오, 탁구대와 같은 시설들이 갖춰져 있으며, 매일 놀러 나온 사람들로 북적인다. 현재 청도 지역에는 교남조선족노인협회와 같은 노인협회가 24개 조직되어 있으며, 24개 노인협회가 연합하여 총회를 구성하고 있다. 그중 일부 노인협회는 회원이 70~80명되는 것으로 알려져 있다. 조선족노인협회 총회의 조직하여 각 지역의 노인협회들이 모여 문예경연과 운동회를 열기도 하며, 우승팀에게 상장과 상금을 수여하기도 한다. 교남조선족협회 활동실의 벽에는 각종 경연에서 받은 상장으로 가득 차 있어 전통적 거주지인 동북 지역 조선족농촌의 노인협회를 연상케 한다.

여성들이 사회관계를 발전시켜 나가는 방식은 남성들과 다소 다른 모습을 보인다. 우선 교회가 40, 50대 여성들의 사회관계 형성에 중요한 매개체로 등장한다. 교남 노주점조선족교회는 일요일이면 예배를 보러 나오는 신도가 평균 70여 명 되는데, 그중 남성은 20명을 넘지 않고 대부분은 중·장년여성 위주로 되어 있다. 가령,

11명으로 구성된 성가대는 남성 2명밖에 되지 않고 나머지는 여성들로 구성되어 있다. 담당 전도사는 회사에서 일하는 여성들과 집에서 손자들을 돌보고 있는 노인들 중에 정기적으로 교회로 나와 예배를 드리는 사람들이 많다고 말한다. 실제로 예배가 끝난 후 식사를 함께하면서 이야기를 나누고 있는 사람들을 보면 거의가 여성들이다. 조선족교회의 이러한 신도구성은 교남 노주점교회에서만 나타나는 것이 아니라, 다른 지역의 조선족교회들에서도 공통적으로 나타나는 현상이다. 교회활동을 통하여 가까워지게 된 사람들은 집으로 서로 놀러 다니기도 하고, 시장 구경을 같이 다니기도 하면서 끈끈한 근린관계를 형성해 나간다. 청도 이촌에서 DRG직업소개소를 운영하고 있는 P 씨(여, 39세)는 일요일이면 교회로 나가는데, 그 목적을 "사람을 많이 알고 지낼 수 있고, 정보도 제공받을 수 있어 다닙니다."라고 밝힌다. 이는 연해 지역에서 조선족교회가 단순한 신앙 활동을 넘어 사회관계형성의 하나의 장의 역할을 하고 있음을 뜻한다. 현재 총 인구 20만 정도 되는 교남시에 조선족 교회 2개소가 있으며, 청도 시내 구역에만 조선족교회가 7개 있다. 이 외, 교주, 성양 등 지역에도 여러 개의 조선족교회가 있는 것으로 알려져 있다.

여성의 사회관계형성에서 또 하나의 중요한 매개체 기능을 하는 것은 조선족직업소개소이다. 그것은 우선 직업소개소를 운영하고 있는 사람들 대부분이 여성인 것과 연관된다. 그 밖에 직업소개소가 많은 사람들이 부담 없이 드나들 수 있는 장소라는 점과 여성 인력에 대한 수요가 많다는 점도 직업소개소가 여성들의 주요 모임의 장소로 되는 원인이다. 교회와 달리 직업소개소를 찾는 사람은 30대와 40대의 젊은 세대 위주로 되어 있다. 이는 이들이 왕성한 경제활동을 하고 있는 연령집단인 것과 연관된다. 교남 IH직업소개소에는 매일 일자리를 찾으러 오거나, 밖에 나왔다 잠시 들린 사람, 더 좋은 일자리가 없나 알아보러 오는 사람, 아예 놀러 오는 여성들로 북적인다. 모두 이 직업소개소의 단골이기 때문에 가까워져 허물이 없어 보이며, 서로 오지 않은 사람의 문안을 하기도 한다. 이곳은 이들에게 있어 생활과 직장에서 오는 스트레스를 해소하고 서로의 경험을 나누는 장소가 되고 있다. 어느 사람이 분했던 이야기를 하면 서로 맞장구를 쳐주기도 하고, 대응방법을 이야기해 주기도 하며, 힘들어 하는 사람을 보면 다독여주기도 하여 어두운 얼굴로 들어왔던 사람들도 떠날 때면 얼굴이 환해져 있는 것을 직감적으로 느낄 수 있다.

이뿐만 아니라 직업소개소는 또한 일시적이지만 집단 조직화의 기능도 수행하고 있다. 가령, 여성절(여성의 날)이면 서로 약속하고 돈을 모아 모임을 마련하기도 하고, 다른 곳으로 떠나는 회원을 위하여 환송회를 열기도 한다. 원거주지에서 조선족여성들은 부녀회라는 공식적인 조직을 통해 상부상조하였다. 그러나 공식적인 조직을 만들 수 없는 이곳의 조선족여성들은 이러한 비공식적인 모임을 구성하여 서로를 돕고 자신의 문제를 해결한다. 그러나 직업소개소마다 이러한 역할을 수행하는 것은 아니다. 그것은 신뢰가 높아 찾는 사람이 많은 소위 센터역할을 하는 소개소에 한정된다. 가령, 이촌에서는 DRG소개소가 교남에서 IH소개소가 이러한 역할을 하는 것으로 관찰된다.

청도 지역에 진출한 조선족은 혈연과 지연의 기초 위에서 직장생활, 동호회활동, 기업가 협회나 노인협회와 같은 조직 결성, 교회활동, 직업소개소와 같은 모임을 통해 다양한 관계를 발전시켜 나가면서 공동체를 형성해 가고 있다. 그러나 집단 전체를 놓고 보면, 이와 같은 공동체 형성이 결코 순기능만을 가진 것은 아니다. 이러한 일차적 관계에 기초한 사회관계의 형성은 그 성원들의 사회관계를 폐쇄적인 방향으로 이끌고, 외부 집단 특히 한족과의 교류를 차단하는 효과를 가진다. 모든 사적인 욕구를 자기가 속한 작은 공동체 또는 비공식적 집단을 통해 해결하려다 보니 사기와 같은 범죄행위도 주로 집단 내에서 발생한다. 여기에 여러 지역에서 모여온 사람들이어서 서로에 대한 신뢰가 없는 요인까지 합쳐져 서로에 대하여 고도의 경계심을 가지고 있는 것으로 관찰된다. 결론적으로, 낯선 지역에서 정착하기 위하여 서로 의존할 수밖에 없지만, 서로에 대한 높은 신뢰를 형성할 수 있는 사회적 기초가 없어 어느 정도 이상 가까워지지도 못하는 일종의 '고슴도치형' 관계에 처해 있다.

4. 국외 지역에서 형성되는 조선족공동체

1) 한국에 진출한 조선족집단

중국에서 청도가 조선족의 새로운 공동체가 형성되는 대표적인 지역이라면, 국외 지역에서는 한국 수도 지역이 대표적인 지역으로 꼽힌다. 한국에서 조선족은 제도적·법적 측면에서 볼 때 엄연히 외국인 집단에 속하지만, 역사적·문화적으로는 전통과 문화를 공유하는 같은 민족 집단이다. 한국에 진출한 조선족 공동체에 대한 이해를 위해서는 이러한 배경에 대한 이해가 필수로 된다.

청도 지역에 진출한 조선족과 한국에 진출한 조선족의 정착 환경은 큰 차이가 있다. 첫째는 한국 진출자들은 취업과 경제활동을 목적으로 하고 있기 때문에 노인과 같은 부양가족을 동반하지 않는다. 따라서 노인협회와 같은 조직이 형성될 수 없다. 둘째는 이들이 비정규직 관련 노동에 종사하기 때문에 직장생활을 통한 사회관계 형성이 어려우며, 정기적인 휴일을 보장받기 어렵기 때문에 동호회와 같은 비공식적인 모임도 만들기 어렵다. 셋째는 한국에서 조선족은 외국인 신분을 갖기 때문에 공식적인 조직이나 단체를 결성하기 어려우며, 따라서 조직화되기 어렵다. 넷째는 조선족은 한국에서 큰 문화적 적응의 어려움이 없다. 가령, 청도에 진출한 조선족은 현지인들과의 언어적 소통에서 어려움을 느끼는 경우가 많지만, 한국에 진출한 조선족이 소통의 어려움을 호소하는 경우는 드물다. 이 외, 문화생활, 사회규범, 대인관계, 음식 등의 모든 방면에서 조선족은 청도 지역에 비해 쉽게 적응하는 것으로 관찰된다. 이러한 차이로 인하여 공동체를 형성해 가는 방식도 달라진다.

한국에 진출한 조선족에게도 공동체는 중요한 의미를 가진다. 두 가지 경우에 공동체는 이동집단에게 있어 중요한 의미를 가진다. 하나는 이동 초기 새로운 환경에 적응할 때이며, 다른 하나는 진출 지역 현지사회에 수용 혹은 동화되지 못하는 경우이다. 현지 사회의 수용은 일반적인 경우 교육 혹은 소득 증가에 힘입어 주류 사회 진출이 가능할 때 이루어지게 된다. 따라서 이러한 조건을 가지지 못한 이동집단의 경우는 현지 사회에 수용되기 어렵다. 많은 조선족의 한국진출목적은 현지에서 정착이 아니지만, 소득의 유혹 때문에 쉽게 귀국을 선택하지 않으면서 사실상 한국에 상주하는 집단으로 되어 가고 있다. 즉 이들의 주된 목적은 주류사회 진출을 통한 사회적 수용이 아니며, 따라서 경제활동을 위한 체류에서 공동체가 주요한 지지체계로 자리 잡게 된다.

사회관계 형성에 있어 혈연과 지연은 청도에 비하여 한국에 진출한 조선족집단에게 더욱 중요한 것으로 관찰된다. 그것은 조선족의 연해 도시진출은 여러 도시로 분산되기 때문에 혈연 특히 지연이 분산되기 쉽지만,[119] 한국에 진출한 조선족은 대부분이 수도권 지역에 집중되어 있기 때문에 지연이 분산되지 않고 쉽게 회복될 수 있기 때문이다. 따라서 청도와 같은 연해도시에서는 출신지연을 떠난 사회관계 형성의 필요성이 제기되지만, 한국에서는 동향 집단이 어느 정도 잘 복원될 수 있기 때문에 그에 주로 국한되는 것으로 관찰된다.

지연관계의 복원은 두 가지 특징을 보인다. 하나는 포함 지역범위의 확장이다. 조선족의 지연은 농촌에서는 보통 마을, 진(鎭, 한국의 읍), 시(현, 한국의 군)를 단위로 하며, 도시에서는 근린과 직장, 학교를 단위로 하여 설정된다. 물론 지역관념은 필요에 따라 축소되거나 확장될 수 있는 것이다. 가령, 원거주지에서는 지연을 주로 고향마을 사람으로 국한시킬 수 있지만, 외지로 진출해서는 같은 시의 사람들을 동향인으로 생각할 수 있다. 이러한 지연관계의 확장은 또한 연령대 위주의 관계형성을 통하여 촉진된다. 외지에서 조선족의 지연관계는 연령대별로 복원되는 특징을 가지고 있다. 즉 친척관계와는 달리 지연관계는 친구관계와 중복되는 경향이 크다. 많은 조선족은 마을에 초등학교가 있고, 진에 중학교가 있으며, 시(현)에 고등학교가 있는 교육체계하에서 생활하여 왔다. 이러한 교육체계로 학연이 구성되며, 학연은 친구관계의 지역적 확장의 성격을 갖게 된다.[120]

한국에 진출한 조선족의 일상생활에서 가장 중요한 사회관계는 지연에 기초한 친구관계이다. 대부분이 일당을 받는 비정규직 노동에 종사하는 조선족에게 일자리에 대한 정보나, 새로운 일터에 쉽게 적응할 수 있는 능력은 지속적인 경제활동을 위해 무엇보다도 필요한 요소이다. 그런데 조선족은 이 두 가지를 모두 친구관계를 통해 해결한다. 사람들은 일자리가 없으면 주로 친구들과 연락하며,

---

119) 가족과 친척들은 같은 지역으로 몰리는 경향이 강한 데 반하여, 지역 집단은 여러 도시로 분산된다.
120) 중학교, 고등학교로 올라가면서 많은 중퇴자들이 생기기 때문에 학연이 지연에 비하여 작은 단위로 된다. 따라서 작은 단위이 학연이 매개로 되어 친구관계를 확대시키는 기능을 수행할 수 있다.

친구가 일하고 있는 일터로 가는 것을 선호한다. 경제활동에서는 물론, 일상생활에서도 친구관계는 없어서는 안 될 중요한 부분이다. 가령, 각종 놀음판도 친구 위주로 이루어지고, 생일모임 같은 것도 친구들 위주로 참석하며, 명절 분위기를 즐길 수 있는 것도 친구들의 만남과 방문을 통하여 가능하게 된다. 이 외, 일상생활에서 부딪치는 어려움을 극복하는 데에도 친구관계가 중요한 역할을 하는 것으로 관찰된다.

한국에서 이러한 공동체의 형성에는 수도권이라는 지역적 조건이 중요한 작용을 하고 있다. 수도권은 일자리와 거주할 집을 찾기가 쉬우며, 지하철과 같은 대중교통이 발달하여 출퇴근과 이동이 편리하기 때문에 많은 조선족이 이 지역에 집중 거주한다. 이는 타운 성격의 조선족집거지가 주로 수도권에 형성되었다는 점에서도 확인할 수 있다. 수도권 집중거주와 발달한 교통으로 인한 용이한 상호 접촉은 조선족에게는 원거주지에서의 사회관계를 복원시키는 요소로 작용한다. 수도권의 이러한 생활조건 때문에 많은 조선족은 지방에서 일하더라도 이사하지 않고, 방을 서울에 잡고 있으면서 휴일이면 올라오는 생활방식을 택하고 있다. 지방에서 몇 달씩 일하다가 서울로 올라온 사람들에게 무엇이 불편한가 물어 보면 흔히 "중국 음식점121)이 없어서 불편"했다는 이야기를 듣게 된다. 혹 지방에서 살고 있는 사람들도 구정과 추석과 같은 명절이 되면 서울로 올라오는 경우가 많다. 그것은 서울로 와야 친척들이나 친구들을 많이 만나볼 수 있기 때문이다. 이는 수도권이 한국에 진출해 있는 조선족의 공동체 형성에서 중요한 지역적 기초로 되고 있음을 의미한다.

한국에 진출한 조선족이 형성하고 있는 공동체는 청도 지역과

---

121) 한국식의 '중화요리'가 아니라, 서울의 가리봉동과 같은 지역에 있는 조선족들에 의하여 운영되는 음식점을 의미함.

달리 사회관계의 폐쇄성이 상당히 약하다. 이는 먼저, 한국에 진출한 조선족이 집단적 차원의 공동체를 추구하기보다는 개인적 연결망을 기초로 하는 공동체를 형성하고 있는 것과 연관된다. 공식적으로는 조선족은 외국인집단이기 때문에 집단적 차원의 공동체를 추구할 수 있는 여건을 갖추지 못하고 있다. 그러나 이보다 더 직접적인 원인은 그러한 공동체를 추구할 필요성을 많은 사람들이 느끼지 않는다는 점이다. 이는 사람들이 생활에서 적응의 어려움을 별로 느끼지 않고 있는 데에서 기인한다. 이동집단에 대한 많은 연구결과에 따르면, 이동집단이 현지 적응에서 느끼는 어려움이 클수록 내집단 중심의 사회관계가 발전하게 된다. 한국에 진출한 조선족집단에서도 이러한 경향을 관찰할 수 있었다. 가령, 2002년의 조사에서 연구자는 조선족 사이에서 각종 모임이 빈번하고 서로에 대한 의존 정도가 매우 높다는 사실을 발견할 수 있었다. 그 당시에는 불법체류를 하는 사람과 개인단위로 진출하여 있는 사람, 진출 기간이 길지 않아 노동과 경제에서 부담감을 느끼고 있는 사람들이 대부분을 차지하고 있었다. 즉, 그들은 신분에서 오는 불안, 가족과의 별거, 경제적 부담 등의 원인으로 적응의 어려움을 겪고 있었으며, 이를 결속을 통하여 해소하려 하였다.

그러나 그 후의 조사에서는 이러한 결속관계가 점차 이완되고 있음을 발견하게 된다. 빈번하던 모임이 뜸해지고, 틈만 나면 서로 연락하고 만나던 사람들이 집에서 조용히 보내는 시간이 많아지는 것으로 확인된다. "이전처럼 친구들과 자주 만나지 않네요?" 하는 질문에 "다 바쁘게 보내는데, 만나봐야 술이나 마시고 돈이나 썼지, 집에 있는 것이 편합니다."와 같은 대답이 많이 나온다. 그러나 그 내면에는 다른 변화가 관찰된다. 우선은 한국 정부의 몇 차례 되는 불법체류 구제정책의 실시로 적지 않은 사람들이 불법체류자 신분에서 벗어났으며, 둘째는 출입국 제한 조건이 완화되면서 배우자와 자녀들이 입국이 늘어 가정생활을 회복하게 되고, 셋째는 체류가 지속되면서 빚과 같은 경제적 부담감에서 벗어나게 된 것이다. 즉 적응에서 어려움을 겪게 하던 요인들이 사라졌거나 개선되면서 생활에서 불안감과 불편함이 해소되어 일상적인 생활을 회복하게 된 것으로 분석할 수 있다.

이는 조선족의 적응관련 환경에 있어 청도와 같은 연해 지역과 한국이 완전히 다르다는 것을 뜻한다. 청도에서는 문화적 적응이 어렵고, 반면 한국에서는 제도적(정책) 적응이 어려운 것으로 볼 수 있다. 그러나 제도적 적응의 조건이 개선되면서 사회적 적응의 어려움이 해소되어 공동체에 대한 의존은 오히려 약화되는 현상이 발생한다. 반면, 청도 지역에서는 문화적 적응의 한계가 크기 때문에 집단에 대한 의존이 계속 유지되는 것으로 관찰된다. 그러나 이는 결코 한국에 진출한 조선족에게 있어 개인 연결망에 기초한 사회관계와 공동체가 큰 의미가 없다는 것을 의미하는 것이 아니다. 현실적으로 연결망에 기초한 공동체는 이들의 체류생활에서 다른 요인들이 대체할 수 없는 가장 중요한 사회요소가 되고 있기 때문이다.

2) 일본에 진출한 조선족집단

일본에 진출한 조선족집단은 유학생 위주로 되어 있다. 이는 중국의 동북 지역 대학들과 일본 대학들과의 교류관계가 일찍 성립된 것과 조선족학교에서 일본어를 외국어과목으로 개설한 것과 연관된다. 대학 사이에 교류관계가 시작되면서 유학생파견이 시작되었고, 일본어를 공부한 조선족이 우세를 차지하게 되었다. 따라서 일본에 진출한 조선족집단은 유학생이 주축이 되어 공동체적 활동을 만들어 가고 있다.

1995년에 연변대학 학우회를 기초로 조직된 "천지협회"는 일본에서 제일 큰 조선족단체로서, "교류, 협력, 공동발전"을 모토로 하여 운동회, 야유회, 송년회와 같은 활동을 벌여 나가면서 공동체의 구성에 앞장서고 있다. 천지협회 사이트(www.tianchinet.com)에 거재된 활동 후기에서 그 성격을 보아낼 수 있다. 그 내용을 보면 다음과 같다. "존경하는 여러분들께, 안녕하십니까? 지난 월요일 10월 14일에 동경의 아라가와운동장에서 제3차 동경 지역 조선족체육대회가 성황리에 개최되었습니다. 본 대회는 일본의 조선족단체인 천지협회, 젊은이들의 축구모임인 동북아청년련의회, '앞으로'조선족축구팀이 공동으로 주최하였으며, 처음으로 협력하여 조직된 모임이었습니다. 그날 날씨도 기분에 맞추어 참으로 화창하였습니다. 축구경기 외에 공 던지기, 달리기, 풍선 게임 등 다채로운 종목들이 진행되어 화기애애한 분위기가 마련되었습니다. 예상을 엎고 140여 명의 회원이 참가하여 준비한 음식이 모자랐지만 맛있는 김치, 콩나물, 양고기 구이 등 감칠맛 나는 조선족 음식에 시원한 맥주를 곁들어 참으로 흥성한 분위기였습니다. 국제화 시대에 동경에도 조선족이 참으로 많다는 느낌이 들면서 새로운 환경 속에 개개인의 삶에 조그마한 도움을 주기 위해서는 하루속히 새로운 네트워크 구축이 필요하다는 것을 느끼면서 당일 협력, 수고해 주신 분들에게 진심으로 감사를 드립니다. 천치협회 사무국"

천지협회 사이트를 제외하고도 일본에는 여러 개의 조선족이 운영하는 사이트가 존재하여 조선족공동체의 구성에 앞장서고 있다. 대표적인 것으로 조선족 마당(www.kcw21.com), 느끼며 사는 일본(www.toboy.net), 쉼터(www.shimto.com) 등이 있다. 이 중 조선족마당은 사이트를 통하여 조선족장학기금회를 운영하고 있으며, 느끼며 사는 일본은 조선족온라인 커뮤니티역할을 하고 있으며, 쉼터는 재일 조선족의 사이버휴식공간이라는 주제로 낯선 일본 땅에 와서 사업하는 조선족의 휴식과 정보교류, 친구사귀기 등에 치중하고 있다. 이 외, 1999년에 조선족학자와 유학생으로 구성된 '중국조선족연구회'가 발족되어 2001년부터 주기적으로 국제심포지엄을 조직하고 있으며, 조선족에 관한 연구보고서를 일본어로 펴내고 있다.

'조선족마당' 사이트에 거재된 조선족운동회에 참가한 소감을 적은 한 73세 조선족노인의 일기를 보면서 재일 조선족의 활약상을 진일보 살펴보기로 한다. "시간이 퍽 지났지만 내가 쓴 감상문이 여러분을 고무하는 데 도움이 될까 하여 발표합니다. 내가 일본에 친척방문으로 온 지 한 달가량 되는 지난 2003년 10월 26일에 일본 동경지역의 조선족운동회가 열렸다. 운동장에 나가니 이미 청년들이 운동경기 준비를 하느라고 여념이 없었다. 나는 호기심에서 가까이 가서 어디에서 왔느냐고 물었다. 연변 각지 그리고 전국각지에서 유학온 젊은이들이었다. 이날의 경기는 축구, 배구, 줄다리기와 기타 재미있게 조직된 유희 절목들이 있었다. 이들을 바라보면서 나는 중국에 있는 부모들도 함께하면 얼마나 기뻐하실까? 타국 땅에 보낸 자식이 얼마나 보고 싶을까 하는 생각에 저도 모르게 눈물이 났다. 그러나 한편으로 정말 좋은 때를 만났다는 생각이 들었고, 웅대한 포부를 품고 간고한 환경 속에서 노력하는 그들이 대견스러웠다. 12시가 되자 함께 식사를 하였는데, 주식은 김밥과 김치, 숯불구이 등이었다. 운동과 식사도 좋았지만 모두들 오래간만에 만나 웃고 즐기는 모습이 더욱 보기 좋았다. 운동구경도 잘하고, 점심도 잘 먹고 나니 이 운동회를 어디서 조직하였는가 알고 싶었다. 소개를 들으니 지금부터 8년 전 중국에서 온 유학생들이 모여서 '천지협회' 등 친목단체를 조직하여 여러 가지 활동을 조직하고 있으며 또 매년 이렇게 운동회를 하고 있다는 것이다. 나는 속으로 훌륭한 민족활동을 일본에서도 하고 있는 젊은이들에게 경의를 표하면서 운동장을 떠났다."

3) 미국에 진출한 조선족집단

미국에 진출한 조선족집단이 공동체를 구성해 나가는 방식은 유학생이 주축이 되어 공동체를 구성해 가는 일본과 다소 차이가 난다. 그것은 조선족의 미국 진출은 우선 경제활동의 중심이고, 진출비용이 높기 때문에 특정 지역이나, 특정 집단에 진출자가 집중되기 어렵기 때문이다. 따라서 혈연이나 지연, 학연에 의한 사회관계형성에 한계가 있다. 그럼에도 불구하고 이주생활을 위해서는 상부상조하고 집단의 이익을 도모할 수 있는 공동체가 필수적이다. 따라서 미국에 진출한 집단은 동포회를 조직하여 각종 활동을 벌여나가면서 내부의 결속을 다져가는 모습을 보인다.

현재 미국에는 '뉴욕조선족동포회', '전미조선족동포회', '가주중국동포연합회', '워싱턴중국동포총연합회' 등의 단체들이 활동하고 있으며; '가주중국동포연합회신문', '동북아뉴스', '조선투데이닷컴', '뉴욕조선족통신', '핑궈리' 등의 조선족이 운영하는 종이신문과 인터넷신문들이 활약하고 있다. 이 외, '뉴욕조선족축구동호회'와 같은 동호회들이 활동하면서 재미 조선족동포사회를 구성해 가고 있다. 이들 단체는 송년회, 운동회, 야유회 등을 조직하면서 응집력을 키우고, 얼굴을 익히며, 서로 도우면서 외국에서의 외로움과 향수를 달랜다. 언론에 보도된 재미 조선족활동소식에서 그 상황을 살펴보기로 한다.

흑룡강신문 2007년 12월 11일 자에는 최민 기자의 "가주중국동포연합회 '중국동포 미국 땅 밟기' 주최"라는 기사가 실려 있다. 그 내용을 요약하면 다음과 같다. "중국동포들이 미주 정착 20년래 최초로 단체 이름으로 벌인 '중국동포 미국 땅 밟기' 여행이 12월 2일에 원만히 결속되었다. 이번 활동의 목적은 새롭게 탄생한 가주동포연합회가 단합을 이루어 미국에 대한 식견을 넓히며, 동포들 간의 교류와 협력 또는 고된 노동의 피로를 씻는 여행을 가지려는 것이다. 26명의 동포들이 참여한 이번 활동은 '동포연'이 출범한 후 네 번째 활동이다. 이날 동포들은 여러 가지 활동을 하면서 유익하고도 즐거운 시간을 보내면서 동포들지간의 단합과 우정을 돈독히 했다."

조글로미디어(www.zoglo.net) 2008년 7월 5일 자에는 "전미조선족운동대회 뉴욕서 성황리에"라는 기사가 실렸다. 그 내용을 요약하면 다음과 같다. "전미 조선족동포회가 주최한 대형 '조선족운동회'가 뉴욕 플러싱고교운동장에서 1200여 명의 재미 조선족이 참가한 가운데 성황리에 펼쳐졌다. 운동회에는 달리기, 축구, 배구, 줄다리기, 씨름, 무용 등 다양한 종목들이 있었으며, 민족전통을 구현하고, 친목과 화합을 다지면서 민족정체성을 확인하는 자리로 활기로 차 넘쳤다. 올해로 6회째를 맞는 재미조선족운동대회는 2003년 7월 4일에 첫 운동대회를 조직한 후로 해마다 한 차례씩 운동회를 통한 조선족 축제마당을 벌여왔다. 이날 행사에는 뉴욕주재 중국총영사 팽극옥과 뉴욕화인사단법인연석회의 사강 주석 등이 동참해 함께 즐겼다."

최근 뉴욕에는 조선족이 급증하면서 조선족방송이 등장하였다. 2007년 3월 13일부터 매주 월요일 오후 12시 15분부터 1시 사이에 한인방송을 통하여 연변TV방송국에서 제작한 조선말프로 "진달래고향"이 방송되고 있으며, 앞으로 뉴스와 오락프로도 방송될 예정이다. 조선족단체들과 언론의 등장, 동호회의 활약 등은 미국에서도 조선족공동체가 서서히 형성되어 가고 있음을 보여준다.

5. 초국적인 탈지역적 공동체의 형성

위에서 지역별, 집단별 사례에 대한 분석을 진행하였다. 그러나 아래에서는 이들을 아우르는 중요한 변화를 주목하려 한다. 그것은 바로 지역성을 탈피하여 초국적인 연결망에 기초하고 있는 탈지역적 공동체의 형성이다. 우선 사례로서 그 의미를 짚어보기로 한다. 피면접자 P 씨(남, 25세, 유학생, 연변출신)는 본인의 고등학교 동기들의 상황을 다음과 같이 소개한다. 동기생 53명 중 한국 유학 13명, 일본 유학 12명, 영국 유학 2명, 국내 연해 지역에 20명, 고향에 6명으로 다양한 지역에 퍼져 있다. 이러한 지역적 분산이 동기생들의 결속에 부정적인 영향이 없는가 하는 질문에 P 씨는 통신과 인터넷의 발달로 전혀 영향이 없다고 밝힌다. 오히려 인터넷의 발전으로 예전보다 더욱 밀접한 상호교류 관계를 유지할 수 있다고 말한다. P 씨의 사례는 조선족의 초국적인 탈지역적 공동체의 형성을 잘 반영해 주고 있다.

탈지역적 공동체는 기존 사회관계의 지역적 분산과 연결에 기초한다. 조선족의 경우, 이동으로 인한 기존 사회관계의 분산은 관계의 해체로 이어지는 것이 아니다. 이는 오히려 전통적인 연결망을 활성화시키고, 이를 기초로 기존의 관계를 탈지역화하면서 유지, 확산시키는 경향을 나타낸다. 이는 이동지 선택과 이동지에서 사람들이 혈연과 지연을 중심으로 사고하고 행동하기 때문인 것으로 풀이된다. 보다 구체적으로, 먼저 진출한 사람들이 다른 사람들을 불러내기 때문에 지연 그룹이 형성되고 커지며, 이렇게 형성된 지연집단은 그들 외지 생활의 기초단위로 작용하게 된다. 따라서 지연이 해체되지 않고 유지되면서 원거주지와의 관계가 지속된다.

탈지역적 공동체 현상은 모든 조선족 공동체에서 발견된다. 가령, KS촌과 같은 편벽한 조선족마을도 1990년 말에 와서는 대부분 가구에 전화가 보급되었다. 주위의 한족마을들에 비하여 조선족농촌의 전화보급률이 훨씬 높은 것으로 알려져 있다. 중국 농촌생활의 현실에서 전화의 설치나 통신비용은 일종의 경제적 부담으로 되는 경우가 많기 때문에 큰 필요성을 느끼지 않는 한 일반적으로 전화를 설치하지 않게 된다. 그러나 조선족마을의 많은 가구들은 가족성원이 먼 곳에 진출하여 있기 때문에 전화 설치가 매우 필요하게 된다. 전화의 보급으로 인하여 외지에 진출한 마을 사람들의 소식이 수시로 마을에 퍼지게 되며, 외지로 진출한 사람들도 마을 사람들의 소식을 수시로 접할 수 있다. 이로 인하여 마을 사람들이 국외, 연해 도시, 고향 마을로 나누어져 있어도 서로에 대한 소식을 수시로 접할 수 있는 생활 조건을 갖추고 있다. 가령, 청도 교남에서 저자는 민박집주인이 고향마을로 전화하여 토지 임대에 관한 정황을 알아보고, 잠시 후에는 한국에 진출해 있는 고향사람으로부터 자기 아들의 취직을 부탁하는 전화를 받는 모습을 보게 된다. 즉 지리적으로 떨어져 있지만 그들의 관계는 여전히 지속되면서 상호 지지 집단의 역할을 하고 있는 것이다.

이러한 사례는 수없이 많다. 가령, 심양에서 민박을 하고 있는 흑룡강 출신의 조선족은 고향마을 사람들 치고 외국으로 가면서 자신의 도움을 받지 않는 사람이 없다고 말한다. 심양시에 외국 영사관들이 많으며, 외국행의 항선도 많이 배치되어 있기 때문이다. 교남 IH직업소개소는 상하이까지 인력을 파견한다. 지인들이 부탁해 오기 때문이다. 한국에 나와 있는 조선족들은 "마을에 있는 사람들이 밖에 나와 있는 사람들보다 소식이 더 빠릅니다." 하면서 혀를 찬다. 탈지역화는 단순한 변화라는 의미를 넘어 공동체 성격의 근본적인 변화를 의미하는 것이다. 이는 이동에 의하여 형성되는 다양한 커뮤니티들이 고립적인 것이 아니라, 사회관계에 의하여 서로 연결되어 있는 네트워크 속의 한 연결점이라는 것을 보여준다.

혈연, 지연, 학연에 기초한 탈지역적 공동체 외에 각 지역에 진출하여 있는 조선족에 의하여 운영되는 웹사이트를 중심으로 형성되는 온라인 조선족공동체도 탈지역적 공동체의 중요한 내용이다. 현재 한국, 일본, 미국을 위주로 하는 국외 지역과 북경, 광동, 상해, 연변 등 국내 지역에 조선족을 주제로 하는 다양한 웹 사이트와 인터넷신문들이 활동하고 있다. 이들은 각 지역의 조선족이 고향소식과 조선족사회에 관한 정보를 획득하는 중요한 매체로 되고 있으며, 지역 간 교류를 촉진시키는 역할을 하고 있다. 이로써 조선족은 넓은 지역에 확산되어 있음에도 불구하고 민족공동체와 지속적인 관계를 유지할 수 있으며, 이를 통하여 공동체의 구성원으로써 정체성을 유지·강화해 나가고 있다.

6. 공동체 변화의 다양한 모습과 그 의미

조선족의 공동체 변화는 다양한 모습과 성격을 가지고 있다. 가령, KS촌에서는 이동을 거치면서 농촌특유의 인정문화가 해체되고, 경제관계가 지배적인 위치를 차지해 가는 현상을 목격하게 된다. 이는 사회변화가 전통에 어떤 영향을 미치고 있는가를 보여준다. 연길시와 같은 도시 지역에서는 사회관계의 내용에 대한 인식은 변하고 있지만, 그 변화가 인맥 혹은 연결망의 중요성에 대한 인식으로 연결되기 때문에, 전통적인 사회관계는 그 영향력을 더 넓혀가는 것으로 확인된다. 이는 전통적인 요인이 사회변화에 대한 적응에서 중요한 버팀목 역할을 하고 있음을 뜻한다. MR촌과 같이 소도시화 과정에 놓여 있는 지역은 새로운 결속력을 창출하려는 노력과 인구증가와 도시화로 기존의 생활문화가 해체되는 다소 상반되는 현상이 혼재되어 나타난다. 이는 사회변화과정에서 나타나는 전통가치와 현대가치의 경합을 보여준다.

연해 지역이나 국외 지역과 같이 공동체가 새롭게 형성되고 있는 지역에서도 전통적 사회관계가 여전히 중요한 기능을 수행하고 있음을 확인할 수 있다. 그러나 차이도 확인된다. 가령, 청도 지역에서는 혈연, 지연관계를 중심으로 여러 유형을 모임결성을 통하여 연결망의 확산이 이루어지고 있음이 관찰된다. 그러나 이러한 확산은 주로 집단 내에 국한되어 사회관계의 내밀(內密)화 경향도 동시에 발견된다. 이는 이들의 적응에 있어 민족 공동체의 형성이 여전히 중요한 기능을 수행하며, 동시에 타 집단으로의 연결망 확산에서 어려움을 겪고 있음을 뜻한다.

이와 달리 한국의 수도권 지역에서는 연결망이 계속하여 혈연과 지연과 같은 일차적인 집단에 국한되어 있음을 발견할 수 있다. 다만 학연이 지연을 확대시키는 기능을 수행하면서 또래집단을 중심으로 연결망이 확대되고 있는 현상이 발견되며, 제도적 환경과 적응 정도에 따라 결속력이 강해지기도 하고 약해지기도 하는 모습도 관찰된다. 또한 일본에서는 유학생이 주축이 되어 공동체를 구성해 나가는 모습을 볼 수 있으며, 미국에서는 동포회를 조직하여 활동을 벌여 가면서 공동체를 구성해 가는 모습을 보게 된다.

또한 공동체의 탈지역화라는 변화가 확인된다. 주요 진출 지역에서 지연 소그룹이 형성되면서 기존의 사회관계가 해체되지 않고, 탈지역적인 연결망으로 변한다. 이런 탈지역적인 연결망 형성은 사람들의 생활을 변화시킨다. 즉 어느 지역에서 생활하고 있다고 해도 그들의 실제 생활세계는 훨씬 더 넓은 지역까지 그 범위가 확대되어 있다. 그러나 이러한 탈지역적인 공동체 역시 기존의 사회관계에 기초하고 있음을 발견할 수 있다. 이 외 웹 사이트를 중심

으로 형성되는 조선족 온라인공동체도 탈지역적 공동체의 중요한
내용임을 확인할 수 있다.

조선족의 공동체 변화에는 전통적 요인의 다양한 모습이 들어
있다. 또한 진출지에서 형성되는 여러 가지 형태의 연결망이 있는
가 하면, 지역특성에 따라 연결망의 성격과 기능이 달라지기도 한
다. 나아가 초국가적으로 형성되는 탈지역적인 연결망이 발달해 전
체 조선족사회를 묶고 틀 짓는 현상이 이미 널리 관찰된다. 이러한
다양한 요인들이 어울려져 조선족사회는 계속 새로워지고 있다.

제 6 장

초국적인 생활환경과 정체성의
다원화 추세

1. 사회 환경과 조선족의 정체성

한 국가가 자국 내에 있는 소수민족에 대하여 어떤 정책을 취하는가는 소수민족의 정체성에 직접적인 영향을 미친다. 중국은 법적으로 각 민족은 평등하며, 어떠한 형식의 민족차별도 금지한다고 규정하고 있고, 이에 입각한 각 민족의 평등, 단결, 공동번영을 민족정책의 기본으로 삼고 있다. 국가는 이를 뒷받침하기 위해 소수민족의 집거 지역에 해당 민족의 구역자치제도를 실시하고 있다. 민족 자치 지역에는 각급 정부기관과 인민대표대회에 파견할 민족대표비율에 대한 규정이 있으며, 각 소수민족은 민족적 특징에 맞게 경제, 문화, 교육을 비롯한 여러 방면의 정책을 수립해 나갈 수 있다. 이와는 별도로 중앙정부와 각급 정부도 소수민족 발전을 지원하기 기구를 별도로 갖추고 있다.

중국에서 생활하고 있는 소수민족으로 조선족의 정체성은 이러한 민족정책의 직접적인 영향을 받을 수밖에 없다. 한반도 광복 이후, 귀환을 하지 않고 현지에 남은 조선족은 자신의 생활터전으로 중국을 선택했다는 것을 의미하며, 그들은 사회적 변혁에서 살아남기 위하여 자신의 이익과 권리를 보장해 줄 수 있는 정치 집단에 호응하게 된다. 조선족은 자신의 권익을 수호해 줄 수 있는 정치 집단으로 중국공산당을 선택하게 되었으며, 공산당이 영도하는 토지개혁과 국내혁명에 적극적으로 동참하게 된다. 이로 인해, 중화인민공화국이 창립된 후, 조선족은 중국의 소수민족지위를 확보하였으며, 합법적인 국민이 되었다.

민족정책에 따른 소수민족지위의 핵심적인 것은 집거 지역에서 자치 권리의 행사이다. 1952년에 성립된 연변조선족자치주를 선두로 하여 장백조선족자치현과 44개 자치향이 차례로 설립되었다. '민족구역자치법'에 따라 이러한 자치 지역에서 행정수장은 조선족이 담당하게 되었으며, 인민대표대회 대표구성에서도 민족대표의 비율을 보장받았다. 또한 교육, 언론출판, 문화 등의 다양한 분야에서 민족의 문화를 유지할 수 있도록 정책적인 지원을 받았다. 자치 지역에 거주하고 있지 않아도 해당 지역의 각급 정부기관에 민족 사무를 책임지는 부서가 설치되어 민족 사업에 대한 행정적인 지원을 받을 수 있었다.

이러한 민족정책의 실시로 조선족은 비교적 완벽한 민족사회를 구성하게 된다. 정치적으로는 자치 지역을 중심으로 조선족간부 집단이 형성되었으며, 민족경제를 발전시키면서 경제 관리자 집단도 성장하게 된다. 지역별로 방송국, 신문사, 출판사, 잡지사와 같은 언론·출판기구가 생기고, 문화관, 가무단과 같은 문예시설과 기구가 구비되면서 민족 언론, 출판, 문예 종사자 집단도 형성되었다. 민족교육은 어느 분야보다도 완벽한 체계를 갖추게 된다. 조선족이 거주하고 있는 지역은 마을에는 조선족소학교가, 향(진)에는 중학교가, 현(시)에는 고등학교가 건립되었다. 조선족학교들의 교사를 양성하기 위하여 동북 지역의 각 성에 조선족사범학교가 설립되었으며, 고급인재와 민족 간부를 양성하기 위한 목적으로 연변대학이 건국 초기에 설립되었다.

민족사회체계가 완성되면서 많은 조선족이 민족사회의 울타리에서 생활할 수 있는 조건을 갖추게 된다. 가령, 조선족마을에서 태어나, 조선족학교를 다니고, 조선족신문과 출판물을 읽고, 조선족가무단의 공연을 보고 하는 식이다. 이러한 민족사회의 형성은 두 가지 결과를 가져온 것으로 분석된다. 하나는 조선족이 다민족 국가에서 생활하면서도 민족의 전통과 문화를 잘 유지하고 발전시킬 수 있었다는 것이다. 이는 조선족과 비슷한 시기에 다른 국가들로 진출한 한인이 민족의 문화를 상실한 것과 대조되는 것이다.

다른 하나는 민족사회가 상대적으로 자기충족적인 체계를 갖추게 됨으로써 주류사회로 진출하여 발전하고 다른 문화를 받아들일 수 있는 기회를 잃게 되었다는 점이다. 일반적으로 소수집단이 주류 사회의 진출과 융합에는 교육이 중요한 기능을 수행하는 것으로 알려져 있다. 그러나 조선족의 경우, 자체적으로 민족인재를 흡수할 수 있는 기구들이 생김에 따라 교육을 통하여 양성된 인재들이 주류 사회에 진출하기보다는 이런 기구로 모이는 경향이 조성되었다. 가령, 사범대학을 나오면 조선족학교에 취직하고, 국가기관과 기타 사회기관에 취직해도 주로 민족사업 부문에 배치된다. 이로 인해 많은 지식인들이 민족사업 분야에 집중하게 되고, 민족사회의 울타리 안에서 성장하게 되면서, 민족사회는 더욱 강건해지는 동시에 주류사회와 소통하고 교류할 수 있는 기회는 제한적일 수밖에 없었다. 이는 일반적으로 소수집단이 교육의 성공을 통하여 주류사회로 진출하는 것과는 대조되는 현상이다.

이렇게 주류사회와 상대적으로 유리된 환경에서의 삶은 조선족이 다른 민족과 잘 융화하지 못하는 결과를 가져왔다. 소수집단이

주류사회에 어느 정도 융화되어 있는가를 나타낼 수 있는 대표적인 지표로 일반적으로 언어사용과 민족 간의 통혼율이 사용된다. 언어사용을 볼 때, 조선족이 적게 거주하고 있는 도시와 일부 농촌 지역에서 성장한 소수의 사람들을 제외하고, 대부분의 조선족은 현재까지도 여전히 조선어를 일상 언어로 사용하고 있다. 집거 정도가 높은 지역일수록, 조선족의 중국어 구사능력이 떨어지며, 나이가 많은 사람들 중 중국어 구사가 어려운 사람들도 적지 않게 존재한다.

이러한 현상은 최근의 연변 지역 교육개혁에 관한 토론에서 제기된 '두 가지 언어교육' 강화할 데 대한 의견에도 반영되고 있다. 조선족학교교육에서 '두 가지 언어 교육'을 강화해야 한다는 것은 중국어 교육을 강화해야 한다는 의미로 해석된다.[122] 이러한 주장은 기초 교육에서뿐만 아니라, 중국의 명문대에서 근무하고 있는 조선족교수들에 의해서도 제기되고 있다. 가령, 정인갑[123]은 조선족 인재들이 중국어수준이 낮아 경쟁에서 불리한 조건에 처해 있다고 지적하면서, 조선족학생과 교사들의 질적 수준이 저하되고 있다고 지적한다(정인갑, 2003). 이주 역사가 100여 년이 넘는 집단에게서 아직까지도 주류 언어교육을 강화해야 한다는 목소리가 높아지고 있다는 것은 조선족에게 있어 민족사회 울타리가 얼마나 큰 영향을 미치고 있었는가를 잘 보여준다. 통혼율에서도 민족 폐쇄성은

---

122) 길림성정부(2003) 9호 문건, 연변주위, 주정부에서 반포한 "조선족교육과 발전에 관한 약간의 의견"에서 보면, 조선족학교교육에서 두 가지 언어 교육을 강화해야 함을 강조하고 있으며, 구체적인 시행방안으로 다음과 같은 것을 제기하고 있다. 1. 조선어학습시간을 줄이고 한어학습시간을 늘린다. 2. 중학교단계에서 조선어과목을 제외하고 기타 과목의 강의 언어는 가능한 한 한어를 사용한다. 3. 한어교육의 질을 제고하기 위하여 한족교원을 초빙할 수 있다. 5. 두 가지 언어교육에 적응할 수 있는 교사대오를 양성한다.

123) 북경 청화대학 교수.

잘 나타나고 있다. 2000년 중국 인구센서스자료에 나타난 타민족과의 통혼율을 보면, 조선족은 그 비율이 7.95%밖에 되지 않아 인구 백만 이상의 소수민족 중에서 가장 낮은 민족 간 통혼율을 보였다.[124]

그러나 이와 같은 사실을 가지고 조선족사회가 고립적으로 발전해 온 것으로 해석할 수는 없다. 조선족의 집거는 상대적인 집거로 한족을 위주로 하는 다른 민족과의 상호 작용을 떠나서는 유지될 수 없으며, 따라서 고립적인 발전이란 있을 수 없다. 조선족사회의 상대적인 독자적 발전은 민족평등(平等)정책과 소수민족자치(自治) 정책에 힘입은 것이다. 이러한 중국의 소수민족정책은 민족사회의 발전을 촉진시킨 동시에 조선족으로 하여금 중국을 자기의 조국으로 인식하고 받아들이게 만든 것으로 볼 수 있다. 모든 소수집단에게 있어 국가가 자신들에게 어떤 정책을 취하는가는 매우 민감하게 받아들이는 사안이다. 통상 차별정책은 고립주의를 선택하거나 동화를 촉진시킨다. 그러나 역설적으로 평등한 권리를 존중하면서 민족사회의 발전을 지원해 주는 정책은 해당 국가에 대한 소수민족의 소속감을 더욱 강화시키는 결과를 가져오기도 한다. 조선족은 중국의 민족정책에 순응하면서 민족의 정체성과 함께 국가에 대한 충성심을 키워왔다. 즉, 조선족에게 있어 민족 정체성의 유지·발전과 국가정체성의 형성·강화는 동전의 양면과 같은 것이었다.

민족평등정책과 더불어 '다원일체의 중화민족론'에 기초한 민족관 교육은 이러한 '이중적 정체성'의 형성에 중요한 역할을 한 것으로 분석된다. 중국에서는 학교와 사회교육을 통하여 '모든 민족은 중화민족의 일원'이라는 민족관 교육이 꾸준히 진행되었다. 이러한 민족관 교육은 '중화민족'의 정체성을 형성하는 것을 주요 목

---

124) "試論中國族際通婚圈的构成", '广西民族研究', 2004年 3期.

적으로 삼고 있는 것이다. 그러나 동시에 소수민족의 정체성도 강화시키는 다소 모순되는 측면도 가지고 있다. 왜냐하면, '중화민족'이라는 개념에 '주체 민족'과 '소수민족'이라는 하위 개념이 설정되어 있어, 교육과정에서 소수민족들은 계속 자신이 소수민족임을 상기할 수밖에 없기 때문이다. 오히려 모호한 '중화민족'이라는 개념에 비하여 구체적인 '소수민족'이라는 신분이 소수민족들에게는 더 쉽게 다가올 가능성이 높다.

이는 중국의 민족정책과 민족관 교육이 소수민족의 평등발전권리를 보장하는 데에는 어느 정도 성과를 거두었지만 소수민족을 주류 사회에 융합시키는 데에는 성공적이지 못했음을 의미한다. 민족사회 울타리는 주류 사회와 소통하고 진출하는 데 저해요인으로 작용하였고, 그것은 민족융합을 어렵게 만들었다. 이로 인해 소수민족이 현실생활에서도 지속적으로 내집단과 타 집단의 차이를 인식하면서 살아갈 수밖에 없었다. 조선족도 예외일 수 없다. 조선족은 한족과 같은 지역에서 생활하면서도 문화와 언어가 달라 그들과의 접촉이 제한되어 있고, 따라서 조선족과 한족 사이의 차이에 민감하게 되고, 이는 스스로를 독자적인 민족으로서의 조선족으로 인식하는 성향을 강화시키는 역할을 하였다. 조선족의 행동양식과 가치 지향에 대한 연구에서 한상복·권태환은 조선족이 늘 한족과의 비교 속에서 자신들을 평가하고 있음을 지적하고 있다(한상복·권태환, 1993: 111). 이는 조선족이 일상생활에서 지속적으로 한족들과의 차이를 인식하면서 생활하였음을 의미하는 것이다. 이는 동시에 조선족의 정체성의 위계에서 가장 중요한 위치를 차지하고 있는 것이 민족정체성임을 뜻하는 것이기도 하다. 스트리케(Stryker)는 일상생활에서 수시로 확인하면서 생활할 수밖에 없기 때문에 특별히 강하게 인식되는 정체성을 '돌출한 정체성'(Identity Salience)이라고 명명하였는데, 조선족의 민족정체성이 바로 여기에 해당된다.

이와 같이 신중국 건국 이후, 조선족은 이동이 제한된 환경에서 장기간 생활해 오면서 비교적 안정된 사회관계를 이루고, 민족정체성을 중심으로 하는 안정된 정체성을 발전시켜 왔다. 그러나 한중관계의 개선을 계기로 대규모의 인구이동에 휩싸이게 되면서, 안정된 정체성의 기초 역할을 하던 조선족을 둘러싼 사회관계가 급변하게 된다. 대규모의 이동이 발생하면 이주자는 물론 비이주자도 새로운 환경에 적응해야 할 문제에 직면하게 된다. 가령, 청장년 노동력의 대규모 유출은 불가피하게 원거주 지역 생활환경에 변화를 야기하게 된다. 조선족의 경우 진출 지역이 국내외에 걸쳐 다양하고, 원거주지도 지역적 성격이 서로 다르기 때문에 적응환경과 생활환경의 변화도 각기 다를 것으로 예상된다. 이는 조선족의 정체성에서 복잡한 양상이 나타날 가능성이 크다는 것을 시사한다. 본 장에서는 지역별 사례에 대한 분석을 통하여 조선족 정체성의 변화양상을 살피고 있다.

2. 동북 지역 조선족 정체성의 변화: 커뮤니티별 사례

1) 흑룡강성 해림시 KS촌

KS촌은 조선족 주민으로 구성된 마을이다. 1970년대 말까지만 해도 마을 동쪽 구역에 일부 한족주민들이 거주하고 있었으나, 생산책임제를 실시하면서 농토가 가까운 인근의 한족마을로 이주하여 순수한 조선족마을로 남게 되었다. KS촌의 북쪽과 동북쪽에는 일부 한족 마을이 포진하여 있고, 서쪽과 남쪽, 서남쪽으로 가면 10여 개의 조선족마을이 있다. 이 마을들을 합해 XA조선족자치진을 구성하고 있다. 주민들의 일상생활은 주로 마을에서 이루어지고 있었으며, 마을 경계를 벗어나 이루어지는 활동은 조선족마을 연합으로 행하였다. 그러나 XA조선족자치진은 조선족마을로만 이루어진 행정단위가 아니다. 경내에는 한족마을도 여러 개가 있어 조선족마을과 한족마을을 따로 관리하는 이원관리의 행정체제를 갖추고 있었다. 이렇게 조선족과 한족들은 같은 지역에서 거주하면서 생활하였으나, 서로 섞이지 않는 분리된 생활세계를 형성해 나가면서 안정된 민족관계를 유지하여 왔다. 이런 생활환경은 한족과 조선족이 서로 상대와의 차이를 수시로 확인하면서 생활해 가는 과정이기도 하였다.

그러나 1990년 이후, 조선족 마을의 많은 청장년 노동력이 국외와 국내 지역으로 진출하면서 생활환경에서 변화가 나타나기 시작하였다. 우선은 대부분 주민들이 외지에서 오는 수입에 의존하여 생활하게 되면서 현지에서의 생산 활동을 그만두게 되자 농사가 인근의 한족주민들에게 넘어가기 시작하였다. 현재 마을의 농토는 대부분이 한족들에게 임대되어 경작되고 있으며, 교통 운수, 상품 판매, 일상 서비스 제공이 모두 한족들에 의하여 이루어지고 있다. 설사 일부 조선족농민이 농사를 짓는다 하여도 한족들의 농기계를 임대하여 사용해야 하며, 임대료로 받는 양곡마저 한족들이 경영하는 정미소에서 가공해야 하는 상황에 놓여 있다. 일부 생활이 어려운 조선족 주민들은 아예 농사를 포기하고 농사를 많이 짓는 한족들에게 품팔이를 하는 현상까지 나타나고 있다. 이를 두고 마을 주민들은 "한족들은 앉아서 조선족들의 돈을 다 벌고 있다.", "조선사람들이 망하게 됐다.", "조선족들이 큰일 났다."는 등의 한탄을 하고 있다.

이뿐만 아니라, 출산율의 저하로 마을 소학교가 폐교되고, 대규모의 청장년 노동력이 유출되면서 주민들의 유대감과 공동체 의식을 강화시켜 주던 마을과 진 차원의 각종 행사도 조직이 어려워지게 되었다. 이는 결과적으로 개인주의를 조장하고, 개인들에게 집단에 대한 애착을 약화시키는 요인으로 작용하는 것으로 보인다. 결국 KS촌 주민들의 정체성은 '위기의 정체성'으로 특징지어지며, 이는 생활환경과 집단 내부 모두에 원인이 있는 것으로 분석된다.

2) 길림성 연변도시 지역

연변은 중국의 유일한 조선족자치주로 조선족사회의 정치, 경제, 문화, 교육의 중심지이다. 지역주민구성에서 조선족의 비율이 높고, 자치주로서 민족 사업을 발전시킬 수 있는 각종 정책을 향유하며, 기구와 시설도 갖추고 있다. 이로 인해 다른 지역의 조선족 주민에 비해서 연변 사람들의 민족의식과 정체성이 강한 것으로 알려져 있다. 실제적으로 연변은 중국에서 조선족 문화를 발전시키고, 그 우수성을 홍보하는 역할을 담당하고 있으며 조선족사회의 상징이 되고 있다.

연변이 조선족사회에서 차지하고 있는 위치에 걸맞게 조선족의 정체성의 위기를 우려하는 목소리도 연변 지역에서 제일 먼저 울렸다. 1990년대 중반에 들어서면서 외지로 진출하는 조선족이 늘고, 출산율의 저하와 인구증가에서의 문제가 발생하면서 일부 조선족학자들은 '조선족사회위기론'을 제기하기 시작하였고, 위기의식은 급속히 번져 갔다. 당시 '정체성의 위기'는 주로 민족동화에 대한 우려와 민족사회 기반이 약화된다는 우려에서 출발하였다. 많은 사람들이 집거지에서 외지로 진출함에 따라 주류(한족) 사회(문화)로의 동화 위험이 높아지며, 조선족 인구의 감소는 민족사회의 존립 기반을 흔들 수 있다는 것이 주요 논지였다. 이러한 위기의식은 조선족에 관한 글에서는 어디서나 쉽게 발견할 수 있었다.

그러나 시간이 흐르면서 동화에 관한 우려는 현실적이지 못하다는 것이 판명되었고, 오히려 조선족의 정체성 위기는 다른 곳에서 나타나고 있음을 인식하게 되었다. 그것은 조선족과 한국과의 교류가 심화되면서 나타나기 시작하는 자기 인식에 대한 변화에서 비롯되는 것이었다. 가령, 필자의 개인적인 경험을 보면, 처음 한국인과 만나게 되었을 때, "중국 사람이라고 생각하십니까? 아니면 한국 사람이라고 생각하십니까?"라는 물음이나, "한국과 중국이 축구 경기하면 어느 쪽을 응원하십니까?"라는 질문은 정말로 뜻밖의 것이었다. 자신을 중국 사람으로 생각하고 있었기 때문에 왜 저런 질문을 하는지가 오히려 이상했다.

그러나 한국인들과의 접촉이 잦아지면서 그 물음의 의미도 이해할 수 있게 되었고, 조선족의 정체성에 영향을 줄 수 있는 같은 민족 집단이 존재하고 있음을 느끼게 되었다. 개인적인 경험을 확대 해석해서는 안 되지만 많은 사람들이 유사한 경험을 겪은 것으로 보인다. 이는 조선족학자들이 저술한 책의 제목에서도 확인되고 있다. 가령, 1990년대 초반까지의 저서들은 대부분 '조선족항일투쟁사', '조선족간사' 식으로 '조선족'이라는 용어를 사용하지만 1990년대 중반 이후의 저서들은 거의 '중국조선족과 21세기', '중국조선족사회의 변천과 전망' 식으로 '중국조선족'이라는 용어를 사용하기 시작한다. 이는 조선족학자들이 사회변화에 발맞추어 스스로 조선족의 정체성을 재규정해야 할 필요성을 느끼게 되었다는 것을 뜻한다. '중국조선족'이라는 용어의 사용은 조선족학자들이 한국과의 접촉에서 스스로를 한국인과 구분할 필요성을 느끼고 있음을 의미하는 것으로 해석할 수 있다.

많은 사람들의 한국으로의 진출, 여성들의 혼인이동, 한국과의 교류 증대, 재외동포법과 같은 쟁점의 부상, 한국의 일부 단체들이

주도한 '조선족국적신청운동'[125]과 같은 사안들에 대하여 연변의 조선족들은 민감하게 받아들이는 분위기이며, 이에 대한 학자들의 우려는 매우 깊다. 이는 한국과의 관계가 어떻게 정립되느냐가 조선족사회의 지속적인 발전에 큰 영향을 미치며, 어려운 문제가 발생할 경우 조선족의 자치주인 연변의 발전이 우선적으로 영향을 받을 수 있기 때문이다. 현재 연변조선족사회에서 들려오는 것은 하나같이 위기의 목소리이다. 대규모의 노동력 유출, 인재 유실, 출산율 저하, 가족 해체, 물질주의 팽배, 가치관의 혼란, 이러한 목소리에 더하여 한국과의 교류증대가 가져올 수 있는 부정적인 영향에 대한 경계의 소리도 들린다. 이러한 우려의 밑바닥에는 유일한 조선족자치주의 존립이 위협받을 수 있다는 보다 본질적인 우려가 깔려 있다.

3) 요녕성 심양시 MR촌

KS촌과 연변 지역의 사례에서 조선족의 정체성의 위기의식을 볼 수 있었다면 심양 지역에서는 이와 다른 모습을 보게 된다. MR촌은 1945년 동북해방 이후, 주변 지역의 조선족이 모여들면서 형성된 조선족마을이다. 마을 형성 초기 주민들 중 평안도사람의 비율이 높았던 관계로 현재도 마을사람들의 억양에는 평안도 억양이 다분히 남아 있다. 그러나 불과 몇 킬로미터 밖에 위치한 소가툰 YM촌의 주민들에게서는 다른 억양과 어투가 발견된다. 이 두 마을은 가깝게 위치하여 있지만 행정구역이 달라 서로 접촉이 적었던 것으로 보이며, 이러한 현상은 과거 이 지역 주민들이 얼마나 폐쇄

---

125) 2003년 11월 중순에 서울 구로구에 있는 조선족교회에서 일부 사람들을 동원하여 국적회복운동을 주도한 바가 있으며, 언론에 의하여 널리 보도되었다.

적인 생활세계를 형성하여 왔는가를 알려준다.

MR촌은 현재 심양시에서 모범적 발전모델의 하나로 알려져 있어 시내에서 택시를 잡고 MR촌에 가달라고 하면 길을 모르는 기사가 없으며, 그들에게서 그 마을의 조선족이 돈이 많고 잘산다는 말을 들을 수 있다. MR촌이 하나의 농촌건설의 모범으로 등장하게 되면서 심양시 각급 정부부문의 관심을 받게 되는데, 마을관계자의 소개에 따르면 1998년부터 2005년까지 도합 2,000만 위안의 정부의 예산지원을 받았다고 한다. MR촌에서는 정부 지원을 받게 되면, 이를 촌의 재정에 추가 투입하여 사업을 크게 벌여 나간다. 따라서 정부의 관계자들도 만족스러워하며, 농촌건설과 관련된 사업은 MR촌과 합작하기를 선호한다고 한다. 이에 대하여 마을 주요 관계자는 "마을이 작으면 정부의 지원도 받기 어렵기 때문에, 조선족은 큰 마을을 구성하고, 대담하게 사업을 벌여 정부의 지지를 얻어 집중촌을 건설하고 살아야 합니다."라는 견해를 토로한다.

MR촌은 아파트를 엄격히 조선족에게만 분양하며, 이를 MR촌의 특색이라고 강조한다. MR촌의 마을입구 대문에는 'MR촌'이라는 한글로 쓴 마을이름이 중국어 이름과 함께 나란히 새겨져 있다. 이는 연변을 제외한 다른 동북 지역에서 보기 드문 현상이다. 또한 마을에 들어서면 커다란 장구를 치며 춤추는 조선족 여성의 조형물이 설치되어 있어 조선족마을임을 한눈에 느끼게 한다. 마을에서는 현재 조선족민속촌을 건설 중이며, 이것이 또 하나의 민족문화를 재현해 내는 장이 될 것으로 기대하고 있다. MR촌과 한국의 교류도 활발히 이루어지고 있다. 마을에는 한국공업원이 설치되어 일부 한국기업들이 입주하여 있으며, 사회단체들의 방문도 계속 이어지고 있다. MR촌을 소개하는 홍보책자에는 한국의 고건 전 총리와 이한동 전 총리가 마을을 방문하는 사진이 실려 있다. MR촌의 주민들에게서는 조선족발전에 대한 우려와 같은 것들은 보기 힘들며,

오히려 조선족이 빨리 농촌에서 벗어나 기회가 많은 지역에 나와서 발전을 모색해야 한다는 태도를 보이고 있다. 이에는 자신들이 이루어놓은 것에 대한 자부심이 배어 있는 것으로 보인다.

MR촌은 결코 하나의 특수한 사례가 아니다. 이는 가까운 곳에 위치해 있는 HW신촌의 사례에서도 증명된다. HW신촌은 YM촌에서 개발한 아파트단지이다. YM촌은 조선족으로 구성된 마을이었지만, 주민들이 집중되어 있지 않고, 소가툰(심양시의 위성도시) 시내의 곳곳에 분산되어 있었다. 국외 진출자가 늘어나고 주민들의 수입이 증가하면서 아파트에 대한 주민들의 수요가 증가하고 있었지만 구매가 희망대로 이루어지지 못하는 점을 감안하여 촌 정부에서는 마을 주민 15호가 집중되어 있는 지역을 촌민 주거용 건물 신축 지역으로 허가받아 아파트 개발을 시작하였다. 이리하여 본촌 가구 200여 호, 외지 조선족주민 400여 호가 입주한 HW신촌을 만들었다.

HW신촌은 현재 소가툰 시내에서도 손꼽히는 주거단지가 되어 있다. 마을에 들어서는 입구부터 포도넝쿨이 늘어진 진입로를 만들고, 단지 중심에 조성된 광장에는 커다란 금빛 봉황새가 날아오르는 조형물이 설치되어 있으며, 그 뒤에 잘 정리된 화원에는 물레방아까지 설치되어 있어 한껏 운치를 돋우고 있다. 입구의 건물 1층에는 열람실이 설치되어 주민들이 신문, 잡지를 읽을 수 있게 만들었으며, 그 옆에는 헬스클럽과 미용원이 나란히 위치하여 있다.

HW신촌은 심양시내로 통하는 주간 도로 변에 위치하여 있는데, 도로 변에 높게 마을을 홍보하는 광고판이 설치되어 있다. 그러나 특이한 점은 한족주민이 절대 다수인 지역에 설치된 광고판에 적혀진 문구가 중국어로 되어 있는 것이 아니라 한글로 크게 "살수록 정이 드는 집, 시설이 완벽한 녹색 아파트, 아늑한 겨레의 주거단지, HW신촌이 가꾸어 갑니다."라고 적혀져 있다는 것이다. 그곳에서 얼마 떨어지지 않은 곳에는 집채 같은 커다란 거석(巨石)이 놓여 있는데 앞면에는 커다랗게 한글로 HW신촌이라고 새겨져 있으며, 뒷면에는 한글로 된 다음과 같은 시(詩)문이 새겨져 있다. "태고의 잠을 깨워 여기에 세운 저, 아침 안아 봉황이 날아들고, 숙원 풀며 물레방아 돌고 돌아, 살길 찾아 천리만리 설움 많던 우리 겨레, 이제는 거석이 지켜 주리라." 또한 아파트 단지에서 제일 눈에 띄는 건물 옆면에는 커다란 벽화가 있는데, 벽화에는 조선민족복장을 입은 남녀들이 그네, 씨름, 윷놀이를 하는 장면들이 화사하게 그려져 있다.

마을 관계자는 아파트를 개발할 때, 노인들과 아이들을 많이 생각했다고 회고한다. "어르신들이 노년에 모여 살면서 서로 친구가 되고 정도 나누고, 심양 지역의 조선족교육이 살아 있으니 아이들도 와서 조선족학교에서 교육을 받을 수 있고, 우리 민족이 모여서 오순도순 살 수 있는 동네를 만들고 싶었습니다."고 말한다. 그러면서 "요즘은 조선족이 잘사니 한족들도 부러워하고 조선족의 위상도 높아지고 있습니다."고 이야기를 잇는다.

심양시와 한국과의 교류가 강화되면서 조선족의 전통적 집거지인 심양 시구역의 서탑은 심양 시내 택시절반이 이 서탑을 에워싸고 돈다는 말이 있을 정도로, 심양시내에서 제일 번화한 상업거리로 변신하였다. 이 모든 것은 심양 지역에서 조선족의 위상을 향상시키는 요인으로 작용하고 있으며, 이 지역의 조선족도 유리한 기회를 이용하여 적극적으로 발전을 이루어 나가고 있다. 다민족사회에서 소수집단의 자신감은 다른 집단에 비해 월등한 발전능력과 수준에서 나온다. 여하간 심양 지역에서는 조선족이 빠른 발전을 이루고 있는 집단으로 인식되고 있으며 민족적 자부심도 향상되고 있는 것으로 보인다.

3. 연해 지역 진출 조선족의 정체성: 청도 교남시 사례

흑룡강, 연변, 심양은 조선족이 전통적으로 거주해 오던 지역이라면, 청도시는 중한수교 이후 한국기업들의 대중국 투자가 급증되면서 새로운 조선족의 집거지로 떠오르고 있는 지역이다. 조선족에게 있어 연해지역으로의 진출은 이동의 자유로움을 빼고는 국외 지역으로의 진출과 별반 다를 바가 없다. 많은 조선족은 대부분 민족사회의 울타리에서 장기적으로 생활하여 왔고, 원거주지의 한족 주민들과도 오랫동안 교류를 해 왔기 때문에 서로 간에 이해가 깊어 생활에 별다른 불편이 없었다. 그러나 청도와 같은 연해 지역은 다르다. 중국은 국토가 광활하고 인구가 방대하여 지역마다 서로 다른 특성과 문화를 가지고 있고, 방언을 사용하는 경우가 많아 일정 지역을 뛰어넘는 이동은 그에 상응한 적응 기간을 필요로 한다. 조선족의 경우는 문화가 달라 이런 적응은 더 필요하게 된다.

회사를 경영하고 있는 조선족 기업인 M 씨(남, 38세, 흑룡강성 오상시 사람)는 초기의 어려움을 다음과 같이 표현한다. "처음에 왔을 때에는 조선 사람들도 몇이 없고, 말도 잘 알아들을 수 없어 정말 힘들었습니다." 조선족의 적응의 어려움은 자신의 문제에만 기인하는 것이 아니라, 현지 사람들이 조선족에 대한 이해 부족에도 그 원인이 있다. 동북 지역의 한족들은 조선족과 일상적으로 마주치고 접촉하면서 서로에 대하여 잘 알게 되었지만, 산동 지역 사람들은 조선족과 접촉해 본 경험이 없어 조선족에 대해 잘 모르고, 따라서 경계심도 높은 것으로 보인다.

조선족의 이주가 10여 년이 되어 가는 현재, 조선족에 대한 현지 한족들의 태도는 아래와 같은 몇 가지로 요약된다. 첫째는 상대적으로 좋은 경제활동 기회를 가진 집단이라는 인식이다. 청도시를 비롯한 산동 반도의 경제에서 한국기업이 차지하는 비중은 매우 높으며, 한국과의 각종 교류확대는 이 지역 경제·사회발전의 강력한 엔진이 되어 있다. 이러한 상황은 한족들로 하여금 언어·문화적 우세를 이용하여 한국인과 중국인의 교량역할을 하는 조선족을 좋은 경제활동기회를 가지고 있는 집단으로 인식하게 만든다. 실제적으로 많은 한국기업의 관리직과 사무직에 조선족이 포진하여 있으며 그들의 수입은 현지 근로자에 비하여 일반적으로 2~3배가량 높은 것으로 알려져 있다. 한국 회사에 근무하지 않아도 많은 조선족이 한국인을 주요 대상으로 하는 경제활동에 종사하기 때문에 현지 한족들의 부러움의 대상이 되고 있다. 이는 조선족남성과 결혼하거나 사귀는 현지 한족여성들이 늘고 있는 데에서도 그 근거를 찾아볼 수 있다. 이동 집단에 대한 중국 학계의 연구에 의하면, 취직을 위하여 도시로 몰려든 많은 사람들이 현지에서 수입이 낮고 힘든 노동에 종사하면서 차별적 대우를 받는 것으로 알려져 있다. 그에 비하여 소수민족인 조선족과 결혼을 선호하는 현지 여성들이 늘고 있다는 것은 조선족이 가지고 있는 경제적 기회에 대한 현지 사람들의 인식과 밀접히 연관되어 있는 것으로 볼 수 있다.

둘째는 소비성이 높은 집단이라는 인식이다. 교남의 거리를 거닐다 보면 조선족 손님을 끌기 위하여 서투른 솜씨로 쓴 한글 간판을 내건 업소들이 눈에 많이 들어온다. 또한 사우나 같은 곳에 들어가면 업주들은 그가 조선족인 것을 확인하면 제공할 수 있는 서비스들을 열거하면서 유인하려고 애를 쓴다. 일부 고소득자들이 존재하고, 한국인들을 동반하여 다니는 사람들도 많으며, 국외에서 보내주는 돈을 펑펑 쓰는 사람들도 많은 현실이 그들로 하여금 조선족을 소비성이 높은 집단으로 인식하게 만드는 것으로 풀이된다.

셋째는 경계심을 가져야 하는 집단이라는 인식이다. 청도로 진출한 조선족 중 안정된 직장을 가지지 못하고 떠돌고 있는 유동집단이 존재하며, 젊은 남성들을 중심으로 서로 어울리며 말썽을 일으켜 지역사회에 알려지는 경우가 종종 발생한다. 나쁜 일은 원래 좋은 일에 비하여 소문이 빨리 퍼지게 되어 조선족의 이미지에 나쁜 영향을 주는 것으로 관찰된다. 이런 현상에 대하여 교남 한국인상회 조선족 여직원 P 씨는 다음과 같이 말한다. "여기에는 치안사건의 대부분이 동북사람들이 일으키며, 그중에서도 조선족이 많이 일으킨다는 인식이 퍼져 있어요. 따라서 현지인들은 외지인들을 좋게 안 보며, 경계하는 경향이 강합니다."

현지 주민들이 조선족에 대하여 이러한 인식을 가지고 있다면, 조선족에게 있어 현지 한족은 '상대하기 버거운 아름찬 존재'로 생각된다. 현지에서 조선족은 순수한 외지인이며, 영향력을 가질 만한 어떠한 능력이나 수단도 가지고 있지 못하다. 이런 상황에서 현지 사람들이 경계심을 가지고 틈을 주지 않아 접근을 더욱 어렵게 한다. 이러한 현실에 대하여 조선족들은 "조선족이 무슨 힘이 있나요?", "골탕을 먹이려 하면 그 등살에 배겨낼 수 있나요?" 하는 식의 표현으로 무력감을 보인다. 일부 사람들은 "조선족은 억울한 일이 생겨도 어디에 가서 말할 곳이 없습니다. 공안국(경찰서)에서는 외국인은 외국인이라고 보호하고, 현지인은 현지인이라고 편을 드니 외지 사람들만 차별 대우를 받습니다."고 불만을 토로한다. 이러한 현실을 극복하기 위하여 조선족은 자신들의 이익을 대변하기 위한 민간단체를 만들고 있다. 그 대표적인 것이 청도에 지사를 두고 있는 흑룡강신문과 민족기업인들이 함께 만든 '조선족기업가협회'이다. 기업인들은 이 단체를 통해 정부와의 연계를 강화하고 있으며, 집단 내부의 협력과 친목을 다지는 여러 활동을 벌이고 있다.

현지 한족들과 더불어 조선족과 밀접한 관계를 형성하고 있는 또 다른 집단이 있다. 그것이 바로 현지에서 활동하는 한국인 집단이다. 조선족의 이 지역진출은 한국인들의 진출과 밀접히 연관되어 있으며, 두 집단은 떨어질 수 없는 관계를 형성하고 있다. 현지의 한족들에서 있어 조선족은 어느 순간에 자기들의 생활 영역으로 파고들어 온 이방인일 수 있지만, 한국인들에게 있어 조선족은 현지에서 사업을 펼쳐 나가는 데 있어 없어서는 안 될 중요한 파트너이며, 조선족에게 있어 한국인들은 경제적 기회를 제공해 주는 중요한 존재이다. 따라서 현지에서의 발전과 적응을 위해서 두 집단은 서로 뗄 수 없는 공생관계에 놓여 있다. 두 집단 모두가 생소한 환경과 문화에 직면해 있는 상황에서 민족적 동질성은 서로를 가깝게 인식하도록 만들고 서로에 대한 기대를 한껏 키워 주기에 충분하였다.

그러나 현실의 기대와는 거리가 있다는 것을 알게 되고, 서로에 대한 불만도 커지게 된다. 여기에 일부 사람들의 부적절한 행동에 대한 이미지가 확대 재생산되면서 집단 간의 거리를 넓히고 있는 현상도 관찰된다. 이에 대하여 한국 상회 조선족 직원 P 씨는 "조선족과 한국 사람이 서로 접촉은 하지만 가깝게 지내지 못합니다. 서로 믿음을 가지지 못하고 있습니다. 한국 사람들은 조선족이 어떻다고 하고, 조선족은 한국 사람들이 어떻다고 하며 서로 흉을 봅니다."고 소감을 밝힌다. 결국은 서로 떨어질 수도 없고, 가까워지지도 못하는 일종의 '고슴도치형'의 관계를 유지하고 있는 셈이다. 조선족은 한국인에 대하여 다음과 같은 몇 가지 태도를 보인다. 첫째는 유흥을 밝히고, 둘째는 까다롭게 좀스러우며, 셋째는 허세가 많아 잘못 믿다가는 사기를 당하기 십상이라는 것이다. 이에 비하여 한국인들은 조선족들에 대하여 보편적으로 다음과 같은 평가를 내리고 있다. 첫째는 감정적이고, 둘째는 믿고 일을 시키기 어려우며, 셋째는 예의범절을 잘 지키지 않고, 넷째는 끈기가 없다는 것이다. 서로 떨어질 수 없는 공생관계를 유지하고 있으면서도 이러한 선입견이 형성되어 있는 현실은 이들을 서로 가까워질 수 없게 만들고 있으며, 그 배경에는 서로에 대한 이해부족이 자리를 잡고 있는 것으로 분석된다.

연해 지역에 진출한 조선족과 상호 작용관계에 있는 주요 집단은 현지 한족들과 한국인이다. 그러나 청도 지역의 사례에서 볼 수 있듯이, 조선족은 어느 집단을 막론하고 쉽게 관계를 풀어 나가지 못하고 있다. 이는 조선족이 역량 면에서 가장 열세인 것과도 연관된다. 소수집단이 주류 사회에 쉽게 적응할 수 있는 환경이 조성되어 있다면, 그들의 민족정체성은 쉽게 약화될 것이다. 그러나 청도 지역 사례에서 볼 수 있듯이, 조선족은 다른 집단들과 융합하는 데 한계를 지니고 있다. 그 배후에는 이주 기간과 상호 접촉의 시간이 짧아 서로 간에 이해가 부족한 점, 또한 각 집단이 서로에 대하여 쉽게 개방적인 자세를 취하려는 의지가 부족한 점이 작용하고 있다. 이를 통해 문화 간에 교류가 얼마나 어려운가를 짐작할 수 있다.

이와 같이 집단 간의 교류가 원만하지 못한 상황에서, 조선족은 적응을 위하여 다양한 '정체성 전략'을 구사한다. 이러한 현상은 조선족이 자기 집단에 대하여 다양한 호칭을 사용하고 있는 점을 통해 확인할 수 있다. 교남 지역 조선족은 자신들에 대하여 '교포', '동북 사람', '조선족', '외지 사람', '조선 사람' 등 다양한 호칭을 사용하며, 사용하는 맥락도 다르다. 가령, '교포'라는 호칭은 경제활동과 연관된 맥락에서 많이 사용된다. "그 회사의 경리가 교포인데", "그 회사에서 교포들을 찾는다고 하던데", "교포들이 영업하는 식당들이 많은데" 식인데, 이는 경제활동의 기회가 주로 한국인들과 연관되어 있음을 알려준다. 그들은 한국인들과의 접촉에서 친밀감을 높이려는 수단으로 '교포'라는 점을 강조하는 것이다. "동북 사람"이라는 호칭은 "어디에서 왔어요?" 하면 "동북에서 왔습니다." 와 같은 지역적 연고에 대한 답변에서 사용되는 호칭으로 이주 전의 지역적 정체성을 나타내고 있다. 이 호칭을 사용하는 이유에는 한편으로는 자세한 지역을 말할 경우 사람들이 잘 알지 못하는 폐단을 없애고, 다른 한편으로는 조선족이라는 신분을 감추고 '동북사람'이라는 것을 강조함으로써 현지 한족들과의 거리감을 좁혀 보려는 고려에서 출발한 것으로 판단된다. 그것은 '어디에서 왔는가?' 하는 질문은 한국인들보다 현지 한족들이 많이 하기 때문이다.

'조선족'이라는 호칭은 '조선족소학교', '조선족기업가협회', '조선족 노인협회'와 같이 공적인 영역에서 사용되고 있는 호칭이다. 중국에서 공적인 기구와 단체의 설립은 현지 정부의 허가를 받아야 한다. 따라서 공적 조직을 만들기 위해서는 중국에서 공식적으로 사용하는 '조선족' 용어를 필수적으로 사용해야 한다. 나아가 조직의 명칭에 '조선족'이라는 명칭이 붙으면 사람들은 이것이 정당한 조직 또는 공공의 이익을 위한 조직이라는 인상을 받게 된다. 이러한 맥락에서 '조선족'의 명칭 역시 청도 조선족에게 중요한 의미를 갖는다.

'교포', '동북 사람', '조선족'과 같은 호칭은 자신에게 유리한 기회와 환경을 만들려는 의도에서 사용되는 일종의 책략이라면, '외지 사람'과 '조선 사람'은 자신들의 한계를 느낄 때 사용되는 호칭이다. 가령, '외지 사람'은 "이곳 사람들은 외지 사람에 대하여 경계심이 많다.", "외지 사람에 대하여 배척 심리가 강하다."와 같이 현지에서 생활하면서 사회관계에서 어려움을 느낄 때 서러움을 표현하는 '호칭'이다. '조선 사람'이라는 호칭은 "조선 사람들이 (돈을)쓰기를 좋아해서 안 된다.", "조선 사람들은 끈기가 없어서……" 와 같이 자체 집단에 대한 부정적인 평가에 많이 사용된다.

조선족이 집단에 대하여 다양한 호칭을 사용하고 있는 것은 생활세계의 확장에 따른 사회관계의 다양화가 이미 현실적인 생활환경으로 등장했음을 뜻하는 것으로 해석할 수 있다. 즉, 이는 민족 정체성을 근간으로 하여 다양한 하위 정체성을 형성함으로써, 자신이 처한 환경에 능동적으로 대응하려는 노력의 표현으로 볼 수 있다. 이는 또한 새로운 사회관계형성에서 조선족이 느끼는 어려움을 의미하는 것이기도 하다. 집단 간의 새로운 관계형성에서 느끼는 어려움은 내집단 관계에 대한 의존성을 키우고 내집단 관계를 발전시키게 된다.

4. 국외 진출 조선족집단의 정체성: 국가별 사례

1) 한국의 조선족집단

조선족은 한반도에 기원을 두고 있으며, 많은 사람들은 현재에도 남한 지역에 인척관계를 가지고 있다. 이러한 민족 동질성 때문에 한국과 조선족의 만남은 감격과 기대로 시작되었다. 그러나 교류가 심화되면서 상봉은 감격만을 의미하는 것이 아니라는 것을 알게 되었다. 상호 간의 차이와 이에 대한 이해부족은 갈등으로 이어졌다. 이들은 근 반세기 동안 완전히 다른 문화·제도적 환경에서 살아왔기 때문에 이들 사이에는 가치 지향과 행동양식, 사고방식, 생활습관 등에서 이질적인 요소가 자리 잡게 된 것이다.

조선족에 대한 한국사회의 인식은 인식 주체들의 사이에 차이가 날 뿐만 아니라, 이러한 인식들은 시간이 지나면서 변화하는 모습도 보인다. 이는 조선족에 대한 한국 사회의 다양한 호칭과 그것이 점차 통일되어 가는 양상에서도 관찰할 수 있다. 조선족에 대하여 한국사회에서는 '한국계 중국인', '불법 체류자', '교포', '중국 동포', '재중 한인', '조선족' 등 다양한 호칭이 사용되어 왔으며, 호칭마다 사용 주체들도 달랐다. 가령, '한국계 중국인'과 같은 호칭은 법무부의 출입국 통계와 같은 일부 정부 문서에서 사용되었으며, '불법 체류자' 역시 법무부와 같은 정부 기관에 의해서 주로 사용되었다. '중국 동포'라는 호칭은 재외 동포들과의 유대를 강조하는 시민단체들과 비슷한 경향을 가진 일부 학자들, 그리고 언론들에서 주로 사용하였으며, '교포'라는 호칭은 사회 일반에서 광범위하게 사용되었다. 이 외 '재중 한인'과 '조선족'은 학술연구에서 주로 사용되었으나, 최근에 들어오면서 '중국조선족' 혹은 '조선족'이라는 용어로 점차 통일되어 가는 현상이 관찰된다. 학계에서 '조선족'이라는 용어를 사용하는 빈도가 높아지면서 언론들의 사용도 늘고 있고, 이것이 점차 사회일반으로 퍼지고 있는 것으로 감지된다.

조선족에 대한 한국사회의 다양한 호칭은 조선족에 대한 다양한 시각이 존재해 왔다는 것을 의미한다. 또한 용어 사용이 점차 통일되어 가는 모습을 보이는 것은 조선족에 대한 시각에서 사회적인 공감대가 점차 형성되고 있음을 뜻하는 것이기도 하다. 그러나 어느 경우를 막론하고 공통적으로 표출되고 있는 것은 결국 조선족을 한국인과 동일시하지 않는다는 점이며, 이는 한국인에게 있어 조선족은 혈연을 공유한 가까운 존재이나, 그렇다고 동일 집단으로 인식하기는 어려운 존재라는 것을 말해 주고 있다. 또한 이러한 인식은 그간의 단절을 통해서 형성된 이질성과 현재의 조선족 위치에 대한 고려가 동시에 작용한 것으로 볼 수 있다.

조선족에게 있어 한국은 모국이 된다. 따라서 이들은 남녀노소를 막론하고 높은 수입을 올릴 수 있는 한국으로의 진출을 희망하며, 이에는 적응에 별다른 어려움이 없다는 자신감이 작용하고 있다. 그러나 진출한 후 시간이 지나면서 곳곳에서 차이를 인식하게 되며, 수시로 차별도 경험하게 된다. 많은 조선족이 취직과 경제활동을 위하여 한국으로 진출하였으며, 진출 후 한국 사람들이 기피하는 노동에 종사하게 된다. 또한 불법체류를 하고 있는 사람들도 많아 신분에서 오는 불안감도 느끼게 되며, 이에 대한 단속은 자신들이 이방인임을 또 한 번 느끼게 한다. 즉, 한국에 진출한 조선족의 자기 인식은 한국 사회의 조선족에 대한 인식의 영향도 받지만 직접적으로는 자신들이 생활을 통해 경험하는 사안들로부터 더욱 큰 영향을 받게 된다. 그들의 경험은 일반적으로 한국 사회에 쉽게 수용될 수 없다는 결론으로 귀결된다.

결과적으로 한국사회에서 조선족은 소수집단으로 자리 잡게 된다. 주류 사회 진출의 어려움은 자체 집단 내부의 관계를 촉진시키는 경향이 있다. 많은 사람들의 진출로 원거주지에서의 일차적인 사회관계 복원이 가능하게 된다. 따라서 원거주지에서의 사회관계는 한국에 진출한 조선족에게 있어 여전히 가장 중요한 사회관계로 되어 있다. 그들은 원거주지에서의 관계를 가장 믿을 수 있는 관계로 인식하고 있고, 따라서 그 관계의 복원은 한국에서 자신을 지키는 데 필요한 상호지지체계의 복원을 뜻하는 것이다.

그러나 이러한 현상이 조선족이 한국사회에서 고립적인 생활을 한다는 것을 의미하는 것은 아니다. 경제활동 때문에라도 한국인들과의 일상적인 접촉은 피할 수 없으며, 한국사회에 적응하려는 나름대로의 노력도 하고 있다. 가능한 한 말투도 바꾸려 하고, 옷차림과 행동거지에도 신경을 쓰며, 공공질서를 의식적으로 지키려는 등 그들의 행동에서 자신을 변화시키려고 노력하는 모습을 찾아볼 수 있다. 또한 한국 사회의 대중문화에 적응하려는 노력도 보인다. 이뿐만 아니라, 시사에 관심을 가지는 사람들도 많으며, 자기 나름대로의 견해를 표명하기도 한다. 한국에 진출한 시간이 긴 사람들일수록, 현실생활에 대한 만족감도 높은 것으로 보이는데, 이는 수입에 대한 만족감과 적응에서 오는 여유의 반영으로 해석된다. 그들은 거의가 한국이 경제·사회발전에서 이룬 성과에 대하여 탄복하고 있으며, 편리한 생활환경을 부러워하고 있다.

많은 조선족은 한국이 같은 민족의 국가이기 때문에 자신들이 상대적으로 쉽게 진출하여 경제활동에 종사할 수 있다는 것을 알고 있으며, 체류 시간이 길어지면서 호감도 커지는 경향을 보인다. 그러나 이것을 결코 기존의 정체성의 약화나 변화로 해석하기는 어렵다. 그 이유로는 다음과 같은 세 가지를 들 수 있다. 첫째는 많은 사람들이 현실적으로 자신들의 신분을 바꾸기는 어렵다는 것을 잘 알고 있다. 조선족은 중국 국민으로 중국 국적을 가지고 있으며, 따라서 한국에서 장기적으로 거주하려면 국적신청수속을 거쳐야 한다. 그러나 어느 나라 법률을 막론하고 새로운 국적신청은 쉽게 이루어질 수 있는 것이 아니다. 둘째는 많은 사람들이 자신이 설사 한국인이 된다고 해도, 한국 사회에서 하위계층에 속하게 될 수밖에 없는 현실적 한계를 잘 알고 있다. 한국은 중국에 비하여 일찍 경제개발에 착수하였으며, 총체적인 발전수준도 높고 경쟁도 치열하다. 이러한 현실에 대하여 많은 사람들이 명확한 인식을 가지고 있다. 셋째는 조선족은 장기간 중국에서 생활하여 왔으며, 국가에 대한 충성심도 키워왔다. 특히 개혁개방 이후의 중국 사회의 빠른 발전은 미래에 대한 희망을 키워주고 있으며, 국민적 자부심도 강화시키고 있다. 이러한 요인들의 복합적인 작용으로 인해 전반적으로 조선족의 정체성에서 근본적인 변화는 일어나지 않는 것으로 판단된다.

조선족의 한국진출은 조선족과 한국이 가까워지는 계기를 마련했지만, 또한 서로에 대한 차이를 확인시키고, 이를 통해 보다 적절한 관계정립을 추구하게 하는 결과도 가져왔다. 조선족에 대한 한국 사회의 시각도 점차 성숙되어 가고 있으며, 조선족도 '중국조선족'으로서의 기존의 정체성을 유지해 가면서 보다 더 개방적인 자세를 취하여 가고 있다. 이는 한국과의 교류확대가 조선족에게 근본적인 정체성의 변화를 가져다주기보다는 정체성의 인식에서 유연성을 발휘하도록 하는 효과를 가져왔음을 의미한다. 즉, 폐쇄적인 정체성에서 개방적인 정체성으로 나아감으로써 조선족은 한국에서의 지위향상을 추구하는 경향을 보인다.

2) 일본에 진출한 조선족집단

한국이 조선족의 모국이라면, 일본은 조선족과 아무런 인연이 없는 제3의 국가이다. 그러나 조선족이 대규모로 일본에 진출하게 된 것은 조선족학교교육에서 일본어를 외국어과목으로 선택한 것과 밀접히 연관되어 있다. 중일관계의 발전으로 일본진출이 가능하게 되자 일본어에서 비교우위를 가지고 있는 조선족의 진출이 우선적으로 이루어진 것이다. 또한 언어우세로 다른 집단의 도움을 받지 않고도 일본사회에 적응해 갈 수 있었다는 것도 중요한 동인으로 작용하였다.

2005년 12월 2일 자의 흑룡강신문에는 일본특별취재팀의 한광천 기자가 쓴 "재일본 중국조선족의 현주소: 방대한 엘리트군체(群體) 형성, 일본주류사회에 진출성공"이라는 기사가 실렸다. 기사는 다음과 같은 내용을 소개하고 있다. "……중국조선족의 일본진출은 1980년대 말 연변을 중심으로 일본 유학 붐이 일면서 서막을 열며, 1990년대 말부터는 일본기업이나 재일 조선족운영기업의 IT기술자 모집에 응하여 대거 진출이 이루어진다. 그에 가족들까지 합세하면서 현재의 근 5만 명의 규모를 형성하게 된다. 재일조선족사회의 형성은 노무송출을 계기로 빠르게 이루어진 한국의 조선족사회와는 달리 근 10여 년이라는 시간을 거치게 되는데, 그 원인은 재일조선족의 주체가 유학생이어서 그들이 학업을 마치고 주류사회에 진출하는 데 시간이 필요했기 때문이다. 재일조선족은 중국에서 소학교(초등학교)로부터 고중(고등학교) 혹은 대학까지 민족교육을 받았기 때문에 집단적 정체성도 강하며, 정체성을 내세운 활동도 대단히 활발하다. 재일조선족의 단체 활동은 일찍이 1990년 동방학우회(연변대학 학우회 전신)로부터 시작되며, 1995년에는 조선족유학생 중심으로 '교류, 협력, 공동 발전'을 취지로 한 조선족친목단체 천지협회가 생기면서 본격적으로 펼쳐지기 시작한다. 천지협회는 민족연대성을 유지하고 독자적인 정체성을 확보함으로써 개인성공과 민족번영을 함께 이룩하자는 명확한 목적하에 다양한 활동을 전개해 오면서 재일본조선족사회의 구심점 역할을 해 왔다. 특히 1999년 1월에 발족된 학술단체인 '중국조선족연구회'는 재일조선족의 최상층 지식인들을 결집하여 국경을 뛰어넘는 중국조선족의 네트워크 구축과 동북아시대의 중국조선족의 역할과 위치설정에 대하여 활발한 연구 활동을 벌이고 있다. 재일조선족은 한국에 진출한 조선족이나, 일본의 기타 코리안(한인)들과 달리 고학력과 다중언어문화우세, 그리고 중국이라는 넓은 배경을 이용하여 재빨리 일본주류사회에 발을 붙이고 일류 기업에서 중견으로 활약하거나 IT 등 분야에서 기업체를 운영하여 재일코리안(한인)사회에서 새롭고도 강력한 경제역량으로 부상하고 있는 것이 특징이다……."

"'조선족'의 이동과 정체화: 한·중·일 '조선족' 정체성에 관한 고찰"이라는 논문에서 재일 조선인학자 권향숙은 일본에 진출해 있는 조선족집단의 정체성에 대하여 다음과 같은 관점을 밝히고 있다. "세계화의 흐름 속에서 이동하는 조선족들은 어떤 존재인가? 이동하는 곳마다 국가의 이익에 따라 다른 호칭으로 인식이 되고 불리는 그들의 정체성은 무엇일까? 이에 대한 해답은 쉽지 않지만, 한 가지 분명한 것은 한국과의 관계발전 속에서 논쟁되어 온 이중정체성을 표출하는 존재만은 아니라는 점이다. 사실 중국의 개혁개방정책을 계기로 하여 조선족들의 일본행이 진행된 지 20년이 넘는 오늘날, 일본에 사는 조선족들의 모습은 중국이나 한국에 있는 조선족과는 또 다른 양상으로 부각된다. 즉 이중적 성격을 띤 조선족들의 특수한 문화와 함께 일본의 여러 문화적 영향을 받은 다층적이며, 복합적인 정체성이라고 할 수 있다. 바꾸어 말하면 일본에서의 생활은 조선족이 정체성을 새로운 양상으로 재구성하는 정체화의 과정으로서 파악이 된다."(권향숙, 2003)

이로부터 볼 수 있듯이, 일본에 진출하여 있는 조선족집단의 정체성은 또 다른 양상을 보이고 있다. 그들은 다중언어문화우세를 이용하여 적극적인 발전을 꾀하고 있으며, 새로운 문화를 수용해 나가는 동시에 국경을 초월한 활동 영역 구성에 대한 관심이 높다. 그러나 그들에게서 역시 '중국조선족'이라는 집단적 정체성이 약화되고 있다는 근거는 찾기 어렵다. 오히려 기존의 집단적 정체성의 적극적인 의미를 살려가려는 의도가 나타나고 있다.

3) 미국으로 진출한 조선족집단

일본에 진출한 조선족은 자신들이 가지고 있는 일본어우세를 이용하여 자체적으로 적응해 나갈 수 있었지만, 미국에 진출한 조선족은 미국 내 한인집단과 중국인집단에 의존하여 정착하는 것으로 알려져 있다. 조선족의 미국진출은 1990년대 초 산업연수로 시작되었으며, 2000년을 기점으로 매년 폭발적으로 늘어나고 있는 것으로 보도되고 있다. 또한 조선족은 중국인 업소에서 일하기도 하지만 전체의 80%가량이 한국인 업소에서 일을 하며, 어느 정도 돈을 모은 뒤에는 자신이 직접 업소를 차리는 등 미국생활에서 성공한 조선족이 적지 않은 것으로 알려지고 있다.[126]

현재 미국에는 '전미조선족동포협회', '뉴욕조선족동포협회'와 같

---

126) "조선족 뉴요커 많네, 2만 명 추산", 동아일보, 2006년 1월 27일.

은 여러 단체가 조직되어 있다. '미주 세계일보' 2004년 9월 4일자에는 백은주 조선족동포뉴스 편집위원이 쓴 '뉴욕조선족동포협회' 활동을 소개한 글이 실려 있다. 그 내용을 요약하면 다음과 같다.

"……뉴욕 인근 조선족인구가 3,000여 명으로 추산되던 그때, 뉴욕 조선족동포협회가 최동춘 당시 창립준비위원장을 초대 회장으로 선출하며 2000년 1월 26일에 출범했다. 창립식장인 플러싱 금강산 연회장에는 이세종 뉴욕한인회장 등 한인사회 인사와 조선족동포 2백여 명이 참석했다. 이는 5, 60명 정도로 기대했던 주최 측의 예상을 훨씬 넘어선 것이었다. 2001년 5월 혈혈단신인 채 심장병으로 사망한 동포의 장례를 협회가 솔선해서 치러주면서, 협회는 조선족동포 전반의 지지를 얻게 된다. 체제와 문화가 다른 사회에 적응하며 힘겨운 삶을 살아내던 조선족동포들을 대변할 수 있는 단체의 필요성에 대한 공감대가 형성된 것이다. 동포협회 창립 후 현재까지 4년 7개월 남짓, 협회의 활동은 거주지와 직업알선 등 초기 이민자들이 정착을 위한 생활안내와 사고를 당하고도 보상을 받지 못하는 불우동포 돕기 운동, 대부분이 한인인 고용주와의 문제 해결 등 조선족의 권익신장활동, 야유회, 송년회 등 회원 간 친목활동, 중국인 사회와 한국인 사회와의 교량역할, 한인사회와의 융합을 위한 각종 행사 참여 등 다양하다. 한 집단을 대변하는 단체가 구성원의 복지와 권익 향상을 위해 일하는 것은 당연하다 할 것이나, 조선족동포협회는 일반적인 이익단체로 치부하기엔 간과할 수 없는 임무를 태생적으로 안고 있다. 그것은 모국 출신 한인 사회와 국적국인 중국 사회와의 관계에서 나온다. 조선족 동포의 정체성과도 관련된 이 문제로 인해 협회의 주요 행사 시 중국인 사회와 한인 사회의 주요 인사들의 참여가 관례화되어 있고, 협회 관계자들도 중국 정부의 각종 활동에 참여할 뿐만 아니라, 한민족의 구성원으로 한인사회와 협조관계를 유지하고 있다……."

미주세계일보 2004년 10월 9일 자 '조선족커뮤니티'란에는 뉴욕 한인테니스협회 회장 박종권이 쓴 "한인사회와 유리벽"이라는 글이 실려 있다. 그 내용을 요약하면 다음과 같다. "아직도 한인 사회와 조선족사회 사이에 유리벽이 있음을 실감할 수 있는 사례는 많다. 조선족에 대해 좋지 않은 인상을 갖고 있는 한인들 중 혹자는 조선족출신 동포들을 '카멜레온', '박쥐' 등으로 매도하기도 한다. 한인사회에서 이익을 구할 양이면 동포임을 주장하고, 또 중국인 사회에서 이익을 구할 양이면 중국 국적임을 강조하는 그들의 이중성을 빗대는 말이다. 하지만 이는 잘못된 인식이다. 조선족은 분명 한민족 동포임이 사실이고 또 국적상 중국인인 것도 사실이다. 소수이긴 하지만 조선족 중에 미국 시민권자도 있다. 그렇다고 해서 이들이 박쥐인가. 물론 아니다. 한인들 중에도 한국 국적을 가진 사람이 있으며, 또한 미국 시민권자도 있다. 이들도 필요에 따라 한인 커뮤니티와 미국사회를 오간다. 이것이 박쥐인가 아닌가. 미주 한인사회는 지금 성장의 기로에 서 있다. 중국계, 인도계, 베트남계 이민자들이 물밀 듯이 밀려들며 한인 상권을 위협하고 있다. 날로 확장되고 있는 중국계 상권은 한인상권의 기반을 잠식하며 한인 경제력을 위축시키고 있다. 이러한 시기에 조선족의 역할은 막중하다. 조선족이 어느 상권에 더 호감을 갖느냐에 따라 한인 상권의 사활이 걸릴 수 있기 때문이다. 얼마 되지도 않는 숫자의 조선족이 한인 상권에 편입되어 보아야 얼마나 플러스가 되고, 또 중국 상권으로 발길을 돌린들 얼마나 마이너스가 되겠는가 하고 고개를 갸우뚱하는 이가 있겠지만 이는 부익부 빈익빈 현상을 초래, 한인 경제력의 유지에 치명적 영향을 미칠 것이 자명하다. 한인 사회가 조선족커뮤니티를 적극 수용하고 조선족 개개인을 민족공동체 틀 안에 보다 공고히 확보해야 하는 까닭이 여기에 있다 ……."

2005년 2월 22일 주뉴욕 중국총영사관의 사이트에는 총영사 류

비웨이(劉碧偉)가 '전미조선족동포협회'에서 조직한 신년야회에 참석하여 축사를 했다는 소식이 실렸다. 류 총영사는 축사에서 "조선족동포들이 이국타향에서 자신들의 노력으로 새로운 성과를 이루고 있으며, 중국인 단체들과 한인 단체들 사이에서 적극적인 교량역할을 하고 있다."고 평가하고 있다.

　미국은 이민국가로서 다양한 인종과 집단이 자신들의 커뮤니티를 만들어 가면서 생활하는 나라다. 또한 새로 이주한 사람들은 이미 형성되어 있는 자신의 민족(또는 종족) 집단의 도움으로 적응의 과정을 거쳐 가는 것으로 알려져 있다. 마찬가지로 조선족은 자신의 특징적인 이중정체성을 이용하여 한인 집단은 물론 중국인집단과도 동시에 관계를 맺고 있다. 또한 이해관계에 따라 두 집단 사이를 오가기도 하지만 두 집단의 상호 교류에서 교량역할을 하기도 한다. 그러나 중국인집단이나 한인 집단을 막론하고 조선족을 완전히 자신과 동일시하는 것은 아니며, 조선족 역시 단체를 만들고 내부 친목을 다져 정체성을 유지해 가면서 자신에게 부여된 특별한 자산을 활용하고 있는 것으로 보인다. 이는 미국에 진출한 조선족 역시 다른 지역의 조선족과는 다른 정체성의 양상을 보여주는 것으로 해석된다.

5. 정체성의 다원화 추세와 그 의미

　지역별 사례에서 볼 수 있듯이, 지역적 특성, 이민동기, 이주 집단 성원구성의 특징 등의 여러 요소들의 복합적인 작용으로 조선족의 정체성 인식은 지역마다 서로 다른 변화의 양상을 보이고 있다. KS촌과 연변 지역 사례에서는 정체성의 위기의식을 발견할 수 있으며, 심양 지역에서는 민족적 자긍심에 기초한 정체성 의식을 느낄 수 있고, 청도 지역에서는 현지 한족들 및 한국인 집단들과 원활한 상호 작용, 즉 새로운 환경에의 적응을 위한 다양한 정체성의 전략을 읽을 수 있으며, 한국의 사례에서는 개방형 정체성을 형성해 가면서 국가 간의 교류를 지위향상의 수단으로 활용하고 있음을 관찰할 수 있고, 일본의 사례에서는 다중언어문화우세를 이용하여 주류 사회진출을 시도하면서 초국가적인 활동 영역을 구성해 가려는 의도를 감지할 수 있다. 또한 미국의 사례에서는 고유의 이중정체성을 이용하여 중국인 집단과 한인 집단에 동시에 접근하는 전략을 취해 가면서 교량역할도 하고, 그 속에서 자신들의 가치를 높여 가는 모습도 보게 된다. 이러한 양상은 이동과정에서 겪는 조선족 정체성의 다양한 모습을 보여준다. 이에 기초하여 이동 전과 이동 후의 조선족 정체성 인식의 변화를 비교해 보면 다음과 같다.

〈표 6-1〉 조선족 정체성 인식의 변화

분 류	영향 요인	정체성 특징	정체성 종류	변화의 특징
이동전	민족 정책 민족사회형성	통합된 정체성	국가적 정체성 민족 정체성	
이동후	생활환경 변화 새로운 적응	정체성의 다원화 추세	위기의 정체성 긍지의 정체성 정체성 전략 구사 개방적 정체성 탈국가적 정체성 이중적 정체성 활용	1. 민족 정체성 여전히 중요. 2. 민족 정체성에 다양한 하위 정체성 등장하기 시작

〈표 6-1〉에서 볼 수 있듯이, 본격적인 이동 전에 조선족의 정체성에 영향 준 주요 요소는 민족정책과 이에 따른 민족사회 형성이었다. 조선족은 민족정책에 근거한 국가의 지원으로 민족사회를

구성하고 생활하면서 민족 정체성과 국가적 정체성을 통합시킴으로써 안정된 생활을 할 수 있었다. 그러나 1990년 이후 대규모의 이동이 나타나면서 정체성이 변화되기 시작한다. 무엇보다도 정체성이 민족정책과 같은 국가 요인에 더하여, 새로운 환경의 적응과 생활환경 변화라는 생활세계와 관련된 요인의 영향을 받는 현상이 관찰된다. 다시 말해 새로운 지역으로의 진출과 이에 따른 적응, 노동력층의 대량 유실로 인한 원거주지 공동체의 약화와 같은 생활세계에서의 변화가 정체성 인식을 변화시키는 요인으로 작용하게 된 것이다. 이러한 변화로 통합된 정체성의 구조에 균열이 생기면서 정체성이 다원화되는 현상이 나타나고 있다.

다원화된 정체성이란 서로 다른 생활환경의 영향을 받아 집단 정체성이 지역에 따라 다소 다른 특징을 보이고 있는 현상을 지칭한다. 조선족의 경우, 다양한 성격을 가진 국내외 지역으로 생활무대가 확장되면서 서로 다른 적응환경과 접하게 되고 이로 인해 통합된 민족 정체성이 다원화되는 경향을 보이고 있는 것이다. 이는 조선족의 정체성에서 민족정체성이 아직도 중요한 위치에 있다는 것과, 동시에 생활환경의 다원화로 다양한 하위 정체성이 등장하고 있다는 것을 뜻하는 것이다.

제 7 장

지역적인 집단에서 초국적인 집단으로

1. 초국적 생활세계의 형성

초국적인 인구이동은 조선족을 중국 동북의 일부 지역에 집중된 지역적 집단에서, 국가 간 경계를 넘나들며 활동하는 초국적인 집단으로 변신시켰다. 이는 본 연구에서 분석한 지역적 구조와 경제생활, 가족과 공동체, 정체성의 변화를 통하여 확인할 수 있다. 본 연구의 결론을 살펴보면 다음과 같다.

〈표 7-1〉 초국적인 이동과 조선족사회의 변화

	분석 지표	이동 전	이동 후
사회 구조	지역구조	동북3성 일부 지역에 집중	초국적인 분산거주 구조
	노동시장	현지 노동시장	초국적 노동시장
	경제생활	거주지 위주	초국적인 지역적 분화와 상호 연계
생활 세계	가족생활	안정된 가족구조 유지	가족분산과 초국적인 가족생활형태
	공동체	지역성, 안정성, 동질성	탈지역성, 유동성, 다원성
	정체성	통합된 정체성	다원화된 정체성

조선족의 지역적 구조변화는 생활 지역의 변화에서 확인된다. 1990년대 초까지만 해도 절대 대부분의 조선족은 중국 동북의 일

부 지역에 집중되어 생활하여 왔다. 그러나 초국적인 이동을 거치면서 조선족의 생활 지역은 이미 동북 지역을 벗어나 국내 연해 지역, 나아가 다수의 국외 지역까지 확대되어 있다. 연해 지역 대도시에서 새롭게 형성되는 조선족 도시형 커뮤니티와 국외 일부 지역에서 형성되고 있는 조선족타운은 이러한 변화를 설명해 준다. 따라서 조선족의 지역적 구조는 일정 지역에 기초한 '지역적 집거 구조'에서 도시형 커뮤니티와 이민타운에 기초한 '초국적 커뮤니티 분산거주' 구조127)로 바뀌고 있다. 그 근저에는 초국적인 노동력 시장에 포섭되어 가고 있는 조선족의 경제활동구조가 자리 잡고 있다.

그렇다면 '초국적인 분산거주' 구조가 민족 집단의 해체를 가져오는 요인으로 작용하고 있는가? 연구결과는 그렇지 않다. 그것은 조선족의 경제와 가족생활, 사회관계와 정체성의 변화를 통하여 확인할 수 있다. 우선 경제활동을 살펴보면, 이동의 가져다준 조선족 경제활동의 가장 중요한 변화의 특징은 초국적인 지역적 분화와 상호 연계였다. 경제생활의 지역적 분화는 조선족의 활동 지역이 동북 지역, 연해 지역, 국외 지역 등으로 나누어지면서 형성되는 지역적 기능분화에서 비롯된다. 가령, 국외 지역에서의 노무활동은 조선족의 중요한 수입원으로 되어 다른 지역에서 생활하는 가족의 경제생활과 활동에 결정적인 영향을 끼치며, 연해 지역은 사회적인 지위향상과 성공을 꿈꾸는 사람들에게 무대를 마련해 준 동시에 다른 지역의 조선족집단에게 경제기회에 대한 정보제공의 역할을 하고 있고, 동북 지역은 교육과 노동력 공급, 기타 가족의 생활지로서의 역할을 하고 있다. 이러한 지역적 분화는 지역 간의 밀접한

---

127) '초국적 커뮤니티 분산거주' 구조란 초국적 범위로 퍼져 있지만, 새로운 이동지에서 새로운 민족공동체를 구성하여 소집거를 이루고 있는 거주 구조를 지칭한다.

상호 연계에 기초하고 있으며, 조선족경제생활의 핵심적인 내용으로 되고 있어, 이에 대한 이해가 없이는 조선족의 경제생활을 정확히 파악할 수 없다. 이는 초국적인 분산거주가 경제생활의 지역적 단절을 초래한 것이 아니라, 오히려 서로 다른 지역의 우세를 활용해 가면서 그 시너지효과를 추구하고 있음을 설명해 준다.

조선족의 가족생활 역시 지역적인 상호 연계의 특징을 나타내고 있다. 이동과정에서 조선족 가족생활 변화의 주요 특징은 가족분산이다. 가족분산현상은 성격이 다른 여러 유형의 커뮤니티에서 공통적으로 나타나고 있다. 조선족의 가족분산은 가족해체와 전혀 다른 의미를 가진다. 가족분산은 가족성원의 지역적 분산거주를 통한 기능적인 분화이며, 따라서 가족분산은 가족해체를 가져오는 것이 아니라, 분산을 통하여 기능분화에 기초한 탈지역적인 가족생활을 형성한다. 분산이 해체를 가져오지 않는 것은 분산에 의한 가족기능의 분화가 일부 긍정적인 기능을 하고 있는 것과 연관된다. 또한 조선족의 가족공동체는 현실적인 생활수요에 의하여 이동을 거치면서 결속이 약화되는 것이 아니라, 지역을 탈피한 혈연연결망의 성격을 보이면서 유대가 더욱 강화되는 특징을 나타낸다. 이는 가장 중요한 일차적인 집단인 가족과 그 공동체가 이동에 의하여 결속이 약화되거나 해체되는 것이 아니라, 지속적으로 그 관계가 유지되고 있음을 설명해 주며, 초국적인 탈지역적인 가족생활세계를 형성해 가고 있음을 보여준다.

지연 공동체는 조선족 사회생활의 또 하나의 중요한 자원이다. 조선족의 지연공동체는 대규모의 이동을 거치면서 다양한 변화의 모습을 보이고 있으나, 가장 특징적인 변화는 사회관계의 "확산"과 "결속"이라는 다소 상반된 내용의 변화이다. "확산"은 지연관계가 이동으로 인해 초국적인 범위로 퍼져 가는 현상을 가리키며, "결속"은 지연연결망에 의한 "꼬리 물기식" 이동에 의하여 새로운 이동지에서 지연그룹이 재형성되고, 타향살이라는 상황 때문에 관계가 더욱 강화되는 현상을 지칭하는 것이다. "확산"과 "결속"이 동반된 변화, 그리고 발전된 통신수단에 힘입어 조선족의 지연공동체는 초국적 분산거주에 의하여 해체되고 있는 것이 아니라, 중요한 사회적 자본으로 여전히 중요한 기능을 수행하고 있다. 또한 각 지역의 조선족에 의하여 운영되는 인터넷 사이트와 뉴스에 의하여 촉진되는 "온라인조선족공동체"도 조선족을 하나의 집단으로 결속시키는 중요한 역할을 하고 있다. 이는 지연공동체, 나아가서 민족공동체가 이동에 의하여 약화되는 것이 아니라, 여전히 중요한 의미를 가지고 있음을 설명한다.

이동에 의하여 다양한 환경에서 생활하게 되면서 조선족의 정체성에서도 새로운 변화가 나타나고 있다. 그 변화의 가장 중요한 특징은 정체성의 다원화 추세이다. 가령, KS촌과 연변 지역에서는 정체성의 위기의식을 발견할 수 있으며, 심양 지역에서는 민족적 자긍심에 기초한 정체성 의식을 느낄 수 있고, 청도 지역에서는 현지 한족과 한국인 집단과 상호 작용을 하면서 적응을 위한 다양한 정체성의 전략을 읽을 수 있다. 국외인 한국에서는 개방형 정체성을 형성해 가면서 국가 간의 교류를 지위향상의 수단으로 활용하고 있음을 관찰할 수 있고, 일본에서는 다중언어문화우세를 이용하여 주류 사회에 진출을 시도하면서 초국적인 활동 영역을 구성해 가려는 의도를 확인할 수 있으며, 미국에서는 고유의 이중정체성을 이용하여 중국인 집단과 한인 집단에 동시에 접근하는 전략을 취해 가면서 이들 사이에 교량역할도 하고, 그 속에서 자신들의 가치를 높여 가는 모습도 볼 수 있다. 그러나 이는 결코 "중국조선족"이라는 통합된 정체성의 약화로 보기 어렵다. 그것은 정체성에 대한 다양한 인식은 "중국조선족"이라는 기존의 정체성의 근거로 형성되는 것으로, 기존 정체성의 붕괴나 약화가 아닌 "정체성 전략"

의 구사로 분석되며, 따라서 다양한 하위 정체성의 등장으로 파악된다.

결론적으로 조선족은 초국적인 생활세계를 형성하고 있다. 그것은 "초국적인 커뮤니티 분산거주" 구조를 형성하고 있지만 경제활동, 가족관계, 공동체가 해체되거나 단절되지 않고, 초국적인 탈지역적 연결망으로 재조직되어 여전히 조선족의 사회생활에서 중요한 역할을 하고 있기 때문이다. 조선족이 초국적인 생활세계를 형성해 가면서, 그 집단적 성격도 지역적인 집단에서, 초국적인 집단으로 바뀌고 있으며, 따라서 기존의 지역에 기초한 동질성 높은 민족사회에서, 탈지역적으로 네트워크화되고 다원화된 민족사회로 변하고 있다.

2. 세계화 시대 조선족의 의미

세계화가 빠르게 진행되면서 국경을 넘나드는 초국적 이민이 증가일로에 있다. 국제이주기구(IOM)에 따르면 세계 이민자 규모는 1970년의 8,150만 명에서 2000년의 1억 7,490만 명으로 30년 만에 1배 이상 증가하였다. 이민현상은 미국, 호주, 캐나다 등 전통적인 이민 유입국에 국한된 것이 아니라, 다른 선진국과 개발도상국으로 확산되고 있어, 세계화 시대의 중요한 특징으로 되고 있다.

이민은 굉장히 중요한 역할을 한다. 경제협력개발기구(OECD)의 "2007년 세계이민보고서"에 따르면, 이민은 유입국의 경제에 긍정적인 작용을 한다. 젊은 이민자들이 노령화된 선진국의 노동시장에 활력을 불어넣고 있기 때문이다. 가령, 보고서에 따르면, 10년 내 스페인에 일자리가 700만 개 늘고, 프랑스와 호주에서 각각 200만 개가 증가한 것은 외국 인력이 유입된 결과로, 외국인 노동자가 인력이 부족한 산업에 투입되면서 또 다른 신규 일자리를 창출하는 선순환 구조가 만들어졌기 때문이다.

이민자를 내보내는 개발도상국이 얻는 경제적 혜택도 크다. 이민자들이 선진국에서 취득한 기술과 자본, 아이디어를 갖고 귀국하는 사례가 늘고 있기 때문이다. 특히 이민자들이 본국에 보내는 송금액은 엄청나다. 국제농업개발기금(IFAD)에 따르면, 개발도상국 이민자들이 2006년 한 해에 본국에 보낸 송금액이 3,010억 달러에 달해, 선진국이 개발도상국에 대한 투자나 원조규모를 초과하였다. 세계은행의 보고서에 따르면, 2007년 이민자들이 115개 개발도상국에 송금한 금액이 2003년보다 10% 증가하였으며, 그 결과 하루 1달러 미만으로 생활하는 극빈자가 3.5% 감소하였다.

이민의 역할은 여기에 그치지 않는다. 최근에 들어서면서 이민 집단이 형성하는 초국적인 네트워크와 그에 의한 다국 간 교류가 관심의 대상으로 떠오르고 있다. 해외에 있는 화교집단의 중국경제발전에 대한 공헌이나, 해외에 진출한 이민자 집단의 인도 사회발전에 대한 견인작용이 가시화되면서, 세계적으로 이민의 초국적 네트워크와 활용에 대한 관심이 높아지고 있다. 세계화 시대가 되면서 국제적인 네트워크구축은 국가발전을 위한 전략적 사업으로 부상하고 있으며, 그 중심에 이민 집단이 서 있다.

조선족은 세계화의 붐을 타고 능동적으로 세계진출을 하고 있는 집단이며, 그중 일부 집단이 새로운 이주지에서 사업 발판을 마련하고 자리를 잡아가면서, 점차 초국적인 집단으로 변신하고 있다. "초국적 집단"은 소속국가에 국한되지 않고, 국가 간 경계를 넘나들면서 생활 영역을 구축하고 있는 "제3의 집단"을 가리킨다. "제1집단"이 국내에서 생활하는 집단이라면, "제2집단"은 타국에서 생활하는 전통 이민 집단이고, "제3집단"은 국가 간 경계를 넘나드는 새로운 형태의 이동 집단이다.

세계화가 진전될수록 "제3의 집단"의 존재가 점점 중요해진다. 조선족의 경우를 보아도, 외화를 벌이들일 뿐만 아니라 외국의 선진기술과 상품을 국내로 인입하며, 국내의 질 좋은 상품을 국외로 수출하는 등 소속국과 진출국을 하나로 잇는 연결고리 역할을 하고 있다. 이는 초국적 집단이 국가 간 교류를 촉진하는 하나의 통로임을 설명하며, 교류와 영향력의 확대를 위해서는 이에 대한 활용이 중요함을 설명한다.

3. 조선족에 대한 정책적 제언

한국은 자원이 부족하고, 국내 시장이 협소한 태생적인 한계를 가지고 있다. 이를 극복하고 최고 수준의 선진국으로 도약하기 위해서는 세계화에 승부를 걸어야 한다. 세계 각국과의 교류를 확대하여 부족한 것을 메우고, 세계시장에 진출하여 축적된 생산능력을 최대한 활용하는 세계 최고 수준의 통상국가로 가야 한다. 이를 위해선 국민 개개인의 국제진출능력을 길러야 할 뿐만 아니라, 해외에 있는 동포 인적 자원을 충분히 활용하여야 한다.

조선족은 비록 중국국민으로 되어 있지만 한국에게 있어서는 소중한 재외동포 자원이다. 또한 중국이 세계적인 경제대국으로 부상하고 있는 점을 감안할 때, 그 중요성이 더욱 커진다. 한중 수교 이후, 한국은 중국과의 교역에서 꾸준히 흑자를 기록하였으며, 많은 대기업들이 중국진출에 성공하여 도약의 발판을 마련하였다. 현재 광활한 중국 대륙 어디를 가더라도 삼성, 현대, LG와 같은 기업들의 활약상을 느낄 수 있다. 경제적으로 급성장하고 있는 거대한 중국은 한국에게 있어 중요한 기회이며, 한국은 이를 충분히 활용하여야 한다.

조선족은 한중교류에서 중요한 역할을 하고 있다. 수교 15년이라는 짧은 기간에도 불구하고 중국은 한국의 1위 교역 상대국, 1위 수출 대상국, 1위 수입대상국, 1위 흑자대상국, 1위 투자대상국, 1위 방문대상국으로 되어 있으며, 한국도 중국의 4위 교역대상국으로 되어 있다. 이러한 성과에는 결코 조선족의 역할을 간과할 수 없다. 정부 차원으로부터 민간에 이르기까지 한중과 관계되는 영역에서는 조선족이 빠지지 않으며, 삼성과 같은 대기업에도 최소 몇 백 명의 조선족 인재들이 근무하면서 현지화를 촉진시키고 있다.

한중관계에서뿐만 아니라, 제3국가에서도 조선족은 화인(華人)상권과 한인상권을 연결하는 역할을 하고 있다. 이는 뉴욕 플러싱에 있는 조선족의 활약상에서 잘 나타난다. 아르헨티나와 프랑스 파리에서 활동하고 있는 조선족에 관한 보도에서도 이러한 현상이 관찰되는데, 조선족은 해당 국가의 화인과 한인커뮤니티 사이에 거주하면서 상호 연결 역할을 하고 있다. 따라서 조선족의 행사에는 보통 화인단체와 한인단체의 지도자들이 함께 초청되고 참석하는 것으로 알려져 있다. 앞으로 조선족의 초국적인 네트워크가 가시화되면 국가 간 교류에서 조선족의 역할은 더욱 커질 수밖에 없다.

조선족의 강점과 가치를 충분히 활용하기 위해서는 그에 대한 정확한 이해가 필요하다. 그러나 현재에 있어서 조선족에 대한 정확한 이해가 이루어지고 있다고 보기 어렵다. 가령, 한국의 언론보도를 보면, 조선족은 불법체류자나 막노동판에서 전전긍긍하는 육체노동자 집단이고, 가정이 파괴되어 가고, 자녀 교육을 방치하여 와해되어 가는 집단으로 비쳐진다. 그러나 실제로 보면, 조선족은 외국 유명 대학에서 1만여 명이 유학하고 있을 정도로 풍부한 인재의 풀을 가지고 있으며, 중국 대학입시에서도 최근에는 해마다 전 성(省) 장원(수석)을 배출하고 있다. 이는 한국사회에 알려지는 조선족사회상이 전면적이지 못함을 의미한다. 재외동포 자원을 충분히 활용한다는 의

미에서 조선족의 역할을 잘 발휘하도록 하기 위하여 몇 가지 제언을
한다.

첫째는 조선족에 대한 전면적인 이해를 강화하기 위하여, 조사연
구와 자료구축 사업을 강화하여야 한다. 조선족에 대한 이해를 위해
서는 특정 집단이나 지역에 초점을 맞추기보다 다양한 지역과 계층
에 주목하여야 한다. 조선족은 비록 소수집단이지만 굉장히 다양성
을 가지고 있다. 주류 사회에 진출하여 당당히 목소리를 내는 엘리
트 계층이 있는가 하면 한평생 시골을 벗어나지 못하는 집단도 있
고, 건설현장을 누비는 사람이 있는가 하면 천만 재부를 움직이는
기업가도 있다. 또한 지역적인 사고에 머물러 있는 사람이 있는가
하면 뉴욕, 도쿄, 서울, 북경과 같은 대도시를 오가면서 세계적인 안
목을 키워가는 사람도 있다. 따라서 다양한 지역과 계층에 대한 전
면적인 이해가 필요하고, 이를 위해서는 조사연구와 자료구축 사업
을 강화하여야 한다.

둘째는 조선족에 대한 정치적 이슈화를 피해야 한다. 세계화 시대
를 맞으면서 민족문제와 관하여 한국과 중국이 서로 다른 과제에 직
면하여 있다. 중국에게 있어 중요한 문제는 세계화가 가져오는 원심
력과 국내 소수민족에게 끼치는 부정적 영향을 최소화하여 국가적 통
합을 유지해 나가는 것이다. 반면, 한국은 경제개발 과정에서 소홀히
했던 재외동포에 관심을 갖고 모국으로서의 도의적 역할을 하고, 또
한 경쟁력 강화의 일환으로 재외동포의 활용이라는 과제를 안고 있다.
따라서 조선족과 관련하여 한국과 중국은 그 이해관계가 다르다.

이러한 상황에서 재외동포정책의 일환 혹은 범주로 처리되는 조
선족에 관한 정책에서 한국정부는 중국정부와의 소통을 강화할 필요
가 있다. 정부 간의 소통 없이 일방적으로 추진하거나 혹은 민간에
서 무리하게 추진하는 것은 정책적 효과에 있어서 큰 한계가 있을
뿐만 아니라, 양국 관계에도 부정적인 영향을 끼칠 수 있으며, 조선

족의 입지를 약화시킬 수 있다. 양국 모두 조선족이 두 나라 관계에서 건설적인 역할을 할 것을 기대할 것이며, 이런 방향으로 협력하여, 조선족을 양국 교류에 있어서 하나의 통로로 만드는 것이 중요하지, 다른 목적에서 출발하여 조선족을 이슈화시켜서는 안 된다.

셋째는 한국과 제3국에 있는 조선족 민간단체에 대한 실태파악과 지원 사업을 하여야 한다. 현재 한국을 비롯해 미국, 일본 등지에 여러 조선족민간단체가 설립되어 유대를 강화하기 위한 활동을 펼치고 있다. 이러한 단체들은 현지에서 조선족의 적응과 정착을 돕고, 공동체를 유지해 나감에 있어 중요한 의미가 있다. 조선족의 초국적 네트워크의 실현을 위해서는 이러한 민간단체의 활성화가 중요하며, 한국은 재외동포사회를 활성화하고 이용하기 위한 차원에서 이에 대한 지원 사업을 할 필요가 있다. 현지 한인 단체와 연결하여 현지에 정보를 제공하는 등의 다양한 지원 사업을 할 수 있다.

또한 정부, 나아가 민간을 포함하여 조선족의 초국적인 네트워크 구축과 연관된 사업에 대한 지원을 확대할 필요가 있다. 현재, 다양한 경로를 통하여 조선족에 관한 지원 사업이 이루어지고 있지만, 분산적이고 초점이 명확하지 않아 최대의 효과를 기대하기 어렵다. 지원 사업은 조선족의 의미와 미래가치에 대한 판단에 기초해야 하며, 이러한 맥락에서 볼 때, 공동체를 유지시킬 수 있는 사업과 네트워크를 구축하고 활성화하는 사업에 지원을 강화할 필요가 있다.

넷째는 한국에 진출하여 있는 조선족집단에 대한 기술교육사업을 진행할 필요가 있다. 한국의 인구 구조로 볼 때, 미래 20~30년 내에 노동력 부족현상이 나타날 수밖에 없다. 특히 제조업과 일반 서비스업 분야에서 심각할 수 있으며, 이미 이런 현상이 나타나고 있다. 일본은 이미 이러한 문제에 봉착하여 이민 수용에 소극적이던 과거에서 벗어나 적극적으로 외국노동력 수용정책을 펴고 있다. 한국도 해외 노동력에 대한 능동적인 이용을 추진할 수밖에 없고, 이미 많은 국외 노동력이 진출하여 있다.

그중에서 조선족이 상당한 비율을 차지하고 있으며, 이는 한국에 유리한 측면이 있다. 따라서 조선족에 대한 기술기능양성사업은 양질의 노동력을 공급한다는 차원에서 의미를 가질 뿐만 아니라, 재외동포의 능력향상에 도움을 주어 거주국에서의 경쟁력을 강화시킨다는 의미도 있다. 또한 한국의 인력양성기관을 충분히 이용함으로써 활성화시키는 계기도 될 수 있다.

넷째는 인재양성사업을 지속적으로 지원하고, 조선족 인재의 풀을 적극적으로 활용하여야 한다. 재외동포정책을 추진함에 있어서 인재양성만큼 효율적이고 미래지향적인 사업이 없다. 따라서 장기적인 안목으로 재외동포에 대한 교육 사업을 지속적으로 지원하여야 한다. 조선족학교에 대한 설비와 서책 지원, 교사양성, 교류 강화, 유학생 수용확대, 장학사업 등은 인재양성에 적극적인 영향을 줄 수 있다. 또한 조선족 인재들을 적극 활용하여야 한다. 조선족은 중국에서 교육수준이 높기로 소문나 있으며, 고급 인재들이 중국의 일류 대학과 연구기관을 포함한 다수의 영역에 포진해 있다. 따라서 조선족 고급 인재에 대한 정보를 적극 수집하고, 이를 활용할 필요가 있다.

참고문헌

1. 한국어 문헌

강대기, 2001, 『현대사회에서 공동체는 가능한가?』, 아카넷.

김강일, 2001, "중국조선족사회 지위론", 『중국조선족: 사회의 문화우세와 발전전략』, 중국 연변인민출판사.

김문학, 2002, "조선족대개조론", 『장백산』, 2002년 1권.

권태환·박광성, 2004, "중국조선족의 대이동과 공동체의 변화-현지조사를 중심으로", 『한국인구학』, 27권 2호.

권태환, 2005(a), "조선족 인구의 추세", 『중국조선족사회의 변화-1990년대를 중심으로』, 서울대학교출판부.

권태환·박광성, 2005, "가족분산과 해체", 『중국조선족사회의 변화-1990년대를 중심으로』, 서울대학교출판부.

권태환, 2005(b), "사회적 환경과 조선족의 정체성", 『중국조선족사회의 변화-1990년대를 중심으로』, 서울대학교출판부.

권향숙, 2003, "조선족의 이동과 정체화: 한중일 '조선족' 정체성에 관한 고찰", 중국 중앙민족대학 주최 『중국조선족인구문제와 대책국제학술회의』 발표논문.

노고은, 2001, "기대와 현실 사이: 한국 내 조선족노동자의 삶과 적응전략", 서울대학교 석사학위논문.

박경옥, 2003, "심양시 조선족인구와 사회문제 전망", 중국 중앙민족대학 주최 『중국조선족인구문제와 대책국제학술회의』 발표논문.

박경휘, 1992, 『조선족 혼인사 연구』, 한림대학교출판부.

박광성, 2003, "한국의 조선족노동자들의 이동과 적응·정착에 관한 연구", 서울대학교 석사학위논문.

박명규, 2005, "북경의 조선족", 『중국조선족사회의 변화-1990년대를 중심으로』, 서울대학교출판부.

이광규, 2002, 『격동기의 중국조선족』, 백산서당.

이진영, 2002, "'조선인'에서 '조선족'으로: 중국공산당의 연변지역장악과 정체성의 변화(1945~1949)", 『중소연구』, 26권 4호.

윤인진, 2004, 『코리안 디아스포라』, 고려대학교출판부.

윤인진, 2003, "중국조선족의 도시이주, 사회적응, 도시공동체: 청도사례연구", 『재외한인연구』, 13권 2호.

정인갑, 2003, "중국조선족교육공동체 재조명", 중국 중앙민족대학 주최 『중국조선족인구문제와 대책국제학술회의』 발표논문.

정신철, 1999, 『중국조선족사회의 변천과 전망』, 중국 요녕민족출판사.

정판룡, 1999, 『중국조선족과 21세기』, 중국 흑룡강조선민족출판사.

조혜영, 2001, "남북한 사회통합과 해외동포 모국 수학생의 역할 모색을 위한 연구", 통일원 『통일정책연구』.

최우길, 2000, "중국조선족의 정체성 변화, 위치와 역할", 한국정신문화연구원 한국학국제학술회의 발표논문.

한상복·권태환, 1993, 『중국연변의 조선족-사회의 구조와 변화』, 서울대학교출판부.

타니가와 유이치로, 2003, "일본의 취학생 및 유학생 수용정책과 중국조선족", 중국 중앙민족대학 주최 『중국조선족인구문제와 대책국제학술회의』 발표논문.

데이비드 해리슨, 양춘 역, 1994, 『사회변동론』. 나남출판.

한국산업사회학회, 2004, 『사회학』, 한울아카데미.

2. 중국어 문헌

杜鷹, 白南生, 1997, 『走出鄕村: 中國農村勞動力流動實証硏究』, 經濟科學出版社.

馮仕政, 1996, "城鄉流動人口對其農村來源地的影響", 『國外社會學』, 第3期.

馮小双, 2000, "流動的效益与代价: 北京市部分外來女性務工經商者調查報告", 中國社科院課題組 編, 『農民流動与性別: 北京市報告之二』, 中原農民出版社.

費孝通, 1998, 『從實求知彔』, 北京大學出版社.

彭軻 等, 2004, 『跨國華人: 福建移民在歐洲』, 美國斯坦福大學出版社.

高小賢, 1994, "当代中國農村勞動力轉移及女性化趨勢", 『社會學研究』, 第2期.

金一虹, 1998, "非農化過程中的農村婦女", 『社會學研究』, 第5期.

黃平, 1998, "對農業的促進或冲擊: 中國農民外出務工的村級研究", 『社會學研究』, 第5期.

黃平, 彭柯, 2003, "当今農村的勞動者流動", 『亞洲遷移, 發展和偏向窮人的政策選擇』國際會議提交論文, 達卡, 6月 22~24日.

李强, 2001, "中國外出農民工匯款之研究", 『社會學研究』, 第4期.

李實, 1999, "中國農村勞動力流動与收入增長和分配", 『中國社會科學』, 第2期.

李實, 岳希明, 2004, "貧富中國: 中國城鄉收入差距調查", 『財經』.

李鐘林, 2001, "延邊朝鮮族社會經濟現狀及發展對策", 許明哲 主編, 2001, 『当代延邊朝鮮族社會發展對策分析』.

李明歡, 2005, 『福建僑鄉調查: 僑鄉認同, 僑鄉网絡, 僑鄉文化』, 夏門大學出版社.

周大鳴, 2001, "永恒的鐘擺: 中國農村勞動力的流動", 李漢林 等, 2001, 『都市里的村民: 中國大城市中的流動人口』, 中國編譯出版社.

梁學民, 盧長和, 2003, "不容忽視的延邊朝鮮族人口問題", 中央民族大學, 『中國朝鮮族人口問題及對策』國際學術會議發表論文.

王春光, 2005, "歐盟移民政策与中國移民的前景", 中國社會學网, 9月 20日.

王紅宇, 2005, "如何進一步加快吉林延邊第三産業發展的思考", 中國統計信息网, 6月 23日.

Gransow, 2001, "全球力量与外來妹: 珠江三角洲的社會新景觀", 柯蘭君, 李漢林 主編, 『都市里的村民: 中國大城市的流動人口』, 中國編譯出版社.

3. 영어 문헌

Basch, Linda G., Schiller, Glick Nina, Blanc, Cristina Szanton. 1994. Nations Unbound: Transnational Projects, Postcolonial Predicaments, and Deterritorialized Nation−States. Gordon & Breach Science Pub.

Guarnizo & Smith, M. P. 1998, 'The locations of transnationalism' in M. P. Smith and L. E. Guarnizo(eds.) Transnationalism from Below, New Brunswick, NJ: Transaction Publishers.

Smart 1998, Josephine: "Transnationalism and Modernity in the South China Region: Reflections on Future Research Agendas in Agendas in Anthropology" in Sidney C. H. Cheung(ed.), On the South China Track. Perspectives on Anthropological Research and Teaching, Hong Kong: The Chinese University of Hong Kong.

Portes, Alejandro, 1997, 'immigration theory for a new century: some problems and opportunities', International migration Review.

Rouse Roser, 1995, 'Questions of identity, personhood and collectivity in the transnational migration to the US', Critique of Anthropology 15(4).

Vertovec, Steven 1999, "Conceiving and Researching transnationalism", Ethnic and Racial Studies, 22(2).

• 저자 •

박광성

•약 력•

중국 흑룡강성 해림시 출생
2000년 중국 연변대학교 민족연구소 석사과정 졸업
2003년 한국 서울대학교 사회학과대학원 석사과정 졸업
2006년 서울대학교 사회학과대학원 박사과정 졸업
2006. 8.~2007. 8. 서울대학교 사회발전연구소 객원 연구원
현, 중국 북경 중앙민족대학교 교수

세계화시대
중국조선족의
초국적 이동과 사회변화

• 초판 인쇄	2008년 11월 7일
• 초판 발행	2008년 11월 7일
• 지 은 이	박광성
• 펴 낸 이	채종준
• 펴 낸 곳	한국학술정보㈜
	경기도 파주시 교하읍 문발리 513-5
	파주출판문화정보산업단지
	전화 031) 908-3181(대표) · 팩스 031) 908-3189
	홈페이지 http://www.kstudy.com
	e-mail(출판사업부) publish@kstudy.com
• 등 록	제일산-115호(2000. 6. 19)
• 가 격	30,000원

ISBN   978-89-534-0376-5 93330 (Paper Book)
        978-89-534-0386-4 98330 (e-Book)